一個大馬年輕人，
行騙華爾街與好萊塢的真實故事

鯨 $ 吞 $ 億 $ 萬

BY
TOM WRIGHT
&
BRADLEY HOPE

FINANCIAL TIMES BEST BOOK OF THE YEAR

BILLION DOLLAR WHALE

THE MAN WHO FOOLED WALL STREET, HOLLYWOOD, AND THE WORLD

湯姆・萊特 & 布萊利・霍普——著
林旭英——譯

非常好看的一本書，太驚人了！

——比爾．蓋茲

如果你喜歡看金融犯罪、有錢人的荒淫，這本書正適合你閱讀。

——*The New Yorker*

書中有好萊塢明星如李奧納多、Jamie Foxx，有沙烏地王子及一筆又一筆巨款在世界各地空殼公司洗來洗去，怎麼能不愛這本書？

——Yahoo! Finance

一本現代金融詐欺教科書。

——*The New York Times*

就像《老千騙局》與《惡血》，本書將會是一部經典。

——*Financial Times*

真實故事，讀起來像一部好萊塢電影。

——*Ben Mezrich*

一本必讀的書。

——*The Edge*

強力推薦這本書！

——*FORTUNE*

研究深入、資料豐富……一本必讀的書！

——*Booklist*

一個關於貪婪的驚人故事……非常好看，充滿娛樂性。

——*Library Journal*

一起不可思議的金融弊案調查……一個世界級白領犯罪經典故事！

——*Publishers Weekly*

非常不可思議的故事！

——*Knowledge@Wharton*

作者序 劉特佐是誰？

我們在二〇一五年開始，報導一家馬來西亞主權基金的消息，根據傳聞，這家公司已經債台高築，暗藏不可告人的交易。這個故事太奇特。協助這家基金募資的高盛，賺進了大把大把鈔票，隨之而來的醜聞卻導致馬來西亞首相被推翻。

但這不是一般開發中國家常見的那種貪汙醜聞。根據媒體報導——以及我們即將採訪的對象——首相身邊一位沒沒無聞、名叫劉特佐（Jho Low）的二十七歲年輕人，不但竊取了數十億美元，而且還用這筆錢在好萊塢開了一家電影公司、打造了一艘超豪華遊艇、在全球各地瘋狂砸錢辦派對。如果一切都是真的，這將名列史上規模最大的金融竊盜案之一。

劉特佐是誰？他如何從一個名不見經傳的年輕人，成為這起號稱數十億美元詐騙案的幕後主使者？於是我們展開調查，想要揭開劉特佐的真實身分，結果我們發現了一個驚人的故事。外型平庸、舉止溫和的劉特佐，是個看穿世界運作方式的大說謊家。他的朋友很多，但除了知道他出手闊綽，多數人對他一無所知。

這不僅是一個關於華爾街銀行家、名人、騙子的瘋狂故事。劉特佐之所以能一再得逞，原因來自於二十一世紀全球經濟的失敗。他可以騙取如此龐大金額，可以矇騙華爾街銀行家、會計師與政府官員，可以用偷來的財富結交世界知名的演員與名模，可以讓身邊的人對他不起疑心，這一切，正顯示了我們的社會多麼容易被財富與名位迷惑。

劉特佐的人生故事太奇特，我們希望寫這本書，告訴讀者他如何布局這一切、為了什麼原因，以及為什麼多年來能一再得逞。

本書中所引用的素材，來自我們花了四年的研究。我們訪問了全球十幾個國家——從加勒比海南端庫拉索（Curacao）島上的小鎮威廉史塔（Willemstad），到中國大陸的上海——超過一百位受訪者，其中有少部分人士婉拒我們的採訪與引述，但絕大多數都同意直接受訪，或是允許我們使用法律文件上的內容。很多消息來源為了避免不必要的困擾，希望我們不要提起他們的名字。

書中提到的每一個事件，都是依據多個消息來源的描述，有些事件還有照片、影片或其他文件佐證。我們總共瀏覽上萬筆檔案，包括法院公開資料、機密調查文件、財務報告，以及在調查過程中提供給執法單位的數十萬封電子郵件。我們也仰賴美國司法部的正式起訴文件、前司法部官員的訪談、新加坡的法院紀錄以及瑞士的官方報告。

就在我們為新修訂版寫下這段文字的二〇一九年四月，美國與馬來西亞已經正式起訴劉特佐，馬來西亞前首相納吉・拉薩（Najib Razak）涉入洗錢等弊案的官司，也在這個月開庭審理。高盛銀行家提姆・萊斯納（Tim Leissner）已向美國認罪，承認洗錢與賄賂外國官員。在新加坡，已經有數位銀行家入獄，美國司法部正在對劉特佐與相關涉案人展開大規模偵辦。與此同時，馬來西亞、新加坡、瑞士等國家的調查也仍在進行中。

書中提到的多位主角（包括劉特佐與納吉）都否認針對他們的指控，聲稱一切交易皆合法進行。然而，目前為止他們都尚未針對自己的所作所為提出完整解釋。至於讀者即將讀到的其他角色——包括一家「沙烏地石油國際公司」（PetroSaudi International，簡稱 PSI）的兩名主管派翠克・瑪浩尼（Patrick Mahony）與塔列・歐霸（Tarek Obaid），也同樣透過律師表示他們是清白的。書中若有疏漏之處，務請海涵。

目次

第2部

前言｜那一夜，在拉斯維加斯

拉斯維加斯，二〇一二年十一月三～四日

那是溫暖、晴朗的十一月。傍晚六點，知名饒舌歌手普瑞斯（Pras Michél）走向帕拉佐皇宮飯店（Plazzo Hotel）五樓的總裁套房。

普瑞斯敲了敲門，房門打開後走出一位穿著黑色燕尾服、面帶笑容的肥胖男子。男子臉上泛著油光，微微冒汗，大家都叫他 Jho Low，中文名字叫劉特佐。他以馬來西亞人都很熟悉的腔調輕聲說：「啊，你終於到了！」接著輕輕抱了一下普瑞斯。

看樣子，他一定很有錢……

總裁套房一個晚上要價兩萬五千美元，是帕拉佐皇宮飯店最奢華的房間，有視野良好的泳池露台、充滿現代感的白色裝潢，還有一間KTV房。不過，租下這個房間的人不打算花太多時間在裡頭。

因為，這場為自己舉辦的生日派對，劉特佐另有更驚人的安排。這會兒聚在飯店裡，只是讓來自世界各地的親密好友暖身而已。

隨著愈來愈多人抵達，套房裡也更為熱鬧。知名製作人、歌手艾莉西亞・凱斯（Alicia Keys）的老公史威茲・畢茲（Swizz Beatz）跟劉特佐交頭接耳地聊著；有一度李奧納多・狄卡皮歐（Leonardo DiCaprio）和坎城影帝班尼西歐・狄奧・托羅（Benicio Del Toro），雙雙趨前與劉特佐討論拍新片的構想。

對許多賓客們而言，這位男主人帶著某種神祕色彩。他來自馬來西亞——一個很多西方人完全陌生的東南亞小國，圓圓的臉蛋看起來很孩子氣。戴著眼鏡、兩頰泛紅、幾乎沒半根鬍子的劉特佐，與人交談時總是不太自然，似乎很緊張，圍繞在他身邊的美女們說，他是個內向害羞的人。他雖然彬彬有禮，卻似乎總是很忙，常聊到一半就轉身接電話（他至少有五、六支行動電話）。

私底下，大夥兒都覺得他一定很有錢，應該是個億萬富豪。賓客之間竊竊私語，聽說幾個月前劉特佐的公司買下EMI音樂出版部門，據說李奧納多當時正在拍的電影《華爾街之狼》，他也是幕後金主。

外表看起來靦腆的劉特佐，骨子裡有著罕見的旺盛企圖心。仔細觀察，你會發現他其實一直在精心算計，冀圖從人與人互動中，發現有什麼他能提供的協助，並交換他所需要的好處。劉特佐年紀輕輕，卻長袖善舞，周旋於華爾街銀行家與好萊塢巨星之間。他長期經營人脈，與地表上最有錢、最有勢力的人打交道，也讓他有辦法在帕拉佐這家頂級飯店，奢華地招待客人。

帕拉佐飯店的那一晚，標誌著劉特佐人生的巔峰。他的賓客中，有好萊塢明星、有高盛的銀行家、有中東的皇室權貴。當時美國金融風暴餘波盪漾，這些人都有求於他。自從 Fugees 樂團解散之後，失去了舞台的普瑞斯想要轉行當私募基金投資家，而劉特佐承諾會給他一筆錢。他對名人也很大方，往往只要出席他所邀請的場合，就會給對方大把大把的鈔票，難怪大家都想討好他。

就在這時，史威茲・畢茲站起來要大家安靜，接著拿出準備好送給劉特佐的生日禮物——一組昂貴的音響設備。看見音響上鑲著一隻熊貓，全場哄堂大笑，因為「熊貓」正是好友們給劉特佐取的綽號。劉特佐超愛看《功夫熊貓》，跟朋友賭博時還會一起扮演《功夫熊貓》裡的角色。

眾星齊聚，卻沒有人清楚他的來歷……

雖然普瑞斯、畢茲這些巨星們從劉特佐身上賺了很多錢，或是跟他有過生意往來，但其實大家都不怎麼了解這個馬來西亞年輕人的來歷。

回到當時，如果你 google「劉特佐」或「Jho Low」，會發現有關於他的資訊很少，有人說他是做亞洲軍火生意的，也有人說他是馬來西亞首相身邊的人，還有人猜他可能繼承了龐大遺產。在西方賭場或夜店，人們常把最闊綽、最揮金如土的客人戲稱為「大魚」或「巨鯨」（whale），無論劉特佐來歷如何，大家可以確定的是：他絕對是紐約、拉斯維加斯賭場裡最花錢不眨眼的一頭「巨鯨」。

幾個小時之後，時間剛過九點，賓客們準備出發參加當晚的重頭戲。為了避開狗仔隊偷拍，他安排大夥兒走「員工專用」通道，穿過廚房與狹長地道，抵達飯店停車場。一整排豪華禮車已經等在那兒，也只有像劉特佐這種最頂級的大顧客，才能讓帕拉佐飯店如此破例安排。

一路上，每一位工作人員都訓練有素，他們面帶親切的微笑引路，也能精準抓到最理想的開車門時間。原本賓客們以為，車子會往沙漠方向開，沒想到車子卻開到一座看起來像是停機棚的地方。即便是跟劉特佐很熟的朋友，此刻也不清楚他葫蘆裡賣的是什麼藥。只見一台又一台車子先後穿過安全檢查崗哨後，停在一道鋪著紅地毯的入口處，周圍有穿著黑色西裝的安全人員、有穿著紅色禮服的模特兒——她們有的負責端飲料與食物給賓客，有些（說得不好聽一點）則充當「背景」。

不過，只有「超級貴賓」才以這種方式抵達現場，其他三百多位賓客則是在稍早就先抵達帕拉佐飯店的LAVO夜店，並且在那裡簽了一份保密協議，不得對外透露關於這場生日派對的一切。他們搭乘事先安排好的交通車前往目的地，上車前也同意交出手機給主辦單位保管。賓客中包括曾主持知名電視節目《富豪與名人生活》（Lifestyles of the Rich and Famous）的羅賓・李奇（Robin Leach）。李奇曾報導過饒舌歌手、好萊塢明星與老一輩有錢人的生活，但那是早在一九八〇與九〇年代的事了。對他而言，那一晚所發生的一切簡直不可思議。當時他為《拉斯維加斯太陽報》寫八卦專欄。「獨家：布蘭妮（Britney Spears）明天將飛往拉斯維加斯，舉辦一場不對外公開的神祕演唱會，那是史上最大手筆的私人演唱會！」他在推特寫道。

李奇受邀出席這場生日派對時，被要求必須答應一個奇特的條件：他可以報導這場生日派對，但不能提到主人的名字。過去他見過太多炫富的人，這會兒他心想：為什麼這位老兄砸這麼多錢，卻不想讓外界知道呢？身為資深夜店咖的李奇，大大被眼前的奢華景象震懾了，他仔細觀察這個占地面積極大的會場，加上燈光與煙火特效，怎麼看都不像是一場私人生日派對，而是大型演唱會的規格。

李奇估計，至少要花好幾百萬美元。他看到熱戀中的黑人饒舌歌手肯伊・威斯特（Kanye West，又名 Yeezy 或 Ye）和美國實境秀女星金・卡達夏（Kim Kardashian）形影不離；芭莉絲・希爾頓（Paris Hilton）與大帥哥男模瑞佛・維普利（River Viiperi）在吧檯低聲私語；還有當時正在拍《醉後大丈夫 3》的影星布萊德利・庫柏（Bradley Cooper）和查克・葛里芬納奇（Zach Galifianakis）也趁空檔趕來了。除了大型頒獎典禮，通常很難得見到這麼多大牌演員和歌手聚集一堂。

「拉斯維加斯的奢華派對我們見多了，但從沒見過這麼奢華的。」李奇說。

賓客們交談的同時，有類似「太陽馬戲團」的藝人踩著高蹺穿梭人群中、有雜技團員在空中盪來盪去，還有約二十位侏儒打扮成《巧克力冒險工廠》中的奧柏倫柏人（Oompa - Loompas）。至於在只有頂級貴賓才能進入的角落，引人側目的是劉特佐與正在拍攝《華爾街之狼》的導演馬丁・史柯西斯（Martin Scorsese）和男主角李奧納多。稍晚，愈來愈多賓客抵達，包括勞勃・狄尼洛（Robert De Niro）、演過蜘蛛人的陶比・麥奎爾（Tobey Maguire）以及奧運游泳金牌選手、有「飛魚」之稱的麥可・菲爾普斯（Michael Phelps）。

當天晚上，並不是所有出席生日派對的都是名人，劉特佐非常周到地邀請了其他朋友以及重要的政商人脈，包括提姆・萊斯納（Tim Leissner，出生於德國，高盛在亞洲的當紅人物）、阿末・巴達維（Mohamed Badawy Al Husseiny，阿布達比主權基金的執行長），華爾街的銀行圈都在議論高盛替馬來西亞發行債券，海撈了一大票。另外，還有他的哥兒們，例如「胖子 Eric」（Tan Kim Loong，音譯為陳金隆，綽號 Fat Eric）、堂哥 Howie 與哥哥劉特陞。

從江南大叔到布蘭妮，從超跑到煙火秀

女服務生們為大家端上插著吸管的迷你瓶裝香檳，調酒師在二十四呎長的吧檯後方忙著為賓

客們準備好酒。當傑米・福克斯（Jamie Foxx）為當晚的節目掀開序幕時，眾人已經玩得很嗨了。

節目一開始，牆上大銀幕播放一部影片，你可以看到世界各地的朋友們為了替劉特佐祝壽，特別跳了一小段「江南Style」，例如香港一家投資銀行員工在會議室裡跳、阿末・巴達維在飛機上跳等等。這部影片號稱是朋友們「主動」為劉特佐準備的「驚喜」，實際上，是劉特佐自己的點子。就像那晚的每一個細節——從鮮花的顏色到吧檯上的酒——也都是按照劉特佐的想法安排的。看著這份「驚喜」禮物，劉特佐只是面帶微笑。

影片一結束，緊接著是「江南大叔」朴載相登場，全場為之沸騰。接下來的一個半小時，上台演出的有電音嘻哈紅星雷德福（Redfoo）、巴斯達韻（Busta Rhymes，也譯作布斯塔・萊姆斯）、Q-Tip、菲瑞・威廉斯（Pharrell Williams），還有史威茲・畢茲、路達克里斯（Ludacris）與唱紅「天天都生日」的克里斯小子（Chris Brown）。Q-Tip唱到一半時，已經喝茫了的李奧納多還跑到台上一起唱。

就在這時，只見一座巨大蛋糕被推到台上，然後穿著金色緊身衣的布蘭妮，突然破「糕」而出，與舞群們合唱〈祝你生日快樂〉。

女服務生們魚貫穿梭，為賓客們遞送巧克力蛋糕。每一位參與演出的藝人，都拿到非常豐厚的金額，據說布蘭妮登場短短幾分鐘就賺進了「六位數」的報酬。

接下來，是生日禮物時間。協助安排這場生日派對的兩位夜店大亨——諾亞・泰珀貝格

（Noah Tepperberg）與傑森・史特勞斯（Jason Strauss），暫停了音樂，手上拿著麥克風。金融風暴重創美國的這幾年，劉特佐在他們兩人所經營的知名夜店如 Marquee、TAO與LAVO，砸了數千萬美元。為了不讓這位頭號大顧客被別的夜店搶走，他們使出渾身解數。兩人走上台沒多久，只見一部紅色藍寶堅尼緩緩駛到台上——那是他們送給劉特佐的生日禮物。接著，有人送的禮物不是一台、而是三台 Ducati 重型機車。最後登場的，是劉特陞送給弟弟的Bugatti Veyron超跑，要價兩百五十萬美元。

其他不算名貴的禮物，也很有看頭。例如電影製作人左伊・麥克法蘭（Joey McFarland）送的禮物是一瓶紅酒，木盒子上有隻功夫熊貓，並刻上「珍藏1981」、「馬來西亞製造」字樣。裝在盒子裡的，是一九八一年（也就是劉特佐出生那一年）的Petrus紅酒，一瓶要價一千美元。

凌晨十二點二十分左右，繽紛絢麗的煙火秀接棒，另一輪演出登場。參與演出的包括亞瑟小子（Usher）、電音巨星 DJ Chuckie 與肯伊・威斯特等人。接著在名人與朋友的簇擁下，劉特佐坐上他的豪華禮車，再度回到帕拉佐飯店。他待在賭場裡，一直賭到隔天中午。

這，是一個劉特佐精心打造的世界。

到底，這一切是怎麼開始的？

「就在你睡覺的這段時間，一個中國億萬富豪正在舉行一場年度最誇張派對！」兩天後，一家地方電台KROQ的網站上有一篇文章寫道。不過，這篇文章搞錯了劉特佐的國籍，英文名字也誤植為「Jay Low」。這不是劉特佐的名字第一次出現在八卦媒體、與豪門盛宴扯上邊（當然也不是最後一次），但拉斯維加斯那一晚的生日派對，標誌著他奇特人生的巔峰。

很多與劉特佐打過交道的人，都認為他應該是一個來自亞洲巨富之家的孩子，一個「瘋狂亞洲富豪」（*Crazy Rich Asians*）」世界裡的豪門出身。但沒有人進一步打聽他的來歷，就算有人想弄清楚，往往也只能打聽到關於他的零散訊息。然而，實際上劉特佐並不是來自什麼巨富之家——他爸爸很有錢沒錯，但並沒有富裕到有辦法找來這麼多名人齊聚一堂的程度。關於他財富的來源，有些說法非常誇張，很可能是捏造出來的。直到此刻，他究竟如何搞出這麼大的局面，仍然令人費解。

劉特佐雖然來自馬來西亞，玩的卻是全球最厲害的計謀。他的同夥們若不是來自世界各地最有錢的〇．一％，就是那種想要躋身「富豪中的富豪」的人——年輕的美國人、歐洲人、亞洲人，他們一起念MBA，一起投身金融業，一起在紐約、拉斯維加斯、倫敦、香港泡夜店。

手上掌握龐大流動現金的劉特佐，成功融入美國權力核心，他模糊的身世以及多數人對馬來西亞的一知半解，都成了他的助力。如果他說自己是來自馬來西亞的王子，大家通常不會懷疑；他說自己是億萬遺產的繼承人，人家也會相信。

從頭到尾，沒有人想問個清楚。李奧納多、馬丁・史柯西斯沒想問，畢竟劉特佐承諾要給他們一大筆拍戲資金；芭莉絲・希爾頓、傑米・福克斯與眾多影歌星光靠出席劉特佐所安排的活動就賺進大把鈔票，他們也沒問；諾亞・泰珀貝格與傑森・史特勞斯的夜店王國需要劉特佐，他們沒問；收了劉特佐昂貴珠寶的超級名模、靠著劉特佐賺驚人獎金的華爾街銀行家，全都沒問；當然，馬來西亞前首相納吉也不會問。

劉特佐的故事裡，有企業併購，有全球知名人物，有與超級美女之間的緋聞，甚至還曾到白宮一遊，當然最重要的，是有著精心操弄全球金融的詐騙計謀。

就在我們寫這本書的同時，美國聯邦調查局仍在試圖弄清楚整起詐騙案的來龍去脈。馬來西亞政府透過高盛募來的數十億美元，消失在無數的銀行帳戶、岸外空殼公司與複雜金融商品之間。當東窗事發，馬來西亞前首相試圖斷尾求生，而劉特佐也行蹤成謎。

這個故事，要從檳城說起。

PART 1

1 真豪宅，假照片

檳城，一九九九年夏天

停靠在檳城碼頭、全長一百六十呎長的豪華遊艇「東方公主號」上，劉特佐鬼鬼祟祟地左顧右盼，確定周圍沒有人在看他。

他口袋裡放著一疊與家人的照片，照片上有他爸爸劉福平（一位成功致富的商人）、他媽媽吳玉幼（一手把孩子帶大的家庭主婦）以及他的兩個哥哥。他翻找出遊艇主人（一位億萬富豪）掛在牆上的所有照片，然後把照片從相框裡拆下，一一換上自己與家人的照片。

後來，他向另一位億萬富豪借用升旗山（檳城知名景點）上的一棟豪宅，也同樣把人家掛在屋子裡的照片拆下，換上自己與家人的照片。

從覆蓋著熱帶雨林的升旗山上俯瞰，可以看到檳城首府喬治城，往更遠處看，是將檳城與亞洲大陸隔開的海峽。位於馬六甲海峽入口處的檳城，長久以來吸引了一波又一波的探險家，從英國政府、中國商人到各式各樣的單幫客都有。這裡的主要居民是華人，他們常在路邊攤享用美食、在海邊散步。

劉特佐的爺爺在一九六〇年代從中國大陸經泰國來到這裡，並經商致富。劉福平不久前出脫成衣公司的持股，總值約一千五百萬美元，這個數字，對於東南亞許多月薪才一千美元左右的人而言，可是非常驚人的一筆財富。無論你從任何角度看，劉家都是非常非常有錢的家族。

但後來，劉特佐就讀英國知名貴族寄宿學校哈羅公學（Harrow）之後，才發現他同學們的家族財富，往往動輒以億萬美元起跳。劉特佐在一九九八年到哈羅公學就讀高中，並結識了汶萊與科威特皇室成員，他家在檳城的豪宅已經非常令人稱羨（甚至有中央空調系統），但仍遠遠無法與同學所住的皇宮相提並論。

小小腦袋瓜，到底想什麼

再過幾天，劉特佐的同學將來到檳城，因為他邀請大家到馬來西亞過暑假。他想讓自己有面子，卻覺得自己的家不夠氣派。於是去借了遊艇和豪宅，還自稱是「馬來西亞王子」。

但實際上，該國華人——包括劉家在內——其實是十九、二十世紀來自中國大陸的移民後代，跟馬來皇室一點關係都沒有。馬來西亞三千萬人口中，信奉回教的馬來人占了大部分，在他們眼中，華人無論在那裡住了多少代，都是比他們晚到的「新移民」。當地華人漸漸發現，劉特佐這個孩子行徑古怪，關於他如何把人家房子與船上的照片偷天換日、自稱皇室成員的事，也在華人社群間傳了開來，大家都在笑：這傢伙腦袋瓜裡到底在想什麼啊？

回到一九六〇年代，檳城風雨飄搖。擁有豐富錫礦、盛產棕油的馬來西亞，於一九五七年脫離英國殖民宣布獨立之後，旋即面臨共產黨游擊戰的威脅。劉特佐的爺爺劉明達在一九四〇年代從廣東輾轉來到泰國南部，靠著投資鐵砂礦賺了一點錢，娶了當地一位華裔老婆之後，於一九六〇年代遷居檳城，落腳於喬治城。許多華人都是在殖民時期來到這裡做錫礦、鴉片買賣（殖民時期鴉片被英國人壟斷經營，獨立後才成為非法生意）。因此坊間也有傳言，說劉明達是靠著在馬泰邊界走私鴉片發財的。

關於劉家的歷史，長期以來版本很多。多年之後，劉特佐也創造了一個他自己的版本，根據他的說法，他爺爺是因為「投資礦業、烈酒買賣與房地產」致富的。問題是，當時馬來西亞無論是企業界或銀行界，根本沒幾個人聽過這家族的名號。這個家族比較為人所知，其實是從劉特佐的父親劉福平開始的。

劉福平於一九五二年生於泰國，童年時期移居檳城，先後就讀倫敦政經學院與加州大學洛杉磯分校（取得MBA學位）。學成返馬後，繼承父親的生意。雖然他學歷很好，但投資經驗不足，一九八〇年代曾經因投資可可園失敗，差點賠光了一切。後來他用僅剩的一點錢，買下一家成衣公司的部分股權，才靠著出口服飾到歐美市場大賺一筆。

爸爸的祕密帳戶……

一九九〇年代，是馬來西亞股市狂飆的年代。繼台灣、韓國、新加坡與香港這「四小龍」於一九六〇年代起飛之後，如今輪到其他東南亞國家快速崛起。受惠於出口棕油等原物料，以及成衣、電腦晶片、電子設備等產品，馬來西亞經濟每年成長超過五％。垂涎於該國經濟高成長的外資，紛紛湧入股市與債市。但由於人謀不臧，「有門路」的人往往在很短時間內就撈取龐大財富，一般小股東只能默默吃悶虧。

與劉福平共事過的人，都說他是個很有魅力、很會談生意的人，但很愛混夜店喝酒。一九九〇年代，劉福平所投資（只是小股東之一）的「ＭＷＥ」公司，想要併購一家加拿大科技公司，由他負責執行。他刻意高估被併購公司的價格，然後把差額匯入自己所設立的岸外銀行帳戶。他的孩子們也因此知道，原來金融業有這麼一個不為一般人所知的神祕世界。劉特佐的姊姊後來成了律師，專長正是岸外金融。

後來東窗事發，ＭＷＥ的老闆發現劉福平中飽私囊之後非常憤怒，過沒多久劉福平也退出了這家公司，把股權出脫。拜股市大好所賜，賣了股票的劉福平也成功致富。

滿口袋鈔票的劉福平，當時才四十幾歲，過著夜夜笙歌的日子。有一次他在一艘遊艇上開派對，還特地安排瑞典名模飛來檳城——沒想到多年之後，他的兒子也有樣學樣。他們家族如今成了檳城這個小島上的大人物，劉福平開著昂貴的 Lexus 車，加入檳城俱樂部（Penang Club，一個英國人在一八六八年創辦的高檔運動俱樂部，成員都是當地有頭有臉的人物）會員，劉特佐當時是游泳好手，常在周日到俱樂部游泳。

然而，劉福平並不滿足於這樣的生活，他還想進一步提升自己與家人的社會地位。因此一九九四年，他安排當時年僅十四歲的劉特佐，轉學到檳城 Uplands 國際學校就讀。許多檳城上層家庭把孩子送到該所學校，都是為了準備把孩子送去英國寄宿學校。在馬來西亞，不少精英分子是受英語教育的，直到今天英國仍是馬來西亞人出國深造的主要國家之一。

劉福平也開始在英國尋找落腳處。正好，當時來自英國肯辛頓區高檔房地產業者在馬來西亞大打廣告，多位馬來西亞政要也都在高級社區「綠色肯辛頓」置產。於是，腦筋動得快的劉福平決定在同一個社區買一棟公寓，三不五時帶著家人去度假，好讓年輕的劉特佐有機會認識這些馬來西亞政要的第二代。

沒多久，劉特佐果然與當時正在念大學、同住在「綠色肯辛頓」的里扎·阿茲（Riza Aziz）成了好朋友，里札的繼父，正是當時傳聞即將接掌首相的國防部長納吉，稍長劉特佐幾歲的里扎，後來也成了劉特佐打入馬來西亞政要圈的關鍵人物。

而劉福平自己，則在喬治城附近的山上，買了一棟漂亮豪宅。

劉福平設法擠進上流社會的同時，十來歲的劉特佐正忙著探索網路世界。他常坐在電腦前，一待就是幾個小時，享受當匿名網民的樂趣。他曾加入一個以模特兒為主的聊天室，還謊稱自己是男模，形容自己是「身材勻稱的肌肉男」，可以在「世界上任何地方」接案，不過從來沒有人找他合作。根據一張一九九四年的照片，劉特佐穿著白色襯衫與藍色短褲，頂著一頭整齊但一點也不時尚的髮型。劉特佐似乎渴望被視為一個走在時代尖端的酷哥，他會在網路聊天室裡詢問諸如「哪種髮型較受歡迎」、「有哪些電音曲目可推薦」之類的問題。

雖然劉特佐平常比較常去英國度假，但實際上他和其他大馬年輕人一樣，反而比較受美國文化吸引。他最喜歡的影集之一是《X檔案》，平常還會在網路上與其他同好交流兩位主角「穆德與史卡莉」的照片。

自從出脫MWE持股之後，劉福平開始大舉投入房地產與股票投資，而劉特佐對此也展現濃厚興趣。他愛死了類似《華爾街》這類講述內線交易、企業之間強取豪奪的電影；就讀檳城 Uplands 國際學校時，他甚至與同學集資買股票，當時的他才十五歲。認識他的長輩回憶，小時候的劉特佐雖然溫和靦腆，但已經懂得耍心機。他會向劉福平的朋友（多數是有錢的商人）借點小錢，但從來不曾歸還。

偽造汶萊外交部公函，與納吉繼子搭上線……

數十年來，坐落於倫敦西北方的哈羅公學，曾教出包括邱吉爾在內的多位名人。到了一九九〇年代，更吸引許多來自亞洲與中東的資金。看在當時馬來西亞上流階級眼中，這所學校不僅能幫孩子進入牛津、劍橋等名校，打造重要人脈，更重要的是：入學門檻比另一所知名寄宿學校伊頓公學（Eton College）低得多。

一九九八年，十六歲的劉特佐來到歷史悠久的哈羅公學。原本在檳城 Uplands 國際學校，制服只是簡單的短袖與寬鬆的褲子，但來到哈羅公學，制服可講究多了，得穿著西裝外套、打領帶，外加一頂米色紳士帽。學費也非常昂貴，一年要超過兩萬美元；不過，對劉福平來說，這筆投資是必要的。

大約七十名哈羅學生，住在共十二棟的 Newlands 宿舍。這批完工於一八〇〇年代的四層樓紅磚建築裡，住著包括來自歐洲巨富羅斯柴爾德家族（Rothschild family）成員的各國學生。沒多久，劉特佐成功打入了一個來自中東與亞洲皇室的圈子，見識到這群同學雄厚的財力。學期結束時，來接這群同學（例如汶萊蘇丹的兒子）回家的，往往是開著勞斯萊斯的司機。

交上這群新朋友後，劉特佐漸漸展現他個性中愛冒險的一面。例如，他會帶著一群同學，潛入哈羅圖書館賭錢；還有一次他不知道用什麼辦法取得汶萊大使館的信紙，偽造了一封信寫給皮卡登利圓環區（Piccadilly Circus）的知名夜店 Chinawhite，聲稱要為汶萊皇室訂位，沒想到夜店信以為真，於是他成功帶著幾個同學混進 Chinawhite，與去店裡消費的足球明星、名模們同歡。

這也讓劉特佐體悟到：權與貴，走到哪兒都無往不利。在朋友圈中，劉特佐定位自己為「能搞定事情的人」。他通常負責訂位、向大夥兒收錢，然後去結帳。錢，其實是大家合出的，但店家往往以為是劉特佐自己掏腰包。

放假期間，他會住到「綠色肯辛頓」，跟里扎一起混。他很清楚，里扎的繼父雖然位高權重，但其實馬來西亞公務員的收入並不高，不可能買得起這棟豪華公寓。大家都聽說過馬來西亞當時的執政黨巫統，私底下會向有所圖的企業（有的想要開賭場，有的想爭取公共工程）索討回扣。在劉特佐看來，既然大家都在暗中分一杯羹，他當然也可以。

從哈羅公學畢業後，劉特佐前往美國念大學。他想做生意，因此覺得牛津與劍橋都不適合他。接下來的日子，他在一所知名常春藤大學，展開人生蛻變的下一個階段。

2 聽說，他是亞洲蓋茨比……

費城，二〇〇一年十一月

站在費城最夯的夜店 Shampoo 裡，劉特佐環顧四周。為了慶祝自己二十歲生日，他花四萬美元，包下整間店。

正在就讀大二的他，用好幾個星期時間翻遍賓州大學（University of Pennsylvania）通訊錄，確保自己沒有漏邀校園裡的重要人物；他也力邀該校姊妹會成員出席，讓當晚的夜店裡擠滿美女。那場生日派對，跟一般的大學生聚會完全不一樣，吧檯上塞滿了足夠所有人喝上一整晚的香檳。

隨著隆隆舞曲聲搖晃身體的劉特佐，在舞池裡走來走去，突兀地對女賓客低聲說話，問對方是否玩得開心，他似乎很急切地讓在場每一個人都感到滿意。有一度，一整排模特兒穿著用生菜葉做成的比基尼泳裝，緩緩穿過舞池走到吧檯邊，接著躺到檯子上，然後工作人員在她們近乎全裸的身體上一一鋪上壽司，再讓賓客們用筷子夾起來吃。同時，一位妝扮成瑪莉蓮夢露的女生，以性感的嗓音唱〈生日快樂歌〉。看著賓客們邊大笑邊吃，劉特佐臉上露出滿意的微笑。

當晚，有人稱劉特佐是「亞洲蓋茨比」（Asian Great Gatsby）。就像費茲傑羅（Francis Scott Key Fitzgerald）筆下的蓋茨比，劉特佐的身世也同樣是個謎。參加這場生日派對的人都覺得禮貌上應該找他聊聊天，但往往講沒幾句話就接不下去了。他看起來人很好沒錯，但跟他談話卻很乏味，只會反覆地詢問大家玩得開不開心——你喜歡今晚的香檳嗎？你喜歡今晚的壽司嗎？不像一般男同學開趴時總是想把妹，他完全沒有任何把妹的意圖。

你是去讀書，還是去交朋友

賓州大學「華頓商學院」聲望卓著，可說是大投資家的搖籃，知名校友中就包含了巴菲特與川普。劉特佐就讀的經濟系，一年的學費要兩萬五千美元。他的同學當中，大多來自全球各地的有錢家庭，都希望將來能到華爾街工作。劉特佐主修的不是枯燥的總體經濟學，而是金融，但他也不打算畢業後從事傳統金融業。剛到華頓的第一年，他非常用功念書，但很快的，他就發現華頓真是個培養人脈的絕佳機會。

無論是 Shampoo 的那天晚上，或是接下來十五年間，他在世界各地夜店、賭場所辦的派對，都有一個相同目的，就是：讓出席者對他另眼相看。當然，他喜歡熱鬧，也喜歡被眾多美女環繞，但辦這些派對的最主要原因，是為了「投資」，為了讓大家都認為他是個很成功、很厲害的人。

這也正是為什麼，在Shampoo的生日派對舉行之前，他要夜店製作文宣時，一定要在海報上印他的英文名字「JHO LOW」。他所發出的邀請函有兩種，一是「標準卡」，一是「貴賓卡」；收到貴賓卡的人可以免費無限享用吧檯供應的一切，外加交通車接送。他似乎很本能地知道，人人都喜歡被重視、喜歡被奉為上賓，他完全掌握了這種心理，他直接在邀請卡上寫著：「請穿正式服裝，牛仔褲與拖鞋恕不歡迎」。

沒錯，劉家財力雄厚，劉特佐三不五時都會收到家裡匯來的巨款。這些巨款，是來自一個望子成龍的父親，想讓自己的孩子能在權貴子弟圈中有一席立足之地。但即便如此，仍不足以支應劉特佐那一晚在Shampoo的開銷。出席那場生日派對的同學們都不知道，其實他只付了夜店老闆一筆訂金，剩下的費用是後來花了好幾個月分期付款，而且老闆降價才還清的。

劉特佐也常邀約姊妹會的女生，與他的中東與亞洲朋友們一起去賭場玩樂。他安排加長型禮車，把大夥兒載到離校園約一個小時車程的大西洋城。他們通常是在川普旗下的賭場玩，賭一把少說也是數百美元。劉特佐甚至還曾寫信給川普的女兒伊凡卡（當時也同樣就讀於華頓），邀請她一起玩。劉特佐後來跟他的伙伴說，伊凡卡不肯來，因為她「才不想踏進她爸爸的鳥賭場」。

這群人去了好幾趟大西洋城，劉特佐一度大贏了二十萬美元，卻在二〇〇二年的某個晚上輸個精光。見他輸了這麼多錢仍面不改色，大家心想：這傢伙一定很有錢。

選股高手？抄襲來的啦！

除此之外，劉特佐也透過別的方法，打響自己的名號，例如寫文章投稿到該校刊物《華頓期刊》（*Wharton Journal*）。其中一篇刊登在二〇〇〇年十一月六日出版的那一期，他在文章中指出，透過操作大宗商品市場，安隆公司已經從傳統保守的天然氣業者，轉型為一家成功的金融公司。後來我們都知道，就在這篇文章發表一年後，安隆爆發醜聞倒閉，高階經理人鋃鐺入獄。

不過，重點並不在於劉特佐的分析錯了，因為當時整個世界都被安隆騙了，重點是：劉特佐這篇文章，根本是抄來的，他一字不漏地轉貼花旗所羅門美邦公司的研究報告！

這還只是其中一篇，他所發表的其他論文幾乎都是直接複製自華爾街的分析報告。至於為什麼期刊主編沒有發現他的文章是抄襲的？我們不得而知。總之，毫無市場分析經驗的劉特佐，因為發表了這些文章，在朋友圈中居然被視為「投資高手」。

他從不放過任何機會，彰顯自己財力雄厚的形象。在校園裡，他開的是Lexus SC-430紅色敞篷車，他告訴朋友，這台車是他買的，但其實是他租來的。當聽到有人叫他「馬來西亞王子」時，他也刻意不否認（這話若被其他馬來西亞同學聽到，都會大笑不已）。他之所以這麼做，不完全是為了面子，而是他有心要擠入一個極上流的階層。他找出校園裡最有錢的同學，包括科威特能源與營建大亨的兒子哈瑪．阿勒瓦贊（Hamad Al Wazzan），以及來自中東權貴家族的學生，然後千方百計與他們交往。

與此同時，劉特佐其實還有另外一個社交圈子，他會與這群朋友一起窩在宿舍裡吃肯德基炸雞、看從馬來西亞帶來的盜版DVD。這群朋友當中，有一位是來自新加坡、靠獎學金來念華頓商學院的薛力仁（Seet Li Lin，音譯），跟這幫人在一起時，劉特佐不需裝模作樣，可以很邋遢地與他們一起看摔角、去舞廳看脫衣舞、或是流連校園裡的小酒吧。有一度，劉特佐交了一位舞孃女友，他常常大手筆送禮物給她。他也幻想自己有一天能和像芭莉絲・希爾頓、小甜甜布蘭妮這樣的金髮美女交往。希爾頓主演的《恐怖蠟像館》，他反覆看了很多遍（多到身邊哥兒們都對他翻白眼）。

對於說話總是輕聲細語的劉特佐，你往往很難拒絕他的請求。二〇〇三年，他拜託幾位來自阿拉伯的同學為他安排一趟中東之旅，介紹他結識了中東最有錢的家族、勢力最龐大的企業。他休學一學期，跟著哈瑪・阿勒瓦贊去了一趟科威特，拜訪了當地的政商家族。

接著，他去了一趟阿布達比，靠著多年經營的人脈，認識了一個從此改變他一生的關鍵人物。

3 一趟改變人生的中東之旅

阿布達比，二〇〇三年秋天

在俯瞰波斯灣的高樓層海鮮餐廳裡，二十一歲的劉特佐與阿拉伯聯合大公國當時的外交新秀歐泰巴（Yousef Al Otaiba）共進午餐。

這場午宴，是劉特佐央求一位朋友特別安排的。用餐時，他不斷問歐泰巴問題。歐泰巴也很快發現，眼前這位來自馬來西亞的年輕人，不是一般來旅遊的大學生，而是專程來打探阿聯電力產業消息的——哪幾位王儲的影響力大？哪些人掌握的資金最多？劉特佐認為，歐泰巴是一個能為他牽線的關鍵人物。

阿布達比，這個位於波斯灣上、阿拉伯半島邊的小島，當時還算不上什麼很吸引人的地方。但阿聯經濟正在起飛，油價飆漲，阿布達比皇室正在改造這個城市。距離餐廳不遠處，就是耗資三十億美元、當時還在興建中的超豪華「酋長皇宮飯店」（Emirates Palace）。

外形帥氣的歐泰巴三十歲時的成就，很多人就算奮鬥一輩子都難以望其項背。然而，他對權力與金錢，仍然有著強烈的野心。他父親是阿布達比前石油部長，有好幾個老婆，至少生了一打孩子。歐泰巴的母親是埃及人，所以後來歐泰巴被送到埃及的「開羅美國學校」就讀，畢業後遠赴美國，先後就讀於喬治城大學（他在那裡待了四年，但沒有畢業）與華盛頓的國防大學（National Defense University）。他口才好，魅力十足，回國後，二十六歲的他成為阿布達比莫哈默皇太子（Mohammed Bin Zayed Al Nahyan）的顧問，並且擔任王室與外國政府之間的橋樑。

一趟中東之旅，在他心中播下一顆種子

歐泰巴說一口標準美語，總是穿著最頂級西裝，因此華府的官員常會忘了他是來自中東的外國人，也讓他深受小布希政府的信任。他認為，美國應該對伊朗、伊斯蘭極端分子（兩者都是阿布達比當局的心頭大患）採取強硬立場。當小布希發動伊拉克戰爭，他協助美國爭取阿拉伯世界的支持，也因此奠定了他在華府的影響力。

他也經常受邀上電視節目，表現沉穩，親和力高，和私底下的強勢作風、對部屬不苟言笑截然不同。在一封寫給太平洋投資管理公司（PIMCO）執行長莫哈默．伊爾艾朗（Mohamed El-Erian，另一位同樣來自阿拉伯世界、全球最頂尖的金融家）的電子郵件中，歐泰巴很直白地

寫：「等你真正了解我，就會知道我是個直話直說不給面子的人！」

不過，歐泰巴並不像皇室成員那麼富有。他父親靠著房地產與金融業賺了不少錢，但歐泰巴只是眾多孩子之一，財力完全無法跟那些有豪宅、遊艇的皇室子弟相比。他的生活開銷很大，想跟皇室王子們打交道，他必須更努力賺錢才行。因此，從無商場經驗的他，暗中加入朋友開的營建公司，利用自己的人脈，投資中東各地的建案，只是外界並不知道他的角色。

而他，正是劉特佐所需要的那種人脈——有門路、很想賺大錢、人生正要起飛、對做生意外行、不介意與一個完全不認識的馬來西亞年輕人見面。一邊用餐，劉特佐一邊大談中東與東南亞（尤其是馬來西亞）的投資機會；不過，大多是劉特佐瞎掰的，因為在這之前除了搞派對，他完全沒有做過生意，除了跟馬來西亞朋友借錢，在馬來西亞商界沒半點特殊門路，但他照掰不誤。

歐泰巴被眼前這位馬來西亞年輕人說服了，決定引領他進入阿布達比。

那次午餐之後沒多久，歐泰巴介紹劉特佐認識哈爾敦（Khaldoon Khalifa Al Mubarak）。哈爾敦也是一位野心勃勃的年輕人，負責管理一家名叫「穆巴達拉」（Mubadala）的主權基金。他的父親曾是一名外交官，一九八四年遭巴勒斯坦恐怖組織在巴黎街頭殺害。五官深邃、帶著無框眼鏡的哈爾敦談吐溫和，臉上常掛著微笑，與歐泰巴一樣，他也是莫哈默皇太子身邊的親信。

和在華頓的象牙塔裡不同，劉特佐在阿布達比學到的是真實世界運作的方式。為了減少國家經濟對石油的倚賴，阿布達比政府在二〇〇二年成立穆巴達拉基金，打算透過這家公司到國際上募資，在阿布達比投入房地產、半導體等產業。劉特佐目睹了還不到三十歲就掌握國家龐大資源的哈爾敦，如何籌畫這一切。

穆巴達拉基金只是當時許多國家進軍全球金融市場的例子之一。早在一九五〇年代，沙烏地阿拉伯與科威特就曾經成立「主權基金」，替它們賣石油所賺來的大筆財富，找到良好的長期投資機會。這個做法後來被愈來愈多國家效法，劉特佐造訪中東時，全球主權基金掌握的資產共高達三兆五千億美元，比歐洲絕大多數國家一整年的國民所得（GDP）還高。

不過，穆巴達拉基金與其他主權基金最大的不同，在於它不是拿賣石油賺來的錢投資，而是從國際金融市場上募資，回頭投資自己的國家，協助經濟轉型。

阿布達比之行的所見所聞，在劉特佐心中播下一顆種子。

大學還沒畢業，就到免稅天堂開公司

馬來西亞也有一個主權基金，叫做「國庫控股」（Khazanah Nasional），不過跟穆巴達拉基金完全不能相提並論，劉特佐短期內也不可能有任何機會坐上類似哈爾敦的位子。然而，眼前倒是有一件可能達成的目標，就是：利用他的新人脈，找到賺錢機會。

回到華頓商學院，劉特佐就讀最後一學期時，在英屬維京群島設立了人生中第一家公司「贏噸集團」（Wynton Group，也有媒體譯為「溫頓集團」），他跟朋友說，取這名字的意思是要「贏」好多「噸」財富（“win tons” of money）。通常，常春藤名校的學生到了大四，就要開始爭取華爾街（例如高盛）或大型企管顧問公司（例如麥肯錫）的工作機會，劉特佐的哥哥劉特陞在劍橋大學畢業後，就是直接進入高盛。

但劉特佐對於走這條路沒什麼興趣，他覺得上班賺不了大錢。相反地，他想要說服中東的金主，透過「贏噸」投資馬來西亞。剛開始，公司的資金不多，主要來自科威特等國家的朋友，平常也只是小規模交易股票。二〇〇五年從華頓畢業後，他決定利用他在華頓與哈羅公學打下的人脈，回到馬來西亞創業。

儘管他野心勃勃，但他還需要更強大的靠山才行。多虧了他爸爸多年前在倫敦買對了房子，劉特佐找到了一個大靠山——勢力龐大的納吉家族。

4 我們需要一輛廂型車！

香港，二〇〇七年十二月

華麗的香港香格里拉飯店大廳，發生了一陣小騷動。馬來西亞副首相納吉與妻子羅斯瑪正準備搭車前往機場，但出了點狀況。一身珠光寶氣的羅斯瑪，顯得很不耐煩。

過去這兩天，納吉忙著與瑞士信貸的基金經理人會面，歐美金融業者非常看好天然資源豐富的馬來西亞。至於羅斯瑪，則是趁納吉開會期間，在香港各大奢華品牌專賣店採購。

問題來了——她所買的東西太多，車子根本放不下。最後，她身邊的人另外安排了一輛廂型車，才順利把全部行李載到機場。當時，馬來西亞政府專機已經在赤鱲角機場等候，但由於裝載的行李實在太多了，一直拖到過了午夜才順利起飛。

納吉出身馬來西亞政治世家，父親與姨丈都當過首相，夫妻倆早就習慣了被隨從們無微不至地照顧生活起居。五十幾歲的納吉，臉上總是掛著一種傻呼呼的笑容，是那種典型的政治權貴。

他的父親敦阿都．拉薩（Tun Abdul Razak），曾經教導納吉與他的四個弟弟，要有老派的政治道德。例如，當孩子們希望在首相府裡蓋一座游泳池時，阿都．拉薩嚴詞訓誡了孩子們一頓：身為公務員，絕不可以挪用公款、公器私用。

可惜阿都．拉薩很早就過世，當時才二十二歲的納吉從此把父親的諄諄教誨拋諸腦後。從那時候開始，這五兄弟（特別是納吉）就一直在執政黨巫統（UMNO）的呵護下成長。先後就讀英國「墨爾文寄宿學校」（Malvern College）與諾丁漢大學（University of Nottingham）的納吉，比較想過的是英國人的生活，而不是馬來人。他學英國紳士抽昂貴雪茄、看《Yes Minister》這類英國電視節目。由於父親的庇蔭，納吉官運亨通，才二十幾歲就當上副部長，身邊的人也總是順著他。

跟政府打交道，直接找夫人就對了

至於羅斯瑪，則是來自平民家庭。她的雙親都是老師，且與蘇丹關係密切，因此羅斯瑪從小就與皇室有所往來。這也讓她很早就目睹了豪門生活，也對自己的出身耿耿於懷，一位她身邊的人說，她非常沒有安全感。據說與納吉交往之前，她曾經想辦法要嫁入汶萊皇室。

與納吉結婚（兩人都是再婚）之後，她第一次搭政府專機，見識了當官的排場。從此以後她刻意穿著高級質料的衣服、以珠寶裝飾自己。她有時候很親切，有時候很凶，對隨從大聲斥責，甚至與女兒斷絕關係。那些想要與政府打交道的外國商人，會先找她，然後再由她安排與納吉見面。

到了二〇〇五年左右，羅斯瑪的奢華行徑變本加厲到離譜的程度。傳聞說她曾經走進愛瑪仕（Hermès）專賣店，告訴祕書哪幾件東西她「不」喜歡，然後指示祕書把店裡其他所有商品「每樣買一件」。

為了滿足奢華生活，羅斯瑪開始動國庫的歪腦筋。一位馬來西亞商人很清楚地揭露她的其中一種手法：這位商人先向國營企業以低價買下土地，然後轉手以高價賣給另一家國營企業，最後與羅斯瑪一起賺取中間的差價。馬來西亞人民對她印象很壞，將她比喻為現代版的伊美黛・馬可仕（Imelda Marcos）。以納吉在政府所領的薪水，絕對無法負擔她花在柏金包等奢侈品的驚人開銷。

這些上百萬美元的珠寶，羅斯瑪也不能公然穿戴四處張揚，於是她常會在家中將珠寶從保險庫裡拿出來，「她會把珠寶擦亮、戴上、欣賞。」羅斯瑪一位家人說：「感覺就像電影《魔戒》裡的『我的寶貝』（my precious）。」

二〇〇六年底，一位蒙古籍女模遭人槍擊致死，接著屍體還被人綁上C4炸藥，炸個粉身碎骨。就在同一時間，這名蒙古女郎的男友，也就是納吉在國防部的一位助理被控貪汙，收受法國潛水艇公司一億美元賄款。接著馬來西亞法院判定兩名警察謀殺蒙古女郎罪名確定，而這兩名警察，其實就是納吉的私人保鑣。納吉否認知情，但已引來舉國譁然。

二〇〇七年，納吉正在爭取首相大位，夫妻倆需要有力的好幫手。而這位適時出現的幫手，正是夫妻倆在倫敦見過、羅斯瑪兒子的同學：劉特佐。

用漂亮的詞句，包裝空洞的內容

劉特佐在二〇〇五年從華頓畢業後返馬，在吉隆坡雙子星大樓十七樓為他的「贏幗集團」租下一層辦公室。雙子星大樓在一九九〇年代末至二〇〇〇年間，曾是世界最高大樓，也是全馬最頂級商辦，只有最知名的馬來西亞企業，才負擔得起這棟大樓的租金，例如馬來西亞國家石油公司。

才剛大學畢業的劉特佐，根本租不起這棟大樓，但他不知道用了什麼方法向銀行借了一筆貸款，再用這筆錢裝潢辦公室。新辦公室裡有一間非常氣派的大型會議室，輕輕按一按開關，原本的透明玻璃會立刻變成霧狀。牆上掛著高科技白板，在白板上寫的任何東西，都可以直接列印出來。廁所裡的馬桶，會自動依你的身高調整高度。如果覺得累，這裡還有一個泡腳池。在當時的馬來西亞，這一切不只是新科技而已，而是全國最頂級、最奢華的設備。

儘管手上根本沒幾個投資案，但劉特佐對員工仍很大方。他最早的員工之一，是他在華頓的新加坡同學薛力仁。薛力仁的專長是金融，被劉特佐挖角來贏噸之前曾就職於新加坡中央銀行。外形非常孩子氣、常帶著笑容的薛力仁，成了劉特佐的得力助手，劉特佐談好的生意通常交給薛力仁執行。和劉特佐一樣，薛力仁也是急功近利型的人，他曾說自己能在華頓混得不錯，是因為他寫作業時懂得用漂亮的詞句，包裝空洞的內容。

外號「胖子 Eric」的陳金隆，後來也成了劉特佐的左右手之一。他的英語有濃厚的馬來西亞腔，劉特佐非常信任他，只要是陳金隆拿給他的文件，他二話不說都會簽。兩人在馬來西亞一家夜店認識，如今從工作到度假，經常形影不離。

一切就緒之後，劉特佐需要的是：生意。他想要找有錢的中東人來投資馬來西亞，然後從中賺取佣金。為了跟潛在客戶博感情，劉特佐會寄鮮花、巧克力給對方，或是幫對方搞定生活難題（例如預約很難約的醫生）。他知道自己身為華人，需要一個馬來人當他的生意伙伴才可能成功，而他心中的理想人選，就是他在倫敦認識的里扎。

劉特佐當時還無法直接與時任副首相的納吉搭上線，不過有人介紹他認識了納吉的三弟尼詹・拉薩（Nizam Razak），劉特佐不但讓他免費使用贏噸的辦公室，還邀他投資雙子星大樓附近的一項豪華公寓開發案。

問題是：劉特佐還欠銀行一屁股債，根本沒錢可投資。最後付不出豪華公寓的訂金時，還是靠納吉家族派人來搞定。這也讓劉特佐陷入低潮，緊接著他連續幾個月付不出雙子星大樓的租金，被掃地出門。別說接近納吉家族，這下子過去一切努力全付諸流水了。

「納吉家人當時非常看不起他。」一位納吉身邊的助理說。

但劉特佐韌性強，也很有辦法，總是能將每一次的失敗變為轉機。豪華公寓投資案雖然灰頭土臉，卻也讓他在過程中結識了當時投資同一個案子的「科威特金融公司」（Kuwait Finance House，一家伊斯蘭銀行）。二〇〇七年，他試圖仲介科威特金融公司併購一家馬來西亞銀行，後來雖然沒成功，但與科威特金融公司的關係更進一步。他總是有辦法穿梭於重要人物之間，與他們一起開會——儘管他半點相關經驗都沒有。

依斯干達經濟特區，機會來了！

二〇〇七年，他聽說國庫控股打算找人合夥，一起投資柔佛州（位於馬來西亞南部、鄰近新加坡）的大型土地開發計畫，也就是著名的「依斯干達經濟特區」（Iskandar Development Region）。馬來西亞希望把這塊地發展為足以和新加坡抗衡的金融中心。

劉特佐看到了機會。他曾在阿布達比目睹政府的主權基金手上掌握龐大資金，如果能仲介成功，就能賺到大筆佣金。自從他那趟中東之旅後，哈爾敦又更上層樓了。隨著國際油價飆漲，穆巴達拉基金的規模不斷膨脹，投資範圍也愈廣，包括了法拉利、超微半導體等國際知名企業，換言之，如今哈爾敦手上掌握的是一個規模高達數百億美元的龐大帝國。

歐泰巴仍是劉特佐在中東的重要人脈，二〇〇七年六月十七日，劉特佐寫了一封電子郵件給歐泰巴，詳細介紹了「依斯干達經濟特區」計畫，建議穆巴達拉基金可考慮投資。接著，他安排國庫控股的主管飛到阿布達比，與歐泰巴等人見面。

「在阿布達比，你只需要一個人的名片，這個人就是歐泰巴。」劉特佐如此向國庫控股的主管引介歐泰巴。

穆巴達拉基金的出現，讓劉特佐的事業自豪華公寓事件之後起死回生。他抓緊機會，透過引薦穆巴達拉基金，累積自己的政治人脈。他本來就認識納吉的弟弟與繼子，下一步就是找機會搭上納吉本人。二〇〇七年，他為納吉夫妻設立了一個岸外戶頭，並以這個戶頭的錢來支付他們女兒在美國喬治城大學的開銷。

替「依斯干達經濟特區」計畫引進中東資金之後，劉特佐讓外界看到他存在的價值。但他把一切歸功於納吉，因為這項位於新加坡隔壁的計畫如果成功，納吉會被視為有能力的領導者，能夠吸引外資，帶領馬來西亞躍升為已開發國家。

大家都說感謝他，但他還是沒賺到錢

羅斯瑪拿起麥克風，環顧她的賓客。穿著傳統馬來服飾的她，心情很好。客人們手上拿著飲料，四處走動，參觀她與納吉的豪華官邸。而官邸裡有一個人也四處走動，確定在場每個人都能盡興而歸，這個人，就是劉特佐。

那是二〇〇七年八月某一個晚上，這場派對是為了慶祝穆巴達拉基金與科威特金融公司同意投資「依斯干達經濟特區」。「我要特別感謝劉特佐，把中東的資金引進馬來西亞。」羅斯瑪向賓客們宣布。說完，現場樂團開始演奏，羅斯瑪唱了幾首民謠，讓來自阿布達比的賓客們印象深刻。

接著，納吉為在場所有人士介紹穆巴達拉基金執行長、遠道而來的哈爾敦。哈爾敦穿著傳統回教服飾，自信地一一向大家回禮。他為自己所管轄的金融帝國增加了一項重大投資，也同樣要感謝劉特佐。隔天一早，兩國代表正式簽約，穆巴達拉基金投資五億美元，協助柔佛州打造五星級飯店、頂級住宅與高爾夫球村。

對劉特佐而言，這起投資案的成功是關鍵轉捩點，他向納吉夫婦證明自己的確有辦法從中東找到資金。與此同時，他也很用心地透過別的方式，確保自己能牢牢抓住納吉這家人。幾個星期前，他特別飛往倫敦參加納吉與羅斯瑪的女兒諾雅娜（Nooryana Najib）的畢業舞會，諾雅娜即將離開「七橡學校」（Sevenoaks School），到美國的喬治城大學。

問題是，劉特佐原本預期能從這筆投資案中，分到一大筆錢。沒想到當他向國庫控股索討佣金時，卻遭到拒絕。國庫控股由專業團隊經營，完全沒有半點讓劉特佐上下其手的機會。

看來，他得找到一筆能讓他自由動用的資金才行。於是，他打算好好利用岸外金融……

5｜買台法拉利，如何？

華府，二〇〇八年八月

二〇〇八年秋天，歐泰巴收到一封來自他的生意搭檔阿瓦塔尼（Shaher Awartani，約旦人）的電子郵件，捎來好消息：劉特佐在馬來西亞引介的生意，讓他們倆賺了約一千萬美元。在這之前，歐泰巴也許是不想直接與劉特佐打交道，幾乎都是透過阿瓦塔尼與劉特佐聯繫。現在看起來，這位馬來西亞朋友似乎真有兩下子。

「太棒了！看到我們的努力開花結果，真是開心！」歐泰巴回覆。

「我覺得我們應該買台車子好好犒賞自己，你覺得怎樣？買台法拉利 458 ITALIA 如何？」阿瓦塔尼在電子郵件上寫道。但歐泰巴不贊成，認為這麼招搖的車在阿布達比會「引來不必要的麻煩」。

歐泰巴知道，他與劉特佐之間的交易必須很低調。因為幾個月前，他被任命為阿聯駐美國大使，現在是華府最搶眼的新外交官。阿聯駐美大使官邸，坐落於波多美河（Potomac River）岸邊，歐泰巴在官邸辦的宴會，是由像沃夫岡・帕克（Wolfgang Puck）這種等級的名廚掌廚，出席的是白宮官員、國會議員、知名主播等名流。有時候，歐泰巴還會邀請客人到他的「男人窟」（他家的地下室，有個大型平板電視）裡看籃球賽轉播。他也經常上電視受訪，並且在美豔妻子艾碧兒（Abeer，一位出生於埃及的土木工程師）陪同下，出席華府舉辦的社交宴會，非常受歡迎。

然而，當時才三十幾歲的歐泰巴除了外交官身分，還有一個隱藏的角色：生意人。與劉特佐交往看來是押對寶了，他與馬來西亞的合作將會為他賺很多錢。

至於劉特佐，在「依斯干達經濟特區」案子上拿不到佣金後，他開始找別的賺錢門路。結果，他想出了一個非常複雜，但絕頂高明的計謀。

一場絕頂聰明的布局……

當時，整個馬來西亞都在關注「依斯干達特區」計畫，根據發展藍圖，這一區將會有很多新公路、房子、購物中心與工業區的開發計畫，建商們都在摩拳擦掌想要分一杯羹。就在此時，劉特佐聽說有兩家建設公司打算脫手，於是他心想：何不低價買下這兩家公司，然後再用這兩家公司來爭取「依斯干達特區」的開發案？

不過，買這兩家公司要好幾百萬美元，他得向銀行借更多錢才行。但看在銀行眼中，他什麼咖也不是，只是一個信用紀錄不良的小老闆。於是，他決定利用他的「權貴人脈」。

首先，他在英屬維京群島註冊了一家「阿布達比科威特大馬投資公司」（Abu Dhabi-Kuwait-Malaysia Investment Corporation，簡稱 ADKMIC），然後送乾股給歐泰巴、科威特與馬來西亞的官員。這麼做，是要讓外界以為，這家公司大有來頭。

安排妥當後，他去向銀行貸款，果然輕易貸到數百萬美元以上的資金。他除了用部分貸款買下兩家建設公司，同時透過贏噸公司借了一筆錢，買下「依斯干達特區」、緊鄰穆巴達拉基金的開發計畫旁的一塊地。這下子，他不只是個賺佣金的買辦，而是「共同投資者」了。

接著，他想讓外界誤以為這兩家建設公司的股東，有來自中東的大金主，因為這能讓他招攬到更多資金。於是，他想到了岸外金融中心。很多亞洲有錢人都會把公司註冊在英屬維京群島或開曼群島等免稅天堂，有時是因為自己國家政治不穩定，有時是為了避稅，劉特佐的爸爸劉福平就有很多岸外帳戶。最新的估計顯示，一九七〇年代以來岸外金融中心的存款金額高達三十二兆美元，相當於美國與中國大陸的經濟規模總和，數百億稅收因此蒸發。

當年才二十六歲的劉特佐，已經非常熟悉岸外金融的運作。他很清楚，由於很多美國銀行與避險基金都把分行設在開曼群島，因此開曼群島如今必須提供美國政府更多開戶者資料，但位於加勒比海的英屬維京群島，對前來設公司的人採取「能不問就不問」的態度（劉特佐的贏噸公司正是設立於此）。至於印度洋上的塞席爾（Seychelles），更是完全不管登記在該島上的企業背後老闆是誰。

更重要的是，劉特佐很清楚：設立一家岸外公司多麼容易。只需幾千美元，就能找到像Trident Trust（總部在美國）、Mossack Fonseca（總部在巴拿馬）這類業者替你搞定一切，無論你想開銀行帳戶、註冊公司，交給他們辦理即可。要不是有岸外金融，劉特佐的計謀也不可能成功得逞。

不記名股票、魚目混珠的空殼公司，以及獵物……

他的下一步，是在塞席爾註冊兩家空殼公司，一家叫ＡＤＩＡ投資公司，另一家叫ＫＩＡ投資公司，乍看之下，你會以為這兩家公司與全球兩大主權基金——阿布達比投資管理局（Abu Dhabi Investment Authority，簡稱同樣是ＡＤＩＡ）與科威特投資管理局（Kuwait Investment Authority，簡稱同樣是ＫＩＡ）——有關。但事實上，這兩家公司只是劉特佐登記成立的空殼公司，跟兩大主權基金一點關係也沒有。

設立ＡＤＩＡ時，劉特佐還用了一巧門：該公司總共只發行一張實體股票，價格是一美元，這張實體股票在誰手上，誰就擁有這家公司。這種「不記名股票」在很多國家被禁止，包括英國和美國（內華達與懷俄明州在二〇〇七年取消「不記名股票」之後，這種股票已經在美國絕跡）。二〇〇〇年以來，美國也向岸外金融中心施壓，要求提供銀行帳戶與企業股東的相關資料，後來包括開曼群島在內，也被迫跟著取消「不記名股票」。不過，劉特佐發現，在塞席爾設立空殼公司，仍可發行不記名股票。

接著，劉特佐將這兩家看起來跟中東主權基金有關的投資公司，列為他馬來西亞建設公司股東。這一來，在不知情的外人眼中，包括科威特皇室、馬來西亞高官、阿聯大使歐泰巴，以及兩大主權基金，全都成了劉特佐的生意伙伴。

完成這個精心布局之後，劉特佐開始找獵物。他要找的，是那種非常有錢、但對金融操作不熟悉、願意出高價向他買土地或公司的人。

果然很快被他找到一位：當時的砂拉越首席部長、七十一歲的泰益．瑪末（Taib Mahmud）。個子矮小、一頭白髮的泰益，靠著伐木業、油棕業，成了馬來西亞最有錢的人之一。政商兩棲、長袖善舞的泰益，喜歡穿白色西裝，開白色勞斯萊斯，有一台白色鋼琴——這台鋼琴原本屬於美國鋼琴家李伯拉斯（Liberace）。

劉特佐放出風聲，說穆巴達拉基金在投資「依斯干達特區」之後，正在馬來西亞物色其他機會，這話後來傳到泰益耳中，並且與劉特佐見了面。泰益一直想找人投資砂拉越的油棕提煉廠與其他能源開發計畫，於是劉特佐以「未來中東投資者也許會想投資砂拉越」為餌，說服泰益先買下他的建設公司以及「依斯干達特區」的土地。

幾個月後，劉特佐的贏噸公司正式將名下持有的土地，轉讓給泰益旗下的UBG控股公司，UBG則支付他現金與股票。他曾告訴朋友，這筆交易讓他大賺了一億一千萬美元，並且還成了UBG最大股東。這是他第一次在商場上高奏凱歌，他把原本的E class賓士房車賣掉，換成了一台黑色法拉利。

但劉特佐太高調了，後來泰益發現自己當了凱子，暴跳如雷。這事傳到歐泰巴耳中，他也非常不爽，懷疑劉特佐自己吃肉，卻給他喝湯。畢竟，要不是有歐泰巴背書，劉特佐未必能完成這樁買賣。

「我們的朋友劉特佐在依斯干達特區的案子，很可能擺了我們一道，」阿塔瓦尼在一封給歐泰巴的電子郵件上寫道：「我認為他只是在安撫我們，給我們一點點甜頭。」

別看歐泰巴在電視上為美國觀眾侃侃而談，私底下的他也會不假辭色，尤其當他認為自己被劉特佐耍了。沒錯，對他而言，劉特佐是個好用的人脈，能幫他在馬來西亞找到賺錢好機會；但說到底，劉特佐更需要歐泰巴，以及歐泰巴在阿布達比的高層人脈。

「要讓他『非常』清楚，不能背著我們亂搞。」歐泰巴回信給阿塔瓦尼，要他直接去找劉特佐講清楚。「我覺得直接找他最好，這樣才能嚇嚇他。」

其實，就連劉特佐身邊的工作伙伴，也已經開始不信任他。不過，當時的劉特佐已經口袋滿滿，他才二十七歲，大學畢業才三年，他大部分華頓商學院的同學，正在二〇〇八年那場金融風暴中掙扎浮沉，而他已經賺進同學們一輩子夢寐以求的財富。他沒有為世界帶來半點實質產出，卻具備一種周旋於權貴之間，以「高報酬」為餌、說服投資者掏錢的特殊能力。他幫歐泰巴等重要人物賺錢，也讓他的人脈更加強大。雖然大部的錢都不是從他自己口袋掏出來（而且他現在得想辦法弄出一筆錢還給泰益），不過大家漸漸相信，他真有完成交易的本事。

劉特佐現在是號人物了，吉隆坡精英社交圈常可見到他，也讓華爾街最具規模、最有野心的銀行家注意到他的存在……

6 所謂的萊斯納博士

萬里長城，二〇〇六年六月

服務生在餐桌之間忙碌地奔走。這場在北京市郊、萬里長城邊上、搭著帳棚舉行的盛宴，是為了歡迎一位非常特殊的貴賓。

沒多久，剛接掌高盛執行長的洛伊德．貝蘭克梵（Lloyd Blankfein），在兩位美國與中國銀行家的陪同下抵達現場。貝蘭克梵是華爾街新霸主，而高盛特別選在萬里長城，高調召開董事會，凸顯中國大陸（以及亞洲）的重要性。

高盛前一任執行長漢克．鮑爾森（Hank Paulson）在數周前卸任，接掌小布希政府的財政部長。鮑爾森在任內大舉擴張在中國大陸的版圖，協助中國共產黨私有化國企，也讓高盛成為第一家在中國大陸成立合資銀行的外資金融業者。

貝蘭克梵也同樣想把營運重點放在亞洲。包括高盛在內的許多華爾街銀行，目前主要的獲利來源仍是美國，他們協助企業募資、執行併購案、銷售衍生性金融商品，同時也拿自己的錢投入市場。大約二〇〇五年、金融風暴發生前，亞洲大約只占華爾街銀行整體獲利的一〇%，其中大部分來自中國大陸。

到了二〇〇六年，風向開始轉了。高盛選在萬里長城邊上開董事會，當然是個象徵性的安排，從這裡遙望北京城，大夥兒都對亞洲的未來充滿樂觀。

全球都在關注亞洲市場，特別是生產大量玩具、成衣、機械等產品到美國與歐洲，年年以兩位數字成長的中國大陸。至於鄰近的東南亞國家如馬來西亞，則靠著供應大量原物料給中國大陸，經濟規模也是年年成長超過五%。高盛告訴員工，如果願意請調到亞洲，將來升職的機會更高，希望鼓勵更多人願意舉家從紐約與倫敦，搬到香港或新加坡。

默默布局，放長線釣大魚

二〇〇九年初，在吉隆坡的國家皇宮，高盛亞洲的明日之星提姆・萊斯納從座車中下來。這位三十九歲、身高六呎三的德國人，負責高盛在東南亞投資部門，過去十年為高盛帶來龐大生意。不過，一個洋人出現在這棟金色屋頂的傳統建築裡，其實有點突兀。

但這回不同。從香港抵達馬來西亞後，他先去買了頂馬來宋谷帽（songkok），這是馬來人晉見馬來西亞最高元首時必備的服裝禮儀。萊斯納即將晉見的，是當時擔任最高元首（馬來西亞最高元首由九州蘇丹輪流擔任）的登嘉樓州蘇丹米占．再納．阿比丁（Mizan Zainal Abidin）。平常，米占接見賓客時都是穿著傳統服飾，不過這一天，他穿著西裝。

萊斯納的工作，是靠著與高層政商人脈維持良好關係，爭取生意。相較於中國大陸，馬來西亞經濟規模小得多，但近年來高盛卻在這個國家撈得風生水起。萊斯納在這裡已經布局了十年，有時候為了與重要人物搭上線，會付錢聘請有門路的中間人引薦，這在亞洲是很常見的手法。而今天這場會面，是透過年僅二十七歲、卻已經掌握關鍵人脈的劉特佐安排的。

介紹萊斯納認識劉特佐的人，是高盛在馬來西亞另一位員工吳崇華（Roger Ng）。不過，剛開始萊斯納對劉特佐的第一印象並不好，他曾跟朋友說他覺得劉特佐「不可靠」。但萊斯納渴望做大生意，而劉特佐似乎真有門路。劉特佐告訴他，登嘉樓蘇丹打算成立一個主權基金，負責管理該州因石油與天然氣賺來的錢；劉特佐還說，蘇丹想要與高盛合作。

口才辨給的萊斯納，知道如何投蘇丹所好，那天會面結束時，順利拿下替蘇丹成立新主權基金的顧問合約，這個基金就是「登嘉樓投資機構」（Terengganu Investment Authority，簡稱 TIA）。有意思的是，高盛收取的顧問費，只有區區三十萬美元，從華爾街的標準來看，這筆錢少得可笑。但萊斯納知道自己在放長線釣大魚，這份顧問合約只是小試牛刀，接下來一連串的生意，為高盛賺進大把大把鈔票。馬來西亞曾經一度是高盛眼中沒什麼搞頭的國家，後來卻成了高盛在全球最重要的獲利來源。

一個講交情的銀行家……

萊斯納出生於德國北方、鄰近漢諾威的小鎮沃斯伯格（Wolfsburg），成長過程非常順遂。父親是福斯汽車高階主管，他從十歲起就迷上網球，每年夏天他的父母還送他到歐洲與美國受訓，與葛拉芙（Steffi Graf）等知名球星一起打球。十七歲那年，他以交換學生的身分，到紐約的私立學校 Millbrook School 待了一年。剛開始，他的住宿家庭覺得他很保守謹慎（也就是大家印象中的典型德國人），但很快地，他便完全融入美國生活，網球之外，他也參加籃球與美式足球，當地報章形容他「天賦異稟」，「自信、聰明、帥氣、有錢、全身上下是運動細胞」，他的教練讚揚他是最棒的運動員，「總是知道自己該扮演什麼角色」。他異性緣極佳，可以不費力氣就交女朋友，後來與一位網球女選手交往。

這段經驗，讓萊斯納體驗到離家出國生活的樂趣。在德國念完大學後，他到美國康乃狄克州的哈福特大學（University of Hartford）念MBA。他班上有很多來自世界各地的學生，也因此認識了一位伊朗裔的法國女孩。畢業後，他們搬到倫敦，並在那裡結婚。萊斯納加入摩根大通銀行（J. P. Morgan），從最基層做起。

他渴望成功，一邊在摩根大通上班，一邊在薩默塞特大學（University of Somerset）拿了一個管理博士學位。雖然幾年後，該大學被踢爆販賣假學歷醜聞而狼狽倒閉，但萊斯納照樣給自己掛上「博士」頭銜，沒多久，他被擢升為摩根大通副總裁。

在倫敦期間，他曾經負責一個與印尼發電廠相關的計畫，因此對亞洲產生了興趣。後來他離婚，並在一九九七年前往香港的雷曼兄弟上班。當時，香港這七百萬人的小島正快速變遷中，也是外國金融業者的天堂。包括泰國、韓國等亞洲國家經濟持續成長，銀行家們在這裡平常瘋狂工作、流連夜店，假日則搭著私人遊艇到附近海島度假。

不過，到了一九九七年，先是香港回歸中國大陸，緊接著亞洲金融危機爆發，形勢出現逆轉。不過，對萊斯納這些金融業者來說，危機往往也是轉機。因為這些年來，亞洲已經成了華爾街銀行家在職場上更上層樓的跳板。一來，香港與新加坡的金融業，不像美國那麼競爭激烈；二來，亞洲的操盤手往往空間比較大（一九九五年英國霸菱銀行交易員李森，因此毀了整家銀行）。而萊斯納到香港時，亞洲資本市場在危機爆發後急凍，各國政府都在想辦法籌錢，於是雷曼開始輔導亞洲政府將國營企業私營化。

香港銀行家通常馬不停蹄地在亞洲各國間穿梭兜生意，萊斯納也不例外。有一度，他與高盛公司合作，輔導泰國一家國營石油公司釋股，他們每天工作十八小時，半夜兩點下班後，一起泡夜店，隔天再繼續奮戰。高盛對萊斯納的衝勁非常欣賞，於是邀請他加入，他也欣然接受跳槽到高盛。

萊斯納加入沒多久，高盛將亞洲總部遷入當時剛落成的長江集團大樓。這棟超高大樓視野極佳，同時飽覽維多利亞港及壯麗山景。後來他與同在高盛擔任分析師的陳芳相戀，陳芳是印尼華人，家族做煤礦生意發達。他們的婚禮在香港豪華飯店舉行，婚後育有兩個女兒，但萊斯納平常很少在家，身為企業併購部門的主管，他的人生幾乎都在出差中，到處找尋可做生意的機會。

苦了幾年之後，亞洲終於走出風暴，萊斯納也苦盡甘來。二〇〇二年，高盛為大馬富豪阿南達．克里斯南（Ananda Krishman）旗下一家電信公司辦理掛牌上市，這個高達八億美元、同一年度亞洲最大規模的IPO完成後，萊斯納被拔擢為董事經理。次年，他又承攬克里斯南旗下的Astro媒體公司的IPO。二〇〇六年，萊斯納打敗所有競爭對手，拿下馬來西亞史上規模最大企業併購案的顧問合約，這起高達二十億美元的電力公司併購案，讓高盛大賺九百萬美元。

高盛同事發現，萊斯納有一種深獲客戶信任的本事。他不是那種就事論事型的人，滿口精算出來的數字、推銷複雜的衍生性商品；他是「講交情的銀行家」（relationship banker），靠著掌握人心致勝。

落腳亞洲以來，萊斯納的人脈愈扎愈深，尤其是在馬來西亞。他為人風趣，操一口德國腔的英語，懂得討好每一個人。開會時，他總喜歡坐在客戶身旁，而不是隔著大會議桌面對面。有一次參加婚宴，據說他整個晚上沒坐在自己的位子上，而是滿場穿梭交際。

「他真心喜歡客戶，喜歡談生意。」曾經與他在高盛共事的喬・史蒂文斯（Joe Stevens）說。

既然你這麼會賺錢，公司就睜一隻眼閉一隻眼吧

由於鮑爾森與貝蘭克梵雙雙把重點放在亞洲，萊斯納的身價也水漲船高。二〇〇六年十月，他被拔擢為合夥人（partner）。那一年，共有一百一十五人晉升這個職位。在高盛全球約三萬名全職員工中，只有數百人（約二%）能獲此殊榮。獲得這個職務，不僅貝蘭克梵會一一接見，而且基本收入以一百萬美元起跳、紅利也更高。當年晉升合夥人的員工當中，超過五分之一來自亞洲，顯然貝蘭克梵看見高盛在亞洲的商機，未來無可限量。

與此同時，關於萊斯納的耳語始終沒有間斷。有高盛同事對他的學歷嗤之以鼻，酸他是「所謂的萊斯納博士」，也有人不滿他老是劈腿，包括與客戶上床。在同事眼中，這是非常違背專業倫理的。例如，在為Astro辦理IPO的那段期間，他居然和Astro的財務長交往，這段公開的戀情不僅讓對手跑去向Astro執行長告狀，也引起同仁不滿；高盛展開內部調查，但萊斯納堅稱沒這回事，高盛的調查不了了之。

另外，他常常不按牌理出牌。「他常會先答應客戶的要求，再回頭請示主管，而主管會容忍他這麼做，是因為他總是能拉到生意。」一位與他共事過的高盛同事說。有一次，他自作主張白

紙黑字向馬來亞銀行（Maybank）執行長承諾，高盛將以自有資金吃下該銀行發行的十億美元股票。這種承諾對高盛而言風險極高，他卻完全沒有知會香港總部。還有一次，萊斯納對外發布未經授權的消息，被高盛以減薪處分。照理說，這些事件都是管理上的警訊，但萊斯納一直幫高盛賺錢，高盛對這些行為也睜一隻眼閉一隻眼。

萊斯納絲毫不在意別人怎麼看他，畢竟這裡是亞洲、是資本主義的新疆域，只要繼續有錢賺，天高皇帝遠的高盛總部才不管這麼多。二〇〇九年，劉特佐出現了。

大方送乾股給蘇丹

二〇〇九年初，在「依斯干達經濟特區」海撈一票之後的劉特佐，正在找尋下一個機會。他親眼目睹掌管數以百億美元基金的哈爾敦，享有如此龐大的權力與地位，心想：何不自己也在馬來西亞成立一個主權基金？問題是：錢要從哪來？

一般主權基金的資金來源，通常是靠賣石油賺來的錢。於是他把腦筋動到外海有豐富油田與天然氣的登嘉樓州。

除了民選政府之外，馬來西亞有九個州仍由九位蘇丹主政，這些蘇丹權力很大，有些甚至能左右該州預算，常有人從中謀取貪汙舞弊的機會。劉特佐擅長的，正是利用這樣的機會，完成一筆又一筆的交易。

登嘉樓州的米占蘇丹來自保守的回教家庭，受的卻是英國教育。很多皇室子弟因生活無憂，平日無所事事，但米占不一樣，大家都認為他非常厲害。劉特佐是先認識米占在建設公司擔任董事的姊姊，接著透過這層關係，將ADKMIC的乾股送給米占。

接下來，劉特佐打算向米占蘇丹提一個新點子：成立一個主權基金，就像穆巴達拉基金那樣，不必自己拿錢出來，而是以該州的石油資產為擔保，到金融市場上募資。劉特佐說，他認識高盛的銀行家，可以透過高盛募得大筆資金。

為了讓自己的提議更有說服力，他找上萊斯納。雖然萊斯納對劉特佐沒什麼好感，但他也想染指這個賺錢機會。劉特佐帶著萊斯納與吳崇華這兩位高盛銀行家，到吉隆坡晉見米占蘇丹。

經過幾個月的討論，劉特佐在電子郵件中開始與兩位高盛銀行家稱兄道弟，而且為這個案子取了個代號，就叫「冠冕專案」。這個基金在二〇〇九年二月正式運作，表面上，劉特佐的職稱是顧問，但實際上，他才是幕後操盤的人。

萊斯納與吳崇華知道，高盛法遵部門一定會對劉特佐隱晦的「仲介」角色有意見，因此高盛內部只有少數幾個人知道劉特佐的真正角色。何況劉特佐也主動請他們避免在高盛內部提到他的身分，萊斯納與吳崇華自然樂得答應他這樣的請求。

劉特佐原本說服米占，以該州未來的石油收入為抵押，發行十四億美元「伊斯蘭債券」，但就在定案之前，二〇〇九年五月間，米占突然改變了心意。他認為，這個基金連管理團隊都尚未就定位，沒必要這麼急著發行債券。他所指派的董事會代表正式提出暫緩債券發行，但劉特佐不理會，照樣執行發行計畫。

由於米占不願意賭上該州石油收入，於是他警告劉特佐，若不收手，乾脆連這個基金也撤銷。金融圈開始盛傳，因為發現劉特佐密謀私吞公款，米占決定先下手為強。眼看著努力即將化為烏有，劉特佐必須盡快想辦法解決這個難關。

就在這時，他遇到了人生最幸運的一次轉折。

多年來，納吉一直準備在政壇更上層樓。以他家族的名望、他多年來的公務生涯，很多馬來西亞人也認為他有一天接掌首相大位。當時，他所屬的馬來人政黨巫統面臨危機，與其他政黨聯合執政的「國陣」在二〇〇八年的大選中因華人與印度人紛紛倒向反對黨，差點丟了政權。為了挽回頹勢，巫統希望借重納吉家族的聲望，二〇〇九年四月，納吉正式接任首相。

這意味著劉特佐長期在納吉夫婦身上的投資有了回報，他成了能直達天聽的人。這時候的納吉正急需一大筆資金爭取選民支持，也給了劉特佐可乘之機。

7 — 王子，很高興見到你

Alfa Nero 號，二〇〇九年八月

搭乘超級遊艇「Alfa Nero 號」在地中海蔚藍海岸航行時，納吉原本以為，這艘超級遊艇的主人是沙烏地國王阿布都拉的其中一位兒子圖爾基（Turki Bin Abdullah）。這艘造價一億九千萬美元、二百六十九呎長的豪華遊艇上，有戲院，還有一個大型游泳池。

納吉正坐在可以望著地中海的沙發上，戴著棒球帽、留著濃密鬍子、當時才三十七歲的圖爾基，走上前來與納吉握手寒暄。圖爾基曾經擔任過沙烏地阿拉伯空軍飛行員，目前轉而從商。

穿著白色短袖襯衫的納吉，微笑遞給圖爾基一份裝在綠色盒子裡的禮物。穿著黑白相間豹紋上衣的羅斯瑪，也與主人談笑風生。與沙烏地皇室成員如此近距離相處，讓羅斯瑪非常滿意。眾人喝著果汁，納吉與圖爾基一邊聊著如何加強兩國經濟合作，一邊讓攝影師為大家留下合影。

此刻在旁邊的，是穿著綠色 polo 衫的劉特佐。也只有他，最清楚這場會面的真正目的。

這個年輕人，是馬來西亞投資部長嗎？

就任首相以來，納吉與劉特佐往來密切。劉特佐說服納吉，應該把重點放在中東，讓納吉夫婦也相信，劉特佐手上掌握了取得中東資金的鑰匙。

納吉上任後前幾周，劉特佐儼然是納吉身邊的非官方助理，負責替他安排中東之行。納吉宣稱要在數年之內讓馬來西亞躋身已開發國家，因此此刻需要龐大資金奧援。於是，在劉特佐的隨同下，納吉夫妻造訪中東，拜訪了沙烏地阿拉伯阿布都拉國王以及阿布達比的阿勒納哈楊王子。在旁觀者眼中，劉特佐似乎是納吉的代理人，有人甚至以為劉特佐是馬來西亞的投資部長。

在與阿勒納哈楊王子晚宴結束後，納吉隨即在阿布達比宣布，將成立一家馬來西亞主權基金，取名為「一個馬來西亞發展有限公司」（1 Malaysia Development Berhad，簡稱一馬公司或1MDB）。一馬公司當時唯一的資金來源，就是登嘉樓的ＴＩＡ。ＴＩＡ不久前才在劉特佐的操作下，發行了十四億美元的伊斯蘭債券，這筆錢現在全數轉入聯邦政府手中。也就是說，償還這筆債券的責任，將落到一馬公司頭上，登嘉樓的米占蘇丹全身而退。

照理說，一馬公司的資金應用於投資綠能與旅遊產業，與全體「馬」來西亞人——無論是馬來人、華人或印度人——「一」起創造高階就業機會，這也正是取名為「一馬」的初衷。劉特佐向納吉保證，未來將吸引中東資金投入，也會到國際募資。他還提出另一個讓納吉心動的點子：

利用這個基金，來募集政治獻金。換言之，納吉可以用這筆基金來回饋政治上的盟友與選民。例如，一馬公司將以「企業社會責任」的名義，在巫統需要選票的地區提供獎學金、蓋房子。劉特佐說，中東國家把馬來西亞視為它們在亞洲的盟友，願意投資一馬公司，也會以政治獻金支持納吉政府。

問題是，這位剛從學校畢業沒多久、資歷如此之淺的年輕人，真的能說服中東金主來投資馬來西亞嗎？他看起來的確人脈關係不錯，但這些掌握龐大資金的人，真會因為劉特佐一句話，而大手筆投資一馬公司嗎？

納吉夫婦並不知道，這回與圖爾基王子見面，其實是劉特佐的精心布局，目的就是要讓這對夫妻上鉤，以為與中東皇室搭上了線。劉特佐運氣不錯，因為納吉在政壇平步青雲，習慣了接受人家以禮車、遊艇款待，根本不疑有他。

表面上具備皇室身分，但骨子裡非常需要錢

事實上，圖爾基與劉特佐才認識沒多久，也壓根兒不是什麼中東皇室派來的使者。很多人都以為，只要是阿拉伯國家的王子一定很有錢，但其實圖爾基對自己的未來也很忐忑。他的父親、阿布都拉國王已經近九十歲高齡，有二十個孩子，有一天當父親過世，他還能不能與繼任的兄弟

維持良好關係仍在未定之天。退伍後，他試著從商，但沒什麼斬獲。他曾在二〇〇〇年成立一家石油探勘公司「沙烏地石油國際」（PetroSaudi International，簡稱PSI），希望能利用他的「王子」身分，到別的國家爭取石油探勘權。

但其實這家公司只是個空殼子，根本沒做幾筆像樣的生意，他與公司執行長、三十三歲的塔列・歐霸（Tarek Obaid）都不是積極做生意的料。濃眉圓臉、留著大鬍子的歐霸，父親是沙烏地阿拉伯銀行家，後來舉家遷往日內瓦，曾經與沙烏地皇室一起做生意，一度大賺，但後來慘賠。歐霸就讀日內瓦國際學校，後來到美國喬治城大學念書，除了阿拉伯語之外，還能說流利英語與法語。畢業後，他一直在金融業工作，包括瑞士一家小銀行（據他在那家銀行的同事說，他工作很混）。PSI的辦公室設在日內瓦，歐霸刻意讓身邊的人誤以為他來自沙烏地皇室，大家尊稱他「親王」，身為平民的他竟也欣然接受。他喜歡流連於夜店，看起來比實際年齡蒼老。

劉特佐想找的，正是像圖爾基這樣的人——表面上具備皇室身分，但骨子裡非常需要錢。劉特佐是透過一位三十九歲、名叫紹爾・賀布瑞休斯（Sahle Ghebreyesus）的厄利垂亞（一個東非小國）裔美國人，結識圖爾基與歐霸。賀布瑞休斯原本經營曼哈頓一家高檔非洲餐廳Lamu，後來生意不好倒閉，他轉而替先前餐廳的有錢客人跑腿——安排私人飛機、代顧客到高檔餐廳訂席等等。

他很快找到一條新門路：替中東富豪安排到歐美旅遊的行程。除了預定旅館、遊艇、餐廳，還會安排名模、名酒相伴。他也因為做了這門生意，認識了圖爾基王子與劉特佐。二〇〇九年八月，劉特佐請歐霸替納吉一家人（納吉、羅斯瑪與他們的孩子），安排一趟搭乘超級豪華遊艇「RM Elegant 號」之旅。

與此同時，圖爾基王子與隨從也以一周五十萬美元的代價，租下 Alfa Nero 號。劉特佐的計畫，是讓納吉與圖爾基見面，而且要讓納吉誤以為他與圖爾基是非常好的哥兒們。一切安排就緒，納吉在 Alfa Nero 號上與圖爾基見面了。

在船艙裡，圖爾基與納吉討論ＰＳＩ與一馬公司合作的可能性。劉特佐與歐霸隨即打鐵趁熱，立即擬了一份合作備忘錄。幾天之後，圖爾基用沙國官方信箋，寫了一封信給納吉，正式提出雙方共同投資方案。這份於八月二十八日發出的信件，附上一份歐霸所擬的提案：ＰＳＩ將以名下資產——也就是該公司聲稱在土庫曼與阿根廷油田開發權，總值二十五億美元——與一馬公司共同投資。而一馬公司，則相對投入十億美元。

8｜發達了！挖到金礦了！

紐約，二〇〇九年九月

紐約東方文華飯店三十五樓的大廳，有著視野極佳的落地玻璃與米色大理石裝潢，派翠克・瑪浩尼（Patrick Mahony）望著綠草如茵的中央公園。除了在一家英國的Ashmore投資公司上班，瑪浩尼同時也擔任PSI投資長，是這裡的常客。

對喜歡亞洲美食的劉特佐而言，東方文華是他熟悉的地盤。他約了瑪浩尼在這飯店的酒吧見面，討論如何往下進行納吉與圖爾基先前同意合作的計畫。

帥氣的瑪浩尼曾經在高盛工作，大家都說這位三十二歲的年輕人很能幹，企圖心旺盛，常傳電子郵件與銀行業的朋友分享關於昂貴名錶的資訊。看到姪女玩牌的時候作弊，他還會開玩笑地說這一定是家族的基因。他與歐霸說話，有時說英語（他的英語帶著濃濃的歐洲腔），有時說法語。

瑪浩尼與歐霸是在日內瓦國際學校念書時的舊識，歐霸於二〇〇九年邀請瑪浩尼加入PSI，希望他能為公司拉抬業績。他也很快就挖角曾擔任BP石油公司資深主管、後來接掌萬事達卡董事長的理查．哈托思韋特（Richard Haythornthwaite），負責石油與天然氣業務。

在東方文華飯店見面之前，瑪浩尼對劉特佐所知不多，但這項計畫的金額實在太誘人了，瑪浩尼決定來見見劉特佐。從外人看來，兩家公司打算透過這項合資案，聯手到世界各地探勘石油；但劉特佐看到的，卻是一次能讓他大撈一票的機會。他後來在一封給家人的電子郵件中寫道：「我剛剛跟PSI談定了！看來我們挖到金礦了！」

所有電子郵件，讀畢立即刪除

既然十億美元的合資案已經談定，接下來當然是要招兵買馬、安排職務了。首先，納吉出任顧問團主席，擁有任命董事會成員與決策權。接著，他任命曾任職埃森哲顧問公司（Accenture）的沙魯．哈米（Shahrol Halmi）擔任執行長。另外，還有擔任執行董事的唐敬志（Casey Tang）、法律顧問盧愛璇（Jasmine Loo）。

不過，公司組織圖上少了一個名字：劉特佐。他是實際上的決策者，卻決定不在這家新公司掛任何正式頭銜。納吉對劉特佐充分授權，而劉特佐也找了多位自己的人馬進駐，例如唐敬志與盧愛璇，就是他從華頓返馬後認識的朋友。對於劉特佐的決定，沙魯．哈米雖然貴為執行長，卻也很識相地照單全收、不多加過問。

在東方文華見了瑪浩尼後，劉特佐傳了一封電子郵件給瑪浩尼、歐霸與薛力仁等人，要他們「動作快一點」。數天後，這幾人聚在日內瓦市中心一起吃早餐。吃完早餐，劉特佐拿出他的黑莓機，介紹歐霸與沙魯．哈米相互認識。至此為止，歐霸與沙魯．哈米從未謀面，但都知道劉特佐才是真正做決定的人，只是不願公開自己的身分。

「接下來你們兩位可以直接互動，不必再同時寄附件給我。」劉特佐寫道。他同時要求所有與他關係最密切的人，所有電子郵件看完立即刪除。

沙魯．哈米回信給劉特佐，詢問更多關於PSI的資料。不過，回覆他的人不是劉特佐，而是瑪浩尼。「我們是非常低調的企業，幾乎不會對外透露我們的投資項目，這也是各國政府喜歡與我們合作的主要原因。」瑪浩尼如此寫道，他還提供了一個附件，並且說「這個檔案應該有助於你認識我們公司。」但對於PSI到底規模多大、有多少資金，他提也沒提。

日內瓦那頓早餐結束後，眾人把握時間分頭進行。瑪浩尼寫信給瑞意銀行（BSI，一家與PSI往來的瑞士小銀行），通知對方將要為新成立的合資公司開戶。接著他帶著劉特佐親自造訪瑞意銀行的日內瓦分行，瑪浩尼向對方說明馬來西亞的主權基金將匯入十億美元，劉特佐將會從中收取一筆佣金。先前在替穆巴達拉基金牽線時，劉特佐也曾想分一筆佣金，可是功敗垂成。

沒想到，這次他同樣受挫。因為瑞意銀行聽完兩人的說明之後，認為非常可疑而拒絕接受他們在瑞意銀行開戶。「我覺得非常不對勁，特別是劉特佐的樣子實在很可疑。」瑞意銀行員工在一封寫給同事的電子郵件上寫道。

換言之，雖然這項合作案才剛剛起步，只要是稍微有經驗的銀行家都嗅得出來事有蹊蹺。照理說，銀行的責任之一是發現有違法嫌疑的人，並且向主管機關呈報，但實際上，並不是每一家銀行都如此。當你被一家銀行拒絕，你大可繼續找別家，總會有一家願意配合。在瑞意銀行碰壁之後，瑪浩尼轉向他往來的另一家銀行摩根大通（瑞士）求助。摩根大通銀行同意接受開戶，但也非常好奇：為什麼一家規模這麼大的亞洲主權基金，需要和遠在瑞士的小分行打交道？

倘若當時摩根大通真的問劉特佐與瑪浩尼，他們倆會如何回答呢？也許，他們兩人純粹只是想從中賺取佣金——這種行為雖然有爭議，但在亞洲倒是滿常見的。也許，他們真心想替這筆政府基金操盤，並沒有中飽私囊的意圖。但可以確定的是：劉特佐總是想在每一筆交易中找出可以撈錢的機會。而且，他的胃口愈來愈大。

一個小時內，讀完莎士比亞全集

劉特佐所組成的團隊，盡可能找律師、投資銀行家、會計師等專業人士來共同參與，目的是讓整個案子看起來更可信。通常只要有人肯付費，這些專業人士都樂於協助。在日內瓦與大夥兒碰面後沒多久，瑪浩尼去找了愛德華・摩士（Edward Morse）。

曾經任職美國能源部的摩士，是雷曼兄弟的能源分析師。瑪浩尼請摩士為PSI的資產，製作一份獨立評估的鑑價報告，因為一馬公司董事會堅持，必須先看到報告，才能匯出十億美元。身為全球石油市場最頂尖的專家，摩士曾與歐霸的哥哥納瓦夫・歐霸（Nawaf Obaid，他對沙烏地阿拉伯的能源市場瞭若指掌）合作。瑪浩尼告訴摩士，希望鑑價金額可以有二十五億美元。

「好，我懂了！」摩士說。

短短兩天後，摩士依據PSI所提供的資料，完成了一份報告。「我想你看到報告中對你們在土庫曼與阿根廷油田的鑑價結果，應該不會失望。」摩士告訴瑪浩尼。

根據摩士所完成的鑑價報告，PSI資產高達三十六億美元，遠高於瑪浩尼的預期。在報告中，摩士很清楚地說明，這份分析報告純粹是以油田本身的經濟價值推估出來的，意味著，並不納入土庫曼油田位於里海、與亞塞拜然之間仍有糾紛等因素。

這份報告，讓摩士賺進十萬美元。

不只是摩士，其他被找來協助的專業人士也都樂意配合。拿提姆・巴克蘭（Timothy Buckland）來說吧，這位服務於美國 White & Case 律師事務所倫敦辦公室的紐西蘭人，擔任PSI顧問，同樣樂於配合瑪浩尼的需求。九月二十二日，瑪浩尼寫信給巴克蘭，請他準備一份文件，匯款兩百萬美元給一位不知名的「仲介」。巴克蘭直接回覆：「沒問題！」不過，這筆費用最後是否實際出帳，我們不得而知。（巴克蘭後來離開 White & Case 律師事務所，到ＰＳＩ英國分公司擔任法律顧問。）

White & Case 律師事務所也為ＰＳＩ準備了一份製作精美的簡報，投影片以專業圖表說明ＰＳＩ將如何將資產併入、一馬公司將如何出資十億美元。不過，簡報中也點出一筆高達七億美元的奇怪費用，是支付給ＰＳＩ。簡報上說，這筆錢是償還ＰＳＩ借給合資計畫的貸款；但實際上，絕不可能有這筆貸款的存在，因為當時合資計畫根本還沒開始，也沒有銀行帳戶。

九月二十六日，一馬公司新成立的董事會在吉隆坡開會。開會前，劉特佐打電話給納吉，大大讚揚了他一番。當天的董事會，劉特佐也出席（他極少參加一馬公司正式會議，那次是其中之一），為在場人士說明整個計畫的來龍去脈，只是提也沒提那七億美元。最後董事會通過，同意匯出十億美元，到這個與ＰＳＩ於瑞士合開的銀行帳戶中。

一般來說，規模如此龐大的投資計畫，少則數個月，多則要一年以上才能完成。但是，從圖爾基在八月下旬寫信給納吉正式提出合資計畫案算起，他們大約只花了一個月時間，就完成這個數十億美元的合資案。有一位一馬公司的員工形容，這就像是「在一個小時內，讀完《莎士比亞全集》」。

9｜我爽死了……

吉隆坡，二〇〇九年九月

午餐過後沒多久，任職於德意志銀行馬來西亞分行的賈桂琳（Jacqueline Ho），心中覺得眼前的文件非常可疑。她接了一位新客戶，叫做一馬公司。在電話裡，一馬公司的「執行董事」唐敬志有一筆巨款要匯出馬來西亞，逼迫她盡快放行。

德意志銀行是在當天早上，收到唐敬志請專人送來（這非常罕見）的一封信，要求銀行盡速完成匯款。但銀行的法遵部門覺得有疑慮：為什麼不是直接將十億美元，按照一馬公司董事會的決議，匯入與ＰＳＩ合資開設的戶頭？為什麼唐敬志會要求將七億美元，匯入一個開設於顧資銀行（Coutts Bank，一家專門服務最頂級、最富有客戶的私人銀行）蘇黎世分行——而且只提供帳號、沒有戶名——的戶頭？

唐敬志的說法是，這個戶頭屬於ＰＳＩ，這筆匯款是要償還一筆貸款。

「如果你們銀行查核查過頭，出了問題是要負責任的，你知道嗎？」唐敬志告訴賈桂琳。他看起來很急躁，警告德意志銀行如果不盡快完成匯款，很可能會導致合資計畫破局。

「我明白……我明白……，不過能不能請教一個問題就好：為什麼不是匯入合資公司的帳戶，而是匯款給ＰＳＩ？有什麼特別的理由嗎？」賈桂琳問。

「那不關我們的事，這筆七億美元是要付給ＰＳＩ的預付金。」唐敬志說：「他們說匯到這裡，還有要匯到廷布克圖（Timbuktu，一個西非馬利共和國的小城），這不關我們的事。」

「好的，好的。我們只是想知道原因。」

隨後賈桂琳的主管打電話給馬來西亞國家銀行（也就是馬來西亞的中央銀行），詢問是否可匯出這筆巨款。國家銀行回覆，只要錢最後是進到合資公司的相關戶頭，就可以放行。於是，儘管德意志銀行隱約覺得不妥，仍然在當天下午三點左右，分兩筆匯出款項：一筆三億美元，匯入摩根大通瑞士分行；另一筆七億美元，匯入顧資銀行蘇黎世分行的神祕戶頭。由於匯出的貨幣是美元，因此必須先透過美國的摩根大通銀行轉帳。

按理說，依照美國洗錢防制法相關規定，銀行都有義務查核資金來源與流向，但全球外匯市場每天高達數兆資金流動，有些銀行的查核動作只是虛應故事。這兩筆匯款就是如此，摩根大通銀行很快就放行。

兩天後，顧資銀行風險部門一位職員傳送一封緊急電子郵件給一馬公司，因為按照規定，所有跨國匯款都應詳細填寫受款者資料，他不明白為什麼德意志銀行在匯出七億美元時，會漏填受款單位的名字。在顧資銀行的追問下，執行長沙魯．哈米表示，該帳戶是屬於一家登記在岸外免稅天堂塞席爾的公司，公司名稱為 Good Star。

「Good Star 公司由 P S I 百分百持有。」他寫道。

沙魯．哈米只是轉述劉特佐的說法。事實上，Good Star 是劉特佐在大約一個月前設立的另一家空殼公司，這家發行無記名股票的公司唯一股東，就是劉特佐本人，在很多國家，這種公司是違法的。

顧資銀行不接受沙魯．哈米的說法，劉特佐只好帶著唐敬志飛到蘇黎世，希望能擺平問題。但他們這回的說法，與先前唐敬志給德意志銀行的說詞不一樣，他們改口說：Good Star 是一家投資管理公司，七億美元不再是「償還借款」，而是一馬公司「委託 Good Star」管理的資金。為什麼一家馬來西亞主權基金，要將如此龐大現金轉入遠在塞席爾小島上、不知名的公司？顧資也許仍有疑問，但仍然讓這筆巨款順利匯出。

萬一被抓包了怎麼辦？見招拆招吧……

接下來，一馬公司這筆錢開始在世界各地搬來搬去。幾年前，劉特佐在阿布達比目睹了穆巴達拉基金如何坐擁金礦，渴望著有一天自己也能掌握一個這樣的基金。現在，他成功說服納吉，在馬來西亞成立一個類似的基金，而且託付給當時才二十八歲的他來操盤。

納吉給了劉特佐極大的空間，而劉特佐也毫不客氣。在首相撐腰下，他與他的人馬實質掌控了一馬公司。搬出圖爾基與馬來西亞政府的名號，也讓他如虎添翼。劉特佐心裡慢慢萌生一種想法：要蒙蔽西方國家的銀行與政府，在光天化日下搬走數億美元計的財富，並不是不可能的事。

對沙烏地皇室而言，國庫與私庫之間的界線原本就模糊，現在劉特佐也有樣學樣。萬一被抓包了怎麼辦？如果被人發現資金缺了一個大洞，劉特佐是否有萬全的應變之道？過去幾個月所發生的一切如此之快，劉特佐都是見招拆招地隨機應變，結果竟然讓他得逞。既然過去可以見招拆招，未來應該也可以。

他的人馬藏不住喜悅。就在德意志將七億美元匯入 Good Star 戶頭的那一天，他在華頓的哥兒們之一薛力仁，就在臉書上發文：「我爽死了……」

接下來，劉特佐開始分配匯入 Good Star 戶頭裡的錢。十月初，他以「委託私募基金投資」的名義，匯款八千五百萬美元，到歐霸在瑞士的摩根大通銀行帳戶。顧資銀行不僅順利放行，而且在三個月後，再度放行一筆匯給歐霸的六千八百萬美元巨款。幾個星期後，歐霸支付三千三百萬美元給瑪浩尼；二〇〇九與二〇一〇年期間，歐霸總共付了七千七百萬美元給圖爾基。

劉特佐如願以償地撈到一大票。把錢分給同夥之後，他手上仍掌握一大筆錢。他開始想，這筆錢可以在美國買什麼樣的東西？
他發現：幾乎所有東西。

PART 2

10 ── 留下來陪我幾天，好嗎？

拉斯維加斯，二〇〇九年十月

穿過帕拉佐飯店賭場時，女郎們心裡有點緊張。這二十幾位年輕女郎（有些金髮、有些棕髮），覺得這次任務神神祕祕的：她們完全不知道誰是付錢的主人，只被告知要先到旅館房間，穿上房裡準備好的黑色禮服，同時每個人身上帶著一套比基尼泳裝。

那是二〇〇九年十月二十二日晚上，也就是劉特佐七億美元到手的三個禮拜之後。

這些女郎是在幾個小時前，從全美各地搭頭等艙來到拉斯維加斯。當天秋高氣爽，大約晚間八點，女郎們抵達頂級套房魚貫進入。房裡有一張長條型賭桌，大明星李奧納多正與幾個亞洲男人玩撲克牌。看到李奧納多居然出現在這裡，有些女郎覺得很意外：這位大明星，怎麼會跟這群看起來平凡無趣的人在一起？

皮包、手機、駕照都拿出來，再簽保密合約

女郎們後來終於被告知，這場派對是要替賭桌上一位名叫劉特佐的亞洲富豪慶生。大約二十分鐘後，劉特佐送給每一位女郎，一個面額一千美元的籌碼，接著示意大夥兒轉移陣地到另一個房間。一行人浩浩蕩蕩（外加好多保全人員）穿過賭場，旁觀的遊客們竊竊私語。不過，似乎沒有人認出李奧納多，因為他頭上戴著一頂鴨舌帽，帽簷壓得低低的。

眾人來到五樓，整間飯店最奢華的總裁套房，一身黑衣的保全人員守在門外，要女郎們一一交出私人用品、皮包、手機、駕照，並且簽署一份保密合約，才讓她們進到房裡。女郎們見過各種場面，倒是從來沒遇過如此高度保密的詭異派對。沒關係，大家心想，只要幾個小時就能賺進三千美元，詭異就詭異吧！

套房裡有個大客廳，客廳裡有一個大壁爐、一組大沙發、一扇通往戶外泳池的門。房裡燈光昏暗，飯店將這裡改裝成舞池，地上有白色磁磚，天花板上有水晶球。另外，飯店也在房裡加裝一張賭桌，劉特佐、李奧納多等幾人正玩著百家樂。

史蒂芬妮・拉莉茉（Stephanie Larimore），一位有著深色頭髮、一身黑色晚禮服（胸口有銀色裝飾）的女郎，曾試著與劉特佐聊天。他很有禮貌，但非常害羞，不知道要跟她聊什麼，於是只好轉過身拿了一盒高級巧克力給她說：「我覺得金色包裝紙的最好吃。」拉莉茉心想：既然你

這麼怕女人，幹嘛花錢請我們來？

牌桌上的男人抽著雪茄，賭注愈來愈大，只見桌上都是一顆顆面額五千美元的籌碼。有時候當有人贏了，贏家會將大把籌碼撒向空中四處散落，有些女郎會衝上前——或跪或爬——爭相把籌碼撿起來。大約過了兩小時，有人端出生日蛋糕，女郎們紛紛圍到劉特佐身邊。

後來，劉特佐與李奧納多兩人坐在沙發上，邊抽雪茄邊聊，三不五時看著舞池裡幾個正在跳舞的女人。劉特佐後來要其中幾位換穿比基尼，到外面的泳池游泳。泳池邊，擺放著許多餐盤，餐盤裡有烤肉、冰淇淋等美食，但其實沒什麼人吃。這一切，都是劉特佐事先安排好的，現場服務員也全聽他指揮。

「我覺得我們都只是他的棋子，」當晚也有出席的一位化妝師史塔茲．拉米瑞茲（Starz Ramirez）如此描述劉特佐：「我感覺很不自在，他根本不怎麼理我們。」

有人拿下李奧納多的棒球帽，戴到自己頭上。換作是別的生日派對，可能就玩開了，但是那天晚上並沒有一般生日派對的歡樂氣氛，李奧納多當時正在拍《全面啟動》，看在有些女郎眼中，他似乎還在那部戲的氛圍裡——話不多、略帶嚴肅。雖然他喝了些酒，但沒什麼酒意。

「他們都不是那種玩得很瘋的人。」拉莉茉說。

接著，劉特佐問拉莉茉，可不可以留在拉斯維加斯多陪他幾天，他會付她一萬美元，還會帶她去逛街買東西。拉莉茉婉拒了劉特佐的邀請，大約午夜後返回自己的房間休息。不過，當晚有些女郎留在總裁套房裡過夜。

密謀這一切，他真的相信自己能得逞嗎？

那段期間——二〇〇九年下旬——劉特佐可能是地表上掌握最多現金的人之一。而且他很敢花，這一晚之前，他在紐約、拉斯維加斯等城市也是揮金如土。扣除給歐霸等人的佣金之後，他所掌控的瑞士 Good Star 帳戶裡仍有好幾億美元。Good Star 這家空殼公司沒有別的股東、沒有別的合夥人，帳戶裡的錢他愛怎麼花就怎麼花。

他設的局，與當年馬多夫（Bernie Madoff）的龐氏騙局不同。馬多夫得不斷找新的冤大頭加入，才有錢可以「分潤」給先前的投資者。他雖然造成投資者高達一百八十億美元的損失，但其實他真正賺到的錢並不多。二〇〇八年東窗事發時，他的身家號稱高達八億美元，不過這幾乎全是苦主們的錢，他自己的只占一小部分。而劉特佐的「苦主」，是一家來自馬來西亞新成立的主權基金，既不會追著要「分潤」，也不會向他索討這筆錢。

他設的局，也和多年前的垃圾債券天王麥可・密爾肯（Michael Milken）不同。密爾肯在違反證券交易法坐牢之前，於八〇年代一點一滴累積財富，但這名馬來西亞年輕人一次就撈進好幾億美元。這是一種誕生於二十一世紀的騙局——什麼東西都沒生產，卻能行騙全球，靠的是將一個開發中國家、一筆管理鬆散的國家資金，悄悄移轉到漏洞百出的全球金融市場裡，不為人知的陰暗角落。

密謀這一切，他真的相信自己能得逞嗎？也許劉特佐真的相信，他能用這筆錢賺更多，足以填補被他撈走的資金缺口。畢竟有首相撐腰，他有什麼事情辦不到？想全身而退，他必須仰賴這幾年來學到的一切。他知道，政府與政府之間的資金移轉，比較不容易被銀行找麻煩，於是他設法打造馬來西亞、阿聯、沙烏地阿拉伯的高層人脈。他也知道，一旦錢被轉入匿名的岸外銀行帳戶，就不容易被外界追蹤流向，於是他學會了如何故布疑陣，不斷讓錢在一個又一個空殼公司的帳戶之間搬來搬去。至於搬動的理由，他都說是為了投資與借貸，聽起來很合理。

不過，他並不滿足於此。因為他接下來想的是：要怎樣把錢帶到美國，供他在美國揮霍、開創新事業？這是非常冒險的嘗試，因為美國當時已經針對那些用貪汙來的錢在西方國家置產的外國官員，展開嚴厲查緝。

劉特佐找上了謝爾曼．思特靈律師事務所（Shearman & Sterling）。創立於一八七三年、總部設於曼哈頓市中心萊辛頓大道（Lexington Avenue）五九九號的謝爾曼．思特靈，是最頂尖的律師事務所，平常主要業務是處理大型企業併購案，一般來說不會理劉特佐這種小咖。

但劉特佐聲稱自己與馬來西亞主權基金有關，而且和阿布達比的穆巴達拉基金關係密切，這讓謝爾曼．思特靈對他另眼相看。而且劉特佐在信譽卓著的顧資銀行（Coutts）設有帳戶，看在謝爾曼．思特靈眼中，也是一大加分。

劉特佐告訴謝爾曼．思特靈，他打算在美國進行一系列投資，但他非常重視隱私，因此希望透過該事務所的IOLTA信託帳戶（Interest On Lawyer Trust Accounts）出帳。IOLTA是美國律師事務所大約從三十年前開始，專門為客戶開設的一種帳戶，透過這個帳戶替客戶存放短期資金（例如出售公司或房地產的收入），並且收取短期利息作為美國低收入戶的補助金。但多年下來，這項立意良善的做法，反而成了有些人隱匿資金來源的管道。換言之，IOLTA的存在對社會有幫助，卻也是藏匿洗錢罪犯的天堂。

而且，律師的角色與銀行不同，不必對客戶進行「盡職查核」（due diligence），依法還必須對客戶的匯款細節負有保密責任。雖然律師不可以替客戶違法洗錢，但也不須主動向主管機關報告可疑的活動。位於巴黎的跨政府組織「防制洗錢金融行動小組」（Financial Action Task Force），就曾直接點名美國政府坐視律師事務所為洗錢者服務。

來自馬來西亞的花錢大爺……

才從華頓商學院畢業沒幾年，劉特佐已經非常善於利用金融市場不為人知的漏洞、政府鞭長莫及的黑暗角落與三不管地帶，順遂自己的目的。例如，從IOLTA信託帳戶匯出的款項，通常外界只能看到律師事務所的名稱，無法知道真正的出資者，因此銀行也無法判斷匯款是否可能涉及不法。二〇〇九年十月二十一日，劉特佐從瑞士 Good Star 帳戶匯了一億四千八百萬美元，到紐約謝爾曼．思特靈事務所的ＩＯＬＴＡ帳戶，接下來的十二個月之內，他累計匯入了三億六千九百萬美元。

至於匯款原因，劉特佐在匯款文件上填寫的都是購買房地產、併購企業等，但實際上，剛開始的幾筆匯款，全都是用來供他揮霍。從二〇〇九年十月到二〇一〇年六月這短短八個月期間，劉特佐與他的哥兒們花在喝酒、賭博、搭私人飛機、租豪華遊艇、找花花公子女郎、招待好萊塢巨星的錢，高達八千五百萬美元。

劉特佐在紐約的住所，位於西五十六街上的「帝國公園公寓」（Park Imperial），從這棟頂級花崗岩大樓上可以俯瞰中央公園與赫遜河。住在這裡，也讓劉特佐的名字與娛樂圈大咖有了連結。《〇〇七》主角丹尼爾．克雷格（Daniel Craig）到百老匯演出時，就在這裡租了一棟公寓，一個月的租金就要三萬八千美元；知名影星兼歌手、外號「吹牛老爹」的尚恩．庫姆斯（Sean Combs），在這裡也有一戶。

劉特佐租下的公寓，一個月租金要十萬美元。他不但出入以凱迪拉克 Escalades 車隊（以及一大群保鑣）全程護送，還在這棟大樓裡替他的哥兒們另外租了幾個單位，包括他在華頓的老同學、來自科威特的哈瑪．阿勒瓦贊。這種排場造成住戶不便，也引來住戶抗議，但這正中劉特佐下懷：他就是要全世界都知道他住在這裡。

他在紐約揮金如土。例如，二〇〇九年秋季時裝周期間，他在一家新開幕的夜店 Avenue 裡，一個晚上就花了十六萬美元。還有一次在餐廳裡，他看到影星琳賽．蘿涵（Lindsay Lohan）在用餐，竟然請服務生送了二十三瓶水晶香檳（Cristal，一瓶要價九百美元）放到琳賽．蘿涵桌上。這一連串高調作風，讓他登上八卦媒體《紐約郵報》，報導中稱他「來自馬來西亞的花錢大爺……夜店裡的神祕男子」。

不過，劉特佐的名聲其實早在二〇〇五年左右，就已經在夜店之間傳開來。他花錢手筆之大，連華爾街的大人物都自嘆弗如。一位名叫翠西．漢娜（Tracy Hanna）的服務生還記得有一天晚上，劉特佐就在店裡消費了三萬美元——相當於一般家庭一整年的收入。

「我們都以為，他大概是什麼皇族成員吧！」漢娜說：「當時店裡來很多王子，尤其是來自沙烏地阿拉伯的王子，我們都說這些人應該是在自己的國家不能喝酒、不能開派對，所以來到美國才會玩這麼瘋。」

還有一次，他為了在馬來西亞辦一場派對，付機票錢大老遠把服務生從紐約送到馬來西亞。

當歐霸的哥哥、共同創設ＰＳＩ的納瓦夫．歐霸從《紐約郵報》上看到劉特佐的新聞時，他臉色鐵青。納瓦夫是國安專家，長期服務於華盛頓的智庫，並擔任沙烏地阿拉伯駐美大使的顧問。

「哇！這太危險了，他得收斂一點！否則哪天玩瘋了，自己把事情抖出來！」他在一封給弟弟的電子郵件上寫道。

低調？那有什麼意思？

瑪浩尼與歐霸都喜歡低調地坐擁財富，但對劉特佐來說，低調就沒意思了。他渴望著置身於權貴世界的中心，因此他就是要設法與最有錢、最有名的人在一起，然後昭告天下。尤其是順利海撈一票之後，他更渴望與名流交往，以彰顯自己的身價。後來的他，視好萊塢為投資機會，但當時，他純粹一心想與好萊塢的巨星結交。於是，他找上了兩位夜店大亨：諾亞・泰珀貝格與傑森・史特勞斯。

這兩人是知名夜店集團「Strategic Hospitality Group」（簡稱SHG）的共同創業者，這個集團旗下的夜店品牌包括Avenue、紐約的Marquee、拉斯維加斯的LAVO與TAO。哈佛商學院還曾針對他們的夜店帝國，進行個案研究。當年約三十幾歲的泰珀貝格與史特勞斯，是土生土長的紐約人，從高中就認識。長得又高又壯、皮膚黝黑的史特勞斯，與個子較矮、剃光頭的泰珀貝格，外形其實很不搭，但兩人幾乎形影不離。大學畢業後，他們開始在紐約、漢普敦（Hamptons）經營夜店。他們很清楚：一家夜店能不能經營下去，要看是哪些人去光顧。因此，他們不斷想盡辦法拉攏社會名流與花大錢的人。

他們在二〇〇三年創辦 Marquee，在紐約一炮而紅。這家夜店在周五與周六晚上的最低消費，是兩瓶香檳或烈酒，每瓶要價上百、甚至好幾千美元。好萊塢影星李奧納多、陶比・麥奎爾，都是這裡的常客。不過，二〇〇八年的金融風暴，讓店裡生意一落千丈，就在這時候，劉特佐出現了。

泰珀貝格與史特勞斯都見過在夜店裡揮金如土的人，但那些人完全無法跟劉特佐相提並論，劉特佐可以一個晚上砸上百萬美元而面不改色。除了夜店，泰珀貝格與史特勞斯也經營一家行銷公司，只要是劉特佐想辦的活動，他們都想盡辦法配合。這位亞洲大亨的花錢行徑，也漸漸在泰珀貝格與史特勞斯的圈子傳開。

其實，好萊塢有個很少被討論的公開祕密，就是：只要出的錢夠多，就能請得動大牌明星。於是，劉特佐透過這些明星的經紀公司、兩位夜店老闆的人脈，找好萊塢名人出席他所辦的派對。這些名人聽說劉特佐是個花錢不眨眼的億萬富豪，都想結識一下他。包括李奧納多，他是好萊塢片酬最高的演員之一、財力雄厚，仍然被劉特佐驚人的財富吸引。二〇〇九年十月在帕拉佐飯店的那天晚上之後，他也成了劉特佐的派對常客。

劉特佐是透過SHG一位名叫丹尼・阿貝凱瑟（Danny Abeckaser）的夜店推廣員（club promoter）認識李奧納多。在夜店產業裡，「推廣員」是非常關鍵的人物，他們負責替夜店招徠大客戶，從中收取費用。早在華頓念書時期，阿貝凱瑟就已經注意到可以一個晚上在夜店大手筆花三千美元——後來出手愈來愈闊綽，從一晚兩萬美元、甚至到五萬美元——的劉特佐了。今天的他，就算砸一百萬美元也面不改色。

如此奢華鋪張，有什麼道理嗎？

二〇〇九年十一月初，有了一馬公司的豐沛現金當後盾，劉特佐想要更上層樓。趁著他二十八歲生日，他要石破天驚地在好萊塢登場。連續好幾天，他在拉斯維加斯的凱薩皇宮（Caesars Palace）泳池邊辦派對，還安排了老虎、獅子（關在籠子裡）、比基尼泳裝美女助陣，賓客們玩著各式各樣的遊戲。這是典型的「劉式魔法」——讓派對瘋狂到極致，連見慣大場面的名模、明星也瞠目結舌。劉特佐在好萊塢最早的幾位朋友，包括李奧納多、歌手亞瑟小子、喜劇演員傑米·福克斯，都是他的座上賓。

在夜店時，他通常手上拿著麥克風，指揮服務生為賓客奉上高級名酒，但他自己卻只喝可樂娜啤酒。他會要求SHG的員工鉅細靡遺地規畫活動流程，包括最不起眼的小裝飾、擺設的花、吧檯上的酒類。還有，他一定會讓現場塞滿了如雲美女。

如此奢華鋪張，有什麼道理嗎？對劉特佐而言，這只是他的布局之一。成功的派對，能奠定他的名聲，讓他交到更多有錢有權的朋友。即便是當紅的饒舌歌手O.T.傑納西斯（O. T. Genasis），身邊坐擁美女與財富，當他看到劉特佐一個晚上開好幾瓶（每瓶要價五萬美元）香檳，也被驚嚇到。

「我心想，什麼鬼？不可能！這不是真的！」他說。

O. T.傑納西斯是和另一位知名歌手巴斯達韻一起出席那場派對，看著圍繞四周穿著性感的美女——看起來像是剛替「維多莉亞的祕密」（Victoria Secret）拍完內衣廣告就直奔這裡——他覺得太不可思議了。「我這輩子從來沒見過這種場面！」他說。

劉特佐一方面精於算計未來，另一方面積極活在當下。他總是衝動地想要花錢、花更多錢、一刻也定不下來。有一次他原本只是想出門買果汁，結果卻買了八雙一模一樣的黑鞋回家。他買過好多柏金包（一個最便宜的也要一萬兩千美元，最貴的要十萬美元以上），送朋友、送朋友的朋友，甚至送給剛認識沒多久的人。

「他是我見過最敢花錢的人，」一位認識他的富豪說：「你可能正在倫敦的餐廳吃飯，接著他問你要不要陪他一起在紐約吃飯？沒多久他已經安排好私人飛機，把你載到曼哈頓，招待你享用你這輩子最棒的一餐。對他來說，沒什麼辦不到的事。」

除了對他的花錢闊綽印象深刻之外，朋友們也發現劉特佐記憶力奇佳。他可以清楚記得每一筆金額與用途，而且連小數點後的數字都不會忘記。

劉特佐從大學時代起，就對一位名模兼演員深深著迷，此刻，他更是迫不急待地想認識她。

11｜希爾頓小姐的生日禮物

英屬哥倫比亞（加拿大），二〇〇九年十一月

芭莉絲．希爾頓開始不耐煩。劉特佐租了一台私人飛機到洛杉磯接她，要把她載到溫哥華，再從溫哥華出發前往位於威斯特勒（Whistler）的滑雪勝地。但飛機已經停留六小時，因為加拿大移民廳不讓希爾頓入境。

這主要是因為希爾頓在美國曾因持有毒品開車被捕的前科，不過最後加拿大移民廳讓她入境，劉特佐派人載她到四季飯店。當時正是滑雪旺季，這趟行程全程由劉特佐免費招待。

幾個月前，劉特佐聯繫希爾頓的經紀公司，邀請她來參加他所舉行的派對。希爾頓跟朋友說，劉特佐開的價碼是每場活動的出席費是十萬美元。跟希爾頓一起出席的，是她的朋友左伊．麥克法蘭（Joey McFarland）。麥克法蘭來自肯塔基州，幾年前來到洛杉磯，負責替企業邀請名人與明星出席各種活動。他與希爾頓後來成為好友，希爾頓甚至可以用他的推特帳號發文。平常

希爾頓出席活動，他會在旁替她拍照，然後她會送他ＬＶ名牌包。

在飯店裡，劉特佐正與家人和中東來的朋友聊天。他正在和華頓的科威特同學哈瑪·阿勒瓦贊喝酒，聽他吹噓自己最近完成了一筆軍火交易。接下來好幾年，劉特佐每年年底都會招待他的好友與名人，來這裡滑雪度假。多數被他邀請來的人，都不會滑雪，包括劉特佐自己也仍在上滑雪課。不過，希爾頓已經是滑雪高手，所以這幾天都跑去跟別的朋友一起滑。

受邀一起度假的，還有納吉的繼子里札。雖然他個子不高、有點微禿、話也不多，但個性沉穩，異性緣不錯。他網球打得很好，常在臉書上張貼他與球星如納達爾（Rafael Nadal）的合照。從倫敦政經學院畢業後，他投入金融業，不久之前才離開在滙豐銀行併購部門的工作。

這位羅斯瑪前一段婚姻的孩子，只比劉特佐大幾歲，雖然兩人已經認識很多年，至今仍是非常客氣地相敬如賓。尤其是進入納吉的生活圈之後，劉特佐更謹慎地保持低調，對納吉很禮貌（言必稱納吉「我的首相」），對他的妻子與孩子亦然。

里札這時已經搬到洛杉磯，打算協助劉特佐在美國物色好的投資機會。那晚在威斯特勒，他們想到了一個新點子。

這要從麥克法蘭說起。

一心想進入演藝圈的麥克法蘭，自從搬來洛杉磯之後，曾經與朋友合作拍過幾部低成本電影，最近幾個月積極籌備要成立一家電影製作公司。正好里札也一直對電影業有興趣，兩人在威斯特勒一拍即合。於是接下來幾個星期，劉特佐、里札與麥克法蘭認真討論，要怎麼用劉特佐的錢，踏上電影業這條路？

你得穿著雨衣，因為會下香檳雨！

幾個月後，二〇一〇年二月二十日，一個星期六晚上，在帕拉佐飯店賭場的貴賓室裡，希爾頓開心地玩著百家樂。

穿著優雅白色禮服、高跟鞋、香奈兒耳環的希爾頓，正在慶祝二十九歲生日。儘管她出身名門——著名的希爾頓飯店就是她家族生意，卻從沒見過數十萬美元的籌碼堆在賭桌上。當晚稍早，她在飯店裡的TAO夜店參加派對、切生日蛋糕。蛋糕上是她當時推出的最新款女鞋——這是她常用的行銷技巧，將產品廣告置入自己的生活之中。接下來的這場生日派對，就私密多了，完全把狗仔隊拒於門外。

在貴賓室裡，劉特佐當著眾人面前，送給她一份生日大禮：一隻卡地亞（Cartier）名錶。他似乎覺得光送這份禮物還不夠看，另外還拿了二十五萬美元籌碼，讓她去賭桌上玩百家樂。

接著，劉特佐開始出動他從各處邀來的美麗模特兒，她們有些是夜店老闆的舊識，有些是透過經紀公司找來，有些甚至才十幾歲。她們與麥克法蘭、劉特佐的中東和亞洲友人，開心地玩在一起。

後來薛力仁在臉書上貼了一張自己與一大瓶香檳的合照，寫道：「在拉斯維加斯，你得穿著雨衣，因為會下香檳雨！哈哈！」

至於賭桌上，氣氛愈炒愈熱。此刻圍在賭桌邊看熱鬧的人，都來自有錢人家，但也沒見過像劉特佐這種等級的豪賭。他下的賭注，一次比一次大，往往一把就是好幾萬美元。但他手氣不好，很快地——前後大約才十分鐘左右——就輸了兩百萬美元。身邊瞧熱鬧的人都驚呆了，覺得此人的財力深不可測——因為他依然談笑風生。

傳言從此甚囂塵上，有人說他是軍火販子，有人說他與某位國家領袖有特殊關係，有人說他來自某個皇族家庭。但劉特佐心中很清楚，這些錢不是他的。只是在這段期間，他最關心的重點是如何犒賞身邊的伙伴——從阿布達比的高階主管，到納吉首相的家族，然後再來想如何找到真正能賺錢的生意。

要繼續保持此刻的好光景，他得另外想辦法才行。

12 十億美元，該怎麼花？

洛杉磯，二〇〇九年十二月

劉特佐出手了。

他的「贏噸公司」出價四千五百萬美元現金，試圖買下比佛利山莊日落大道邊著名的「隱士」（L' Ermitage）豪華飯店。

但他有個強勁對手，就是美國連鎖飯店大亨伊安·史瑞哲（Ian Schrager）。為了取得優勢，劉特佐向阿布達比的穆巴達拉基金求助。他寫信給穆巴達拉基金房地產部門，希望他的朋友哈爾敦能替他向該飯店的業主、美國地產富豪湯姆·巴拉克（Tom Barrack Jr.）說項。

哈爾敦答應，會請歐泰巴大使幫忙。於是歐泰巴寫了封信給巴拉克，特別強調劉特佐背後有阿布達比當局的資金。「寫這封信給你，是要以我阿聯大使身分，為這位買家背書。」

早在三十年前，巴拉克仍是位年輕律師時就見過歐泰巴的父親。於是他非常親切地回信給歐泰巴：「穆巴達拉基金與哈爾敦都是第一流的投資家，我們非常尊敬。」他承諾，會盡力而為。

最後，劉特佐順利得標。

對阿布達比當局來說，劉特佐成功得標有非常重大意義。因為穆巴達拉基金當時才剛買下另一家連鎖的「總督飯店集團」（Viceroy Hotel Group），劉特佐答應讓隱士飯店加入總督飯店集團，改稱為「總督隱士飯店」（Viceroy L'Ermitage Hotel）。對歐泰巴個人而言，他與劉特佐合作在依斯干達經濟特區嘗到甜頭，很希望能再撈一筆。劉特佐也很清楚，如果接下來沒做出一番成績，他從中撈錢的事遲早會被踢爆。

多年前，穆巴達拉基金與哈爾敦啟迪了劉特佐，促成他今天手上有了自己掌管的主權基金。如今，手握龐大資金的他也能和穆巴達拉基金平起平坐地攜手合作，哈爾敦似乎完全不在乎劉特佐的錢打哪來。

為了支付購買隱士飯店的錢，劉特佐以贏噸公司的名義，在謝爾曼・思特靈事務所開戶，並由該律師事務所代表他處理後續事宜。接著他從 Good Star 名下的帳戶（當初一馬公司的七億美元，就是轉入這個戶頭）支出這筆錢，並在相關文件上注明用途是「V. H. 股份」。與 Viceroy Hotel（總督飯店）沾上邊，讓他這段期間來不斷搬動資金的行為看起來不再那麼可疑。

現在，他開始了第一筆重大投資，準備朝正當生意人的方向邁進。

享樂與投資之外，劉特佐也要回報他的恩人：納吉首相家族。

從一開始，劉特佐就告訴自己一定要讓這個第一家庭分一杯羹。他從謝爾曼・思特靈的IOLTA帳戶中，匯出三百萬美元給香港一家珠寶商Rose Trading，羅斯瑪正是這家珠寶商的常客。接下來，他為羅斯瑪付了數以千萬美元計的珠寶，並且給納吉提供大量所謂的政治獻金。

先用空殼公司買豪宅，再轉來轉去……

從二〇一〇年開始，劉特佐也在倫敦、洛杉磯、紐約買豪宅，供納吉家人享用。他透過名下一家空殼公司，以三千六百萬美元買下紐約中央公園旁「桂冠公園」（Park Laurel）大樓的一戶豪華公寓。住在這棟有落地窗美景、面積有七千七百平方呎樓中樓裡的，正是羅斯瑪的兒子里札。

賣這棟房子給劉特佐的房仲，名叫拉斐爾・狄尼洛（Raphael De Niro），也就是大明星勞勃・狄尼洛的兒子。他專營紐約高檔物件，和所有仲介一樣，他們依法都不必對客戶進行什麼「盡職查核」，甚至不必知道誰是真正出錢的買主。據說劉特佐看房子的時候，都聲稱自己是代表首相或其他富豪。

當時，美國每年好幾千億的頂級豪宅市場中，有一半以上的買主都是美國以外不知名的空殼公司。這也讓劉特佐有機可乘，以「桂冠公園」這棟豪宅為例，他先用名下一家空殼公司買下，接著轉給另一家註冊於英屬維京群島的空殼公司，後來這家空殼公司還被他改了名字。

此外，劉特佐另一家註冊於塞席爾的空殼公司，也在二〇一〇年五月以一千七百五十萬美元，買下比佛利山莊一棟豪宅，里札到美國西部，就是住在這裡。如果房子需要整修，他就會住進隱士飯店。在倫敦，劉特佐則透過另一家公司以一千七百萬英鎊，買下貝格拉維亞區（Belgravia）一棟紅磚豪宅。這棟豪宅離羅斯瑪最愛逛的哈洛斯百貨（Harrods）不遠，納吉一家到倫敦時，就是住在這裡。

事實上，劉特佐只是過個手。這三棟他用一馬公司偷來的錢所買的豪宅，後來一一轉入里札名下。納吉讓劉特佐掌握一馬公司，劉特佐也懂得投桃報李。既然房子是劉特佐出面買的，納吉也不過問資金來源，一旦有人問起，納吉可撇得一乾二淨。換言之，劉特佐成了納吉的白手套。

幹嘛租，直接買台私人飛機吧！

除了購買豪宅，劉特佐也全球走透透。例如，他曾在三個禮拜之內，先在吉隆坡待上幾天，與首相納吉見面，然後回到檳城老家，接著飛往新加坡與香港，再轉往上海，然後轉往阿布達比，接著短暫停留倫敦與巴黎（也許還會臨時轉到蘇黎世，向銀行說明某筆可疑匯款），再飛往紐約、洛杉磯，並且到拉斯維加斯賭兩把。繞完地球一圈之後，他又再度啟程，橫越太平洋，再度展開新的旅程。

不想再租用飛機的他，後來從謝爾曼・思特靈的戶頭，砸三千五百萬美元買了一架龐巴迪G5000型（Bombardier Global 5000）私人飛機。他待在飛機上的時間，遠多於在他所買的豪宅。飛機上有床、有辦公空間、有傳真機、wifi。他不是在飛機上工作，就是在飯店、餐廳裡不斷講電話。忙碌的時候，他會為了把生意談成而徹夜不眠，然後爬不起來赴隔天的約。

為了馬不停蹄的行程，他雇用了八名全職機師輪值，外加六位空服員。在這些機師與空服員眼中，劉特佐是他們所見過最有禮貌的億萬富豪。他愛吃的東西也很極端，有一回是倫敦最高檔的日本料理Nobu的餐點，還有一回則是一大桶肯德基炸雞。

光憑他那拘謹的外形，一般不熟的人很難想像他竟然過著如此不平凡的生活。「他看起來是個很平凡的人。」賣龐巴迪飛機給劉特佐的美國房地產大亨約瑟夫・凱伊（Joseph Cayre）說。

目前為止，在美國，劉特佐的騙局進展得還算順利；但是，在馬來西亞，一馬公司董事會開始覺得事有蹊蹺……

13　說，我們的錢跑哪去了？

吉隆坡，二〇〇九年十月

就在劉特佐與他的哥兒們在拉斯維加斯狂歡的當兒，二〇〇九年十月三日、一個多雲的星期六，遠在吉隆坡的一馬公司召開臨時董事會。

一馬公司成立得非常倉卒，當時連專屬辦公室都沒有，因此這場董事會是在珍珠白沙羅區的四星級「皇家星光飯店」（Royale Bintang Hotel）舉行，出席者非常不高興。

其中臉色最難看的，是納吉任命的董事長巴克沙列（Mohammed Bakke Salleh）。會計師出身的巴克沙列，畢業於倫敦政經學院，常穿著深色西裝、紅色領帶，戴著金屬框眼鏡，臉上留著整齊的灰白鬍子。在這貪汙橫行的國度，巴克沙列算是堅持照規矩來的清流，那一天，他非常生氣。

他想知道，為什麼一馬公司會把七億美元匯到另一家公司，而不是依董事會決議，匯入與PSI合作的帳戶？執行長沙魯．哈米解釋，這筆錢是要償還先前向PSI的借款。沙魯．哈米是個務實的領導者，深受同事肯定，他也不是劉特佐的人馬，沒有任何證據顯示他有暗中收取不法佣金。然而，原本在顧問公司上班的他，如今躍升為手握數十億美元資產的經理人，生活型態也隨之改變，他愛上了眼前的上流生活，也因此完全聽信劉特佐等人的說法。

但巴克沙列不滿意這個理由，他進一步追問：為什麼董事會從頭到尾不知道有這筆借款？沒有人回答他。於是，他要求ＰＳＩ必須把錢歸還，才能把錢用在雙方談好的投資項目上。「十億美元是一筆非常龐大的投資，應審慎而為，且善盡查核責任。」事後，這場董事會的會議紀錄明白寫道。

與會眾人有所不知的是，就在他們開會的當兒，這筆錢已經花在瘋狂派對、夜店、賭場、豪宅、私人飛機等奢華活動。也就是說，這筆錢根本不可能說還就還。

數周後，巴克沙列要求重新鑑定ＰＳＩ的資產價值。為了怕東窗事發，劉特佐說服擔任一馬公司顧問團主席的納吉，否決第二次鑑價的行動。幾天後，巴克沙列憤而辭職。另一位董事也提出辭呈，但納吉希望他緩一緩，別讓一馬公司難堪。沒多久，隔年一月，這位董事也離職了。

這段期間，劉特佐忙著安撫董事會。一馬公司的管理團隊寫信給ＰＳＩ投資長瑪浩尼，向他詢問更多關於這筆七億美元匯款的細節。這讓瑪浩尼非常緊張，因為在這之前，ＰＳＩ從未有如此大筆資金往來；於是他問劉特佐，是否該提供相關資料給一馬公司？「不用提供，免得節外生枝。讓首相來處理就好，董事會知道得愈少愈好。」劉特佐答覆他。

首相自己很清楚，一馬公司暗中提供他政治獻金，而且這筆錢是見不得光的。他縱容這名二十八歲的年輕人操弄一切，以為劉特佐能替他與中東富豪之間牽線，並引進新的資金。納吉家族多年來已經習慣了公私不分，如今對劉特佐買珠寶給羅斯瑪、送豪宅給里扎，也見怪不怪。因此，他完全放任劉特佐的胡作非為，即便他的揮金如土登上美國媒體，消息傳回馬來西亞，引起像巴克沙列這樣的正派企業家質疑，他仍睜一隻眼閉一隻眼。

為了取得首相的信任，劉特佐計畫安排另一趟中東之旅：二〇一〇年一月，參訪沙烏地阿拉伯。出發之前，他寫了封信給歐霸，請托他轉告沙烏地皇室盡量讓納吉夫婦感覺賓至如歸，例如多用「信任」、「交情」、「結合」等語詞。而那趟參訪行程中，沙烏地阿拉伯皇室不僅熱誠款待納吉夫婦，甚至頒給他「阿卜杜勒阿齊茲國王一級榮譽勳章」（King Abdulaziz Order of Merit）。這讓納吉非常滿意，更相信劉特佐在中東的人脈實力。

這趟成功的沙烏地阿拉伯參訪，讓劉特佐順利擺平幾位有異議的一馬公司董事會成員。他對一位董事說，如果你繼續追問太多關於PSI的問題，會壞了馬來西亞與沙烏地阿拉伯的雙邊關係。「你不可以羞辱沙烏地阿拉伯，人家才剛剛以二十一響禮炮歡迎你的首相。」他說。最後，這位董事閉嘴了。

劉特佐常約董事會成員喝咖啡，讓對方相信他是首相納吉派來處理一馬公司相關事宜的代表。雖然他說得含糊，而且在一馬公司沒有任何正式職務，但大家都知道他的確與納吉關係密切。接下來，為了確保不再有董事找他麻煩，他進一步想掌控董事會。於是他說服納吉提名他父親的生意伙伴、檳城商人洛丁沃．賈馬魯丁（Lodin Wok Kamaruddin）成為一馬公司新任董事長。從劉特佐看來，現在董事會裡已經全都是納吉的人馬，換言之，再也不會有人出面破壞納吉與他的好事了。

不到一年，常春藤名校的年輕人紛紛離職

隨著管理階層一一就任，一馬公司看起來就像一般正常的企業。公司總部設於雙子星大樓附近的IMC大廈八樓，執行長沙魯．哈米開始大舉招兵買馬。他找來大約十位畢業自美國長春藤名校的馬來西亞年輕人，不僅給很高的薪水與獎金，也讓他們相信一馬公司就像中東的穆巴達拉基金，是一種新型態的主權基金，未來將透過投資新興產業（特別是綠能）來改造馬來西亞。當時最早的計畫之一，是與來自中國大陸與中東的投資者，在砂拉越州開發一條「再生能源走廊」。這些年輕人開始製作簡報，擬定投資計畫。

「我們當時真的相信，從一開始就加入這個主權基金，是幫助國家轉型的大好機會。」一位早期加入一馬公司的職員說。

照理說，能在國家主權基金上班，是令人羨慕的事。但許多新進人員很快就發現，事實並非

如此。所謂的綠能投資計畫，根本八字沒一撇，而且很明顯的是公司所有高層全都沒有管理大型基金的經驗。他們覺得公司高層根本不在乎長期計畫，平常只在頂樓的豪華辦公室裡開會，很少跟底下的員工互動。大家都知道劉特佐才是真正的掌權者，可是他很少在公司出現，而且不知道為什麼主管要求大家稱呼他「UC」。後來大家開玩笑說，UC是「unsavory character」（沒品的傢伙）的縮寫。

劉特佐的如意算盤，是用他偷走的資金來賺錢——例如投資隱士飯店等。這與搶銀行不一樣，他真心希望自己的投資能開花結果，好讓他回填在一馬公司挖走的資金大洞。一馬公司最具野心的開發案，叫做「華爾街計畫」（Project Wall Street），目標是將吉隆坡打造成一個能與新加坡、香港匹敵的金融中心。為了吸引穆巴達拉基金來投資，二〇一〇年左右一馬公司花兩百萬美元辦了一場盛大的酒會，並計畫邀請阿布達比皇太子莫哈默親王（Sheikh Mohammed）前來參加，但莫哈默親王臨時取消行程，從此之後這個計畫不再有什麼進展，吉隆坡股市與銀行產業仍然在亞洲無足輕重。

看著主管們像無頭蒼蠅似地亂花錢，多位來自常春藤名校的年輕員工不到一年就紛紛離職。他們愈來愈覺得，這家公司存在的最大目的，是作為納吉的政治金庫。例如，明明投資沒賺半毛錢，卻仍然大方以「企業社會責任」之名，在許多選區砸錢，變相為執政的巫統買票。

「我們還會開玩笑說，要我們評估投資案，根本只是他們的障眼法。」一位一馬公司員工說。

二〇一〇年三月一日，這群新組成、效忠納吉的董事會，在一馬公司的嶄新辦公室裡開會，討論如何以公司的資金，助首相納吉一臂之力。沙魯・哈米向董事會報告，一馬公司剛成立的慈善基金會將配合納吉造訪砂拉越州時，撥款補助砂拉越州。該州雖然位於加里曼丹島，距離西馬非常遠，卻是影響巫統能否繼續執政的重要一州。最後董事會同意，撥款五十萬美元為砂拉越提供獎學金、興建窮人也買得起的房子。

納吉從政以來，就非常重視自己的人氣。就像所有老一輩的政治人物，他認為錢——而不是理念——能決定一個政治人物受歡迎的程度，因此他不斷從一馬公司搬錢。幾個月之後，納吉在當地大選之前告訴選民，如果巫統的候選人當選，他將會引進聯邦政府的資金，協助當地的開發計畫。

「你幫我，我幫你。」他在一場造勢大會上說。

14 敏銳的新聞鼻，聞到異味

吉隆坡，二〇〇九年十二月

巴克沙列辭職的消息傳出之後，馬來西亞精英圈隱約覺得一馬公司應該內情不單純，只是當時外界完全不知道這家公司的真正問題。之所以如此，原因之一是納吉掌控了該國主流媒體。

不過，有一位媒體大亨始終不受納吉掌握，這個人就是英文財經媒體《*The Edge*》的老闆童貴旺。與那些挺執政黨的大眾主流媒體不同，《*The Edge*》是一份專業財經媒體，主要讀者是企業精英。

長期以來，童貴旺一直是馬來西亞企業界的異數。五十歲的他微禿，平常喜歡穿簡單的襯衫，不愛穿西裝打領帶。他曾跟太太說，有預感自己活不過五十歲，所以要趁早做自己想做的事。雖然他有時候看起來脾氣不太好，但其實他人緣不錯，常展露頑皮的笑容。當聽說了各種與一馬公司有關的傳言之後，他覺得《*The Edge*》應該展開調查報導。

馬來西亞幾乎所有主流報紙都與政府關係密切，執政的巫統直接或間接持有幾份主要大報的股權，媒體必須每年更新發行執照。正因為政府管得嚴，就算是非政府掌控的媒體，編輯往往也會自我審查。

但是童貴旺認為，貪汙行為嚴重傷害馬來西亞經濟前景，因此《*The Edge*》向來對貪汙新聞的揭發不遺餘力。他白手起家，不必看任何人臉色，因此誰也不怕。

父親是修車技師，童貴旺在家中九個小孩中排行老六，成長於六〇至七〇年代的巴生港。父母省吃儉用，送他去加拿大念書，他拿了一個財務碩士學位，外加自修學會電腦。一九八〇年代返馬之後，童貴旺先在一家本地券商當股票分析師，接著跳槽到一家叫摩根・格林菲爾（Morgan Grenfell）的英國銀行，負責替企業鑑價。滿懷雄心壯志的他，後來在一九九〇年代買下一家券商，接著又爭取到一張銀行執照。

身為馬來西亞企業界的異數，他很快就招來敵人。例如，他推出線上股票交易平台的服務，就擋了傳統股票經紀人的財路；外資基金經理人原本很看好他，沒想到他卻反過來搶走外資基金的生意。他驕傲、聰明與不拖泥帶水的處事風格，也惹惱了當地作風較保守的金融同業。

他熱中政治，但押錯寶。他與前副首相、反對黨領袖安華交好，沒想到一九九〇年代，安華與當時的首相馬哈迪交惡而垮台，被控「雞姦」鋃鐺入獄。童貴旺也跟著受牽連，他一度聽說馬哈迪要扣押他的財產，於是逃到加拿大。在加拿大期間，他轉而投入房地產開發，在溫哥華打下一片天。二〇〇三年馬哈迪下台後，他又回到馬來西亞。

他旗下的銀行已經在馬哈迪的施壓下賣掉，但他仍然掌控《*The Edge*》，有一群死忠讀者。《*The Edge*》的編輯群持續揭發貪汙弊案，不斷挑戰政府對言論自由的容忍底線。所幸馬來西亞也不是一個絕對專制極權的國家，才讓《*The Edge*》能年年順利更新發行執照。

巴克沙列為什麼突然辭職？為什麼賤價賣出債券？

二〇〇九年底，童貴旺開始聽到關於一馬公司弊端的傳聞。剛開始，只是精英圈子私底下質疑納吉政府的操守。例如，有外交官抱怨，得替羅斯瑪安排逛街購物行程。但這回童貴旺聽到的情況嚴重多了，因為有銀行業者告訴他，登嘉樓州先前出售的債券價格太便宜了，也就是說，無論是誰買到那批債券，一轉手就能大撈一筆。接著他聽說撈到這筆錢的，是好幾家與劉特佐有關的公司。在亞洲資本市場，這是很常見的手法。如今，吉隆坡金融圈茶餘飯後的話題，是巴克沙列突然拂袖而去。

童貴旺不是那種注重生活細節的人，辦公室總是一團亂，放著一台跑步機，卻幾乎沒有使用。但他有預感這些傳言背後另有內幕，於是他找來當時《*The Edge*》的發行人何啟達。一頭白髮、戴著眼鏡的何啟達才五十幾歲，但溫文儒雅的他很像位慈祥的爺爺。不過，慈祥的外表下，他對挖掘真相有著一顆堅毅的心。

何啟達在一九九〇年代加入《*The Edge*》，後來一度跳槽到另一份親政府、總部設於他家鄉檳城的英文媒體《*The Star*》擔任執行長。但是，他受不了老是得面對來自上層的壓力，要他撤掉關於巫統相關企業的負面新聞，於是他在二〇一三年辭職，重回《*The Edge*》擔任發行人。

在童貴旺的支持下，何啟達成立一個小組專門追蹤一馬公司的內幕。二〇〇九年十二月，《*The Edge*》刊登了一篇質疑一馬公司的報導，提出一連串疑問：為什麼這家主權基金才剛成立沒多久，巴克沙列就突然辭職？明明繼續持有伊斯蘭債券幾乎沒有風險，為什麼登嘉樓投資機構要賤價出售？成立一馬公司，真正的動機是什麼？這麼大筆錢，它打算如何利用？

雖然劉特佐的名字從頭到尾沒有出現在這篇文章裡，但他覺得不妙，於是找了《*The Edge*》記者，試圖說服對方：一馬公司是正派的投資機構。

當時，距離整起事件被揭發還有三年時間，劉特佐的祕密仍然隱藏得很好。不，應該說，他才正要起飛。

15—歡迎光臨紐約！

紐約，二〇一〇年四月

穿著燕尾服與晚禮服的賓客們，陸續來到曼哈頓第五大道上的瑞吉飯店（St. Regis Hotel）宴會廳。

那是二〇一〇年四月十六日晚間，儘管外面風雨交加，這家豪華飯店宴會廳裡眾人都興致高昂。納吉與妻子羅斯瑪心情特別好，數天前，納吉才和美國總統歐巴馬舉行雙邊會談，這位美國史上第一位黑人總統是全球偶像，納吉覺得兩國之間的關係會愈來愈好。

與歐巴馬會談結束後，劉特佐動用所有人脈關係，要讓納吉夫婦這趟美國之旅盡興而歸。那一晚在瑞吉飯店，是一連串行程中的高潮。負責主辦那場晚宴的單位，是「國際相互理解商會」（Business Council for International Understanding），這個知名度不高的單位，是當年美國艾森豪總統（Dwight Eisenhower）為了拉攏政商兩界而成立的。晚宴主要目的——根據主辦單位的說法——是要頒發「國際和平與和諧獎」給羅斯瑪，表揚她在改善兒童福利上的貢獻。

羅斯瑪確實成立了一個兒童教育組織，但這個組織的經費基本上都是政府出的，因此有人批評教育部多此一舉。顯然主辦單位沒弄清楚狀況，但納吉與羅斯瑪一點都不在意。對有些人而言，這種獎可有可無，但對羅斯瑪來說非常重要，因為可以用來堵住批評者的嘴。政府甚至花大筆公帑在《紐約時報》刊登兩大版的廣告，廣告上有滿滿一頁羅斯瑪的照片，恭賀這位第一夫人獲獎，外加「歡迎光臨紐約」（Welcome to New York）字樣。

為了確保這場晚宴不出錯，劉特佐找來當初安排納吉夫婦上豪華遊艇與圖爾基王子會面的賀布瑞休斯（Sahle Ghebreyesus，詳見第7章）幫忙。傍晚六點半，晚宴開始，除了享用雞尾酒之外，賓客們還觀賞了伊斯蘭服裝秀。賀布瑞休斯也邀來許多好萊塢巨星（一般來說，很少好萊塢明星會出席這種頒獎給某個亞洲國家領袖夫人的晚宴），包括傑米．福克斯、勞勃．狄尼洛、莎莉．賽隆（Charlize Theron）等，讓晚宴增光不少。當然，穿著馬來傳統服飾、佩戴鑽石手飾與閃亮耳環的羅斯瑪才是全場焦點。

晚宴約於十點結束，但熱鬧好戲緊接著登場。搖滾巨星里歐娜．路易斯（Leona Lewis）在台上唱歌，福克斯邀請納吉與羅斯瑪上台，羅斯瑪跟著唱〈你有位朋友〉（You've Got a Friend），傑米．福克斯則與納吉共舞。稍後，勞勃．狄尼洛、莎莉．賽隆與傑米．福克斯等巨星一起合唱〈We Are the World〉（這是劉特佐最愛的歌之一）。「好像是在辦一場盛大的典禮，」出席那場晚宴的珠寶設計師溫蒂・布蘭蒂絲（Wendy Brandes）說：「我簡直驚呆了！」

幾個月後，勞勃・狄尼洛受羅斯瑪之邀，到馬來西亞度假。羅斯瑪告訴當地媒體，她希望勞勃・狄尼洛自己認識與觀察馬來西亞，而不是盲目相信各種負面消息。

在劉特佐大方撒錢，以及對電影新金主的期待下，好萊塢終於開始關注馬來西亞。再一次，劉特佐讓自己看起來不可取代。過去，納吉夫婦仰賴劉特佐替他們打開通往中東之路；如今，他們需要劉特佐協助他們進軍好萊塢演藝圈。

馬哈迪抨擊美國，納吉與歐巴馬博感情

但劉特佐其實有更大的野心。他告訴歐泰巴，他希望促成納吉與歐巴馬之間更緊密的關係。

多年來，兩國關係一直不怎麼熱絡。一方面，前首相馬哈迪公開與美國作對，稱美國為「西方帝國主義者」，抨擊美國的「猶太人」金融家是造成一九九七年亞洲金融風暴的元凶；另一方面，西方國家則認為安華被捕入獄，根本是馬哈迪的政治迫害。美國前副總統高爾在一次官方訪問馬來西亞時，公開呼籲「勇敢的馬來西亞人民」應該站出來推動民主，也激怒了馬哈迪。美國自從前總統林登・詹森（Lyndon Johnson）在一九六〇年代越戰期間曾經造訪馬來西亞之外，一直到納吉上任，再也沒有現任美國總統到過馬來西亞。

二〇一〇年四月那次會面，納吉試圖讓歐巴馬知道他與過去的馬來西亞首相不一樣。他自認親西方，重視深化民主改革，讓自己看起來是美國可信賴的東南亞盟友。他看來溫文有禮，一口流利英語，對於伊斯蘭有適度批評。不久前，他發起「全球溫和運動」，呼籲世界上所有回教國家一起唾棄暴力行為。

至於歐巴馬，當時亟欲從伊拉克與阿富汗戰爭中抽身，把外交重點移轉到東亞。東亞各國經濟正在快速成長，中國大陸對這個區域的影響力與日俱增，美國必須設法與中國大陸抗衡。隔年，一場在澳洲的演說中，歐巴馬特別強調這一點，而納吉——以及印尼、日本、韓國與澳洲領袖——被視為美國關鍵伙伴。

這趟美國之行有了很好的開始，劉特佐會傾全力加強納吉與美國總統的關係。

16 — 垃圾金融商品

華府，二〇一〇年四月

納吉造訪紐約期間，美國正陷入政治紛亂之中。金融風暴從美國蔓延到歐洲，數以百萬計的家庭失去房子與工作，造成嚴重經濟衰退，激發了「占領華爾街」抗議行動，人民對華爾街銀行的憤怒正在延燒。

四月底，面對美國參議員們的質詢，高盛執行長貝蘭克梵回答得小心翼翼。密西根州民主黨參議員卡爾．李文（Carl Levin）所帶領的委員會花了十八個月調查高盛，發現在金融風暴發生之前，高盛一手將次貸商品推銷給客戶，另一手卻在市場上放空，李文還舉了很多例子揭發高盛員工之間，私底下稱這些次貸商品是「垃圾」。

「這麼做太沒道德了。」坐在貝蘭克梵正對面的李文說。在街頭，抗議者穿著仿囚犯制服，手上牌子上寫著大大的「丟臉」字樣，旁邊還有一張貝蘭克梵的大頭照。金融危機爆發之前，拜美國房市瘋狂飆漲所賜，華爾街銀行業者獲利屢創新高。很多人只要準備很少的頭期款（甚至不必付頭期款），就能輕易申請貸款買房子。銀行借錢給這些高風險的房貸戶之後，再把這些信用等級較差的「次級房貸」包裝成金融商品，賣給大型投資基金。

貝蘭克梵與當時擔任高盛總裁的蓋瑞・康恩（Gary Cohn，後來擔任川普首席經濟顧問）一方面大力推銷這些金融商品，另一方面也認為萬一房市反轉，很多家庭會付不出房貸，於是以高盛自有資金在市場上放空這些「次級房貸」金融商品，這種手法，也就是所謂的「大賣空」（Big Short）。

當美國房市泡沫在二〇〇七年爆破，這些「次級房貸」金融商品隨之崩盤。短短一年之內，造成貝爾斯登、雷曼兄弟雙雙倒閉，並演變為金融危機。為了挽救銀行，美國政府動用了高達七千億美元。

穿著灰色西裝、繫上深紅色領帶的貝蘭克梵，試圖閃躲李文的質疑。他表示，有些客戶（例如大型銀行與大型基金）在當時仍然看好美國房市，是客戶自己想要投資次級房貸商品，不能怪到高盛頭上。

雖然高盛的主要客戶都是大企業、退休基金、超級大富豪，一般人也不太清楚「投資銀行」是什麼，但高盛與貝蘭克梵仍成為華爾街貪婪的象徵。房市泡沫破滅後，很多美國家庭苦不堪言，高盛的獲利卻在二〇〇九年創下驚人的一百三十四億美元紀錄。亞利桑那州共和黨參議員約翰·麥侃（John McCain，已於二〇一八年去世）要求貝蘭克梵告訴現場所有人，他那一年領了多少獎金。貝蘭克梵支支吾吾了一會兒，最後承認他賺了九百萬美元。

美國國會在二〇一〇年通過「陶德·法蘭克法案」（Dodd-Frank Act），其中有一條「沃爾克法則」（Volcker rule，由前聯準會主席保羅·沃爾克提出），明文禁止銀行從事不符合客戶利益的投機交易，因為這種交易會造成金融市場的不穩定，傷害廣大存款族與房貸族。總之，依照新法，投資銀行必須為客戶的利益負責，不可以像避險基金那樣用客戶的錢從事高風險投機。

這項新規定，加上疲弱的美國經濟、低利率環境與冷清的股市，使得貝蘭克梵決定傾全力加碼投入新興市場。相較於美國，中國大陸經濟持續以兩位數字成長，巴西、俄羅斯、馬來西亞也表現可圈可點。貝蘭克梵在稍後的一場演講中提到，高盛未來最大的機會，就是要「在更多地方立足」。

「蠢客戶」慘賠，高盛海撈兩億

二〇一〇年，正當高盛愈來愈重視新興市場，一位三十七歲的義大利銀行家安卓亞·維拉（Andrea Vella）來到香港。

一頭灰白頭髮的維拉，充滿自信、說話很有說服力。他是在二〇〇七年加入高盛的倫敦分部，負責的客戶之一是格達費政府所成立的新主權基金「利比亞投資機構」（Libya Investment Authority，簡稱 LIA）。工程師出身的他，目前是「金融商品結構專家」，專門負責設計各種複雜的衍生性金融商品。

所謂衍生性金融商品，簡言之，就是一種連結多種不同資產的金融工具，最大的好處之一是降低單一資產價格激烈波動的風險。舉例來說，如果一家企業希望避免大宗物資價格突然大幅下跌所帶來的威脅，他可以買一種叫做「期貨」的金融商品，將來他就可以用原先設定好的價格賣出。

但正如我們在次貸風暴中看到的，實際上衍生性金融商品往往淪為投機者炒作的工具。維拉的利比亞客戶ＬＩＡ，希望能增加在美國銀行業的持股比重，於是高盛特別為ＬＩＡ設計一套複雜的衍生性金融商品，其中包含花旗銀行等公司的股票——如果花旗的股價上漲，ＬＩＡ會大賺，不過萬一花旗股價下跌，也會大賠。

結果，金融風暴來襲，股市重挫，ＬＩＡ因此慘賠十億美元。不甘虧損的ＬＩＡ一狀告上法院，指高盛在銷售這項商品時未清楚說明投資風險。高盛並未透露自己從銷售這項商品賺了多少錢，但根據ＬＩＡ所提供的數字，高盛賺走了兩億美元。高盛一位專責銷售金融商品給ＬＩＡ的員工喬治・嘉博（George Jabbour），在金融風暴後被高盛開除，他（以及其他多位高盛同事）說，當面臨蠢客戶時，維拉往往會狠狠海削對方一筆。

利比亞事件後，維拉在二〇一〇年被派到香港，負責高盛在亞洲的結構型商品業務。沒多久，他認識了另一位高盛派在亞洲、野心勃勃的銀行家提姆・萊斯納。

低價取得債券再轉手賣出，海削五千萬美元

對萊斯納而言，高盛決定大舉投入新興市場，簡直是天上掉下來的禮物。頓時間，馬來西亞不再是西方銀行家眼中的陌生小國。二〇一〇年夏天，他安排馬來西亞駐美國大使（納吉親信之一）的二十五歲女兒，到高盛新加坡分行實習，他還一度短暫與這位年輕女孩交往，引來同事之間議論紛紛。其實，安排這位大使女兒實習是非常冒險的舉動。因為根據美國的「外國貪汙法案」，任何買通外國政府高官的做法都是被禁止的。

不過，這位年輕女孩最後順利實習結束，外界也完全不知道有這回事。數周後，一馬公司同意付給高盛一百萬美元，作為併購砂拉越州一個水力發電站的「顧問費」。萊斯納根本沒把這筆小錢放在眼裡，何況後來併購案沒成功，高盛也沒賺到一毛錢，但萊斯納知道還有大魚在後頭。

藉由這個機會，萊斯納開始布局他在砂拉越的人脈。先前，他曾與泰益・瑪末的外甥女交往，還跟同事說他打算與這個回教女孩結婚，婚後得改信回教，所以取了一個回教名字叫 Salahuddin。雖然最後兩人分手，這門婚事沒成功，但高盛在馬來西亞的業績卻扶搖直上。

高盛在水力發電站併購計畫失敗後，看到了新的機會。砂拉越州政府當時正計畫以「打造再生能源與棕油出口中心」為名，發行債券籌募資金。萊斯納把這個訊息回報給香港總部，由維拉負責替砂拉越設計募資計畫。根據規畫，砂拉越政府將發行八億美元債券，不過和一般債券發行會找外部買家（例如共同基金、退休基金等）不同，這次的八億美元債券，高盛自己全吃下，日後再另尋買主。

負責吃下這批債券的，是高盛底下的ＰＦＩ（全名為Principal Finding and Investing Group）部門。這個部門負責替客戶設計複雜的募資計畫，高盛許多賺錢的大生意都與這個部門有關，例如次貸風暴期間替美國ＡＩＧ集團發行衍生性金融商品，讓ＰＦＩ賺進了高達二十億美元。次貸風暴之後，高盛派出一位衍生性商品專家托比．華生（Toby Watson），到香港設立一個ＰＦＩ分支機構。ＰＦＩ以很低的利率借了兩百億美元，打算在亞洲物色值得投資的機會。

這次砂拉越債券發行計畫，高盛與砂拉越之間的協議是這樣的：高盛直接把八億美元付給砂拉越，省下砂拉越得四處辦說明會、兜售債券的麻煩；相對的，高盛能以較低價格取得這批債券，再轉手賣出。一般來說，銀行承銷這種債券的收費約一百萬美元左右，但高盛這項安排，最後獲利高達五千萬美元。

不過，這筆交易引起「全球目擊者」組織（Global Witness）側目：為什麼華爾街上的大銀行，會和一個與貪汙、破壞環境聞名的政府扯上瓜葛？根據一份報告，這批債券所募來的資金中，有一部分流入泰益親屬的帳戶中。這也許能解釋為什麼砂拉越政府寧可被高盛海削，也要資金盡快入袋。

這次砂拉越債券發行案，是萊斯納與維拉首度合作。維拉設計出來的商品，不僅能讓客戶拿到一大筆錢，也能讓高盛賺取驚人報酬。後來高盛與一馬公司之間的密切往來，正與這種手法有著密切關係。

與此同時，萊斯納也不斷設法巴結劉特佐，希望能爭取到一馬公司的生意。但劉特佐當時志不在此，納吉與羅斯瑪已經見識到他在好萊塢的人脈，接下來劉特佐要想的是：如何把好萊塢人脈，變成賺錢的機會。

17　這位是Leo，我的好朋友

約翰尼斯堡，二〇一〇年七月

約翰尼斯堡高級夜店Taboo的VIP包廂裡，隆隆音樂聲此起彼落。這個城市是南非的金融中心，正沉醉在主辦世界盃足球賽的熱鬧氣氛中。

夜店另一端金碧輝煌的主吧檯邊、設計精美的高腳椅上，坐著艾美．莎蒂（Aimee Sadie）。數杯飲料之後，這位黑髮女創業家兼電視圈名人，很驚訝地看見一位美國朋友——芭莉絲．希爾頓的好友左伊．麥克法蘭（Joey McFarland）向她走來。

「可以邀請妳來VIP包廂坐坐嗎？李奧納多也在，他已經注意妳很久了。」麥克法蘭對莎蒂說。

這間VIP包廂，其實是劉特佐幾天前預訂好的。受寵若驚的莎蒂，跟著麥克法蘭走進VIP包廂。李奧納多穿著運動長褲、鴨舌帽，斜躺在沙發上抽著大雪茄。在麥克法蘭引介下，兩人握了握手，不過李奧納多看起來似乎不太清醒，繼續窩在沙發上，不太說話。其他人喝酒的喝酒，跳舞的跳舞。麥克法蘭邀請莎蒂一起參加為期三天的克魯格國家公園（Kruger National Park）旅行，然後一起回到約翰尼斯堡看足球賽。午夜過後，眾人回到自己住宿的飯店。麥克法蘭從飯店打電話給莎蒂，問她要不要續攤，但她婉拒了。

搭上李奧納多，買下《華爾街之狼》

自從在加拿大威斯特勒認識之後（詳見第11章），麥克法蘭與劉特佐兩人一拍即合。劉特佐像是大哥，麥克法蘭像個小弟（其實麥克法蘭比劉特佐大了十歲）。麥克法蘭愛吃甜食，所以劉特佐給他取了個綽號叫「麥克餅乾」（McCookie）。經營人脈多年的麥克法蘭，手上掌握了各界名人的名單，為劉特佐安排了一場又一場的派對，例如替劉特佐的哥兒們之一——胖子Eric，辦了一場「花花公子女郎派對」。

與此同時，劉特佐與麥克法蘭也和納吉的繼子里札，認真商討在好萊塢拍電影的計畫。不過，完全沒經驗的他們，需要有大牌導演與明星的加持才行。二〇一〇年初，里札透過劉特佐認識了傑米．福克斯，接著傑米．福克斯的經紀人帶著里札去認識更多好萊塢的人，並且讓大夥兒都知道這位亞洲來的富豪打算投資四億美元拍電影。

當你手上有那麼一大筆錢，而且又是傑米．福克斯的朋友，通常不難見到你想見的人。於是里札順利見到知名獨立製片公司千禧電影公司（Millennium Films，不久前才推出艾爾．帕西諾與勞勃．狄尼洛主演的《世紀交鋒》）老闆艾威．勒納（Avi Lerner），商討合作出資拍電影的計畫，主角可能是布魯斯．威利，或是福克斯。不過，那天討論的計畫不了了之，倒是幾個月後千禧電影公司的一位主管喬．蓋塔（Joe Gatta）跑來建議里札與麥克法蘭，應該自己成立一家新的製片公司。於是這個三人小組——里札、麥可法蘭與劉特佐——決定另起爐灶，他們知道自己手上握有一張票房保證的王牌，就是李奧納多。

其實，李奧納多從一九九〇年代以來就是全球知名的大明星，無論他想要搭專機前往南非，或是在貴賓區觀賞世界盃足球賽，根本不需要劉特佐的招待。但就像很多名人，他早就對於別人的邀約、招待視為理所當然。何況劉特佐與其他人不同，他的財力似乎大得驚人，而且花起錢來完全面不改色。很多有錢人都想出資拍電影，但從沒有人像他如此大方撒錢。雖然李奧納多在好萊塢已經是舉足輕重的人物，也擁有自己的製作公司——亞壁古道（Appian Way），但仍然得看大牌製片公司主管的臉色，例如在籌拍《華爾街之狼》的過程中，這些人就讓李奧納多吃足苦頭。

二〇〇七年，李奧納多與布萊德．彼特（Brad Pitt）搶標喬登．貝爾福（Jordan Belfort）回憶錄的電影版權。貝爾福位於紐約長島的證券公司史翠頓．奧克蒙（Stratton Oakmont）在一九八〇年代崛起，一度非常成功，常在辦公室舉辦（有妓女與毒品）瘋狂派對。有一次在派對上，他們讓侏儒穿上魔鬼氈，然後把侏儒當炮彈，輪流拋到牆上的巨大靶子上，看誰拋得最準（劉特佐在二〇一二年的那場生日派對找來二十位侏儒打扮成《巧克力冒險工廠》中的奧柏倫柏人，靈感就是來自這段故事）。貝爾福在二〇〇四年因詐欺被判刑四年，而且必須把錢吐出來償還被害人。不過，他後來只坐了二十二個月的牢，出獄後開始寫回憶錄。

這本回憶錄，就是電影《華爾街之狼》的原著。不過，電影劇本經過改編，並非完全寫實。例如，檢察官就認為電影誇大了貝爾福的能耐，對他所造成的危害卻過於輕描淡寫。包括片名，其實也與事實不符：貝爾福的公司根本不在華爾街，這圈子裡也沒幾個人真的稱他「華爾街之狼」。儘管如此，演過《神鬼交鋒》（*Catch Me If You Can*）、當時正打算簽約主演《大亨小傳》（*The Great Gatsby*）的李奧納多，還是對貝爾福的故事非常感興趣。

錢給你，而且完全不干涉你……

通常好萊塢特別喜歡貪婪金融家的故事，從一九八〇年代的《華爾街》（*Wall Street*），到《美國殺人魔》（*American Psycho*）、《搶錢大作戰》（*Boiler Room*），都大受觀眾歡迎。然而，泰倫斯．溫特（Terence Winter）改編下的這位金融家，行徑太過荒淫且囂張，使得原本看好這部片子的華納電影公司主管紛紛搖頭，最後在二〇〇八年決定停拍這部片，因為他們認為萬一這部片被列為「限制級」，將無法吸引到足夠觀眾，花一億美元拍攝這部片鐵定會賠本。

這讓曾經和李奧納多合作過多部電影的馬丁・史柯西斯導演非常不爽，雖然他正值事業巔峰（不久前才以《神鬼無間》（*The Departed*）贏得人生第一座奧斯卡最佳導演獎），但對於電影公司做的決定，他一點辦法也沒有。他花了五個月時間修改溫特的劇本，但仍然無法順利開拍。就在這時候，劉特佐出現了，他為李奧納多與馬丁・史柯西斯帶來好萊塢夢寐以求的一切：無上限的資金預算、完全不插手拍攝內容。

二〇一〇年九月，里札與麥克法蘭正式成立「紅岩製作公司」（Red Granite Productions，後來改名為紅岩電影公司），剛開始的辦公地點，就在比佛利山莊隱士飯店的套房裡。里札擔任董事長，麥克法蘭是副董事長，而劉特佐一如以往，沒掛任何正式頭銜。沒多久，紅岩電影公司宣布挖角多位千禧電影公司的主管，例如喬・蓋塔，將擔任新公司的製作部門主管。

從第一天開始，這家公司對於錢的來源就神神祕祕的。麥克法蘭告訴公司同事，劉特佐是投資者，只是這位馬來西亞人，以及里札、麥克法蘭本人，都會隱身幕後。「這正是為什麼公司需要像你們這樣的人。」麥克法蘭這樣告訴紅岩電影公司的主管。

幾個月後，紅岩電影公司新辦公室完工，地點就在日落大道上，與李奧納多的亞壁古道製作公司相鄰。這才不是什麼巧合，「他們刻意選這裡，是因為他們想接近李奧納多，想與李奧納多合作。」一位紅岩電影公司主管說。

他們要合作的計畫，就是《華爾街之狼》，紅岩電影公司已經以一百萬美元買下貝爾福回憶錄的版權。這一來，劉特佐不再只是個喜歡混夜店、搞派對的傢伙，透過麥克法蘭與里札，他是好萊塢的一號人物了。

18 兩百萬歐元，盡情喝吧！

聖托佩，二〇一〇年七月

一年一度的遊艇周，正在法國聖托佩（Saint-Tropez）舉行。每年七月至八月間，全世界最令人驚豔的豪華遊艇聚集在此，蔚藍海岸邊的頂級飯店住滿了來自全球各地的富豪。

這是一個財富展示場，遊艇上的船員忙進忙出，把船身擦拭得明亮炫麗，路過的遊客張望著船上有哪些名人與富豪。對很多人來說，這些船隻是成功的象徵，富豪們應該都在船上狂歡，但實際上，富豪們真正狂歡的地點並不在這裡。當一般遊客塞在擁擠的車陣中，這些富豪早就搭乘小艇四處飛馳。富豪與名人聚集的最頂級派對，不是在海上的豪華遊艇上，就是在鎮上最私密的俱樂部裡舉行。

最有代表性的一家俱樂部，要屬 Les Caves du Roy 了。打從一九六〇年代以來，這家位於貝布魯斯飯店（Hotel Byblos，距離海港只有數百公尺）地下室的俱樂部，一直是政商名流匯集的據點。俱樂部裡金碧輝煌，柱子是黃金打造的，舞池是黃金打造的，擺放著雞尾酒的桌子也是黃金打造的。就在這裡，劉特佐展開一場投標大戰。

滿臉通紅的劉特佐，把頭靠在希爾頓的肩膀上

當天是七月二十二日，南非世界盃足球決賽結束後不到兩個星期。

劉特佐是在幾天前，與芭莉絲・希爾頓一起搭乘「Tatoosh 號」遊艇來到聖托佩的。「Tatoosh 號」是一艘三〇三尺長、有十個包廂的豪華遊艇，艇上有游泳池，還有直升機停機坪，遊艇的主人正是微軟公司共同創辦人之一保羅・艾倫（Paul Allen）。這天，俱樂部舉行一場「香檳競標活動」（Bottle parade），這項活動是 Les Caves du Roy 多年前推出的，目的是要讓「巨鯨」們花更多錢、買成箱成打的香檳。最後當「買最多香檳」的客人出爐時，就會有年輕貌美、身材姣好的「香檳女郎」（bottle girls，通常是由想賺外快的模特兒兼職）高舉點燃著火焰的酒瓶魚貫入場，同時俱樂部的擴音器會大聲念出這位慷慨客人的名字。劉特佐在紐約的驚人大手筆，讓這項「香檳遊行活動」在全美各地夜店更普遍流行起來。

今晚這場「香檳競標活動」格外激烈。穿著黑色 polo 衫、灰色休閒褲的劉特佐，手上戴著勞力士錶，正在與紐約房地產大亨溫士頓・費雪（Winston Fisher）戰得不可開交，誰也不讓誰。

其實就在前一年，手上還沒有這麼大筆錢的劉特佐，同樣在這家俱樂部競標香檳時，敗給了另一位來自比利時的富豪。今年，他絕不認輸。

兩人競相喊價，最後費雪敗下陣來。當俱樂部擴音器宣布當晚的贏家以及購買香檳數量時，所有客人簡直不相信自己的耳朵：劉特佐所買的香檳，竟然高達兩百萬歐元——就算俱樂部裡所有賓客連續喝一個禮拜也喝不完。

服務生一一為賓客們斟酒，劉特佐與他來自俄羅斯、阿拉伯、哈薩克好友們開心地舉杯。穿著藍色短裙、戴著藍色耳環、塗著紫色指甲油的希爾頓，這時站起來走到吧檯邊，拿起一瓶香檳，開瓶後朝著劉特佐與眾人噴灑過去。後來大家看到一張照片是滿臉通紅的劉特佐，把頭靠在希爾頓的肩膀上。

幾天後，劉特佐與希爾頓出現在另一家夜店，贏得另一場「香檳競標活動」。當辣模們手拿點著火焰的香檳繞場時，夜店裡響起電影《洛基》、《星際大戰》的主題曲。只見劉特佐拿起麥克風，大聲要服務生為現場每一位客人送上一瓶香檳。「歡迎來自沙烏地阿拉伯的朋友！」他大叫。至於希爾頓則邊搖晃著身軀，邊抱著劉特佐的背。她喝醉了，需要朋友攙扶才行，身邊保鑣們設法不讓其他人接近劉特佐與希爾頓二人。

一位科威特友人說，劉特佐很擅長讓人覺得自己屬於一個非常特別的小圈子。但就算你曾經和劉特佐一起狂歡，也還是不了解他。這位友人覺得，參加劉特佐的派對，你不會真心覺得好玩，而是會覺得像在演一場戲。「感覺假假的。」他說。

聖托佩那幾天的活動，引來許多媒體跟拍，八卦記者們猜測劉特佐可能是希爾頓新交的男友。雖然兩人在派對上親密互動，但劉特佐告訴朋友，兩人並沒有交往，因為他的心早有所屬。

向蕭亞軒示愛，一場華麗浮誇的大戲

一輛勞斯萊斯，緩緩開進杜拜棕櫚島的亞特蘭蒂斯度假飯店。飯店的主建築中央，有一個巨大的阿拉伯式拱門，飯店裡有好幾個游泳池，可以三百六十度環視波斯灣。聖托佩之旅的幾個月後，劉特佐包下這家飯店的私人沙灘，舉辦一場私人活動。

勞斯萊斯抵達後，率先下車的，是台灣知名歌手、三十一歲的蕭亞軒。蕭亞軒穿著淺藍色上衣、白色短褲，沒穿襪子搭配一雙休閒鞋。緊接著下車的是同樣穿著輕便（條紋襯衫與拖鞋）的劉特佐。劉特佐搭著蕭亞軒的肩、蕭亞軒摟著劉特佐的腰，劉特佐指著沙灘上預先安排好的蠟燭——排列出一個巨大心型，以及「Jho（心型）Elva」的燈飾。

接著劉特佐帶著蕭亞軒走上一座平台，平台邊有一面大銀幕，銀幕前方是一張長型餐桌，桌上擺滿了蠟燭與鮮花。兩人一邊用餐，一邊欣賞身旁穿著藍色晚禮服的演奏者表演豎琴（後來她改為演奏一把鑲著珠寶的小提琴）。蕭亞軒剛開始顯得有些緊張，後來只見她格格笑了起來。劉特佐伸出手攬著她，但兩人沒什麼交談。

接著，重頭戲登場了。一台直升機從遠處飛來，就在快接近沙灘時，有兩個穿著燕尾服、打著領結的男人從機上跳下，並打開降落傘。兩人降落的位置，正好就在由蠟燭排列成的巨大心型中央，他們解開降落傘，走向餐桌，為蕭亞軒獻上一個禮盒。蕭亞軒打開禮盒，發現是一條鑽石與黃金做成的「蕭邦」（Chopard）墜子項鍊。

晚餐後，兩人一起欣賞了從海上一艘船施放的煙火秀。

這是一場華麗浮誇的示愛大戲，身處其中的蕭亞軒後來拭了拭眼淚。據說整場活動花了超過一百萬美元。而這一切，只是為了一場約會——不是為了求婚。

後來大家才知道，原來劉特佐已經有個交往中的女友，名叫 Jesselynn（全名為 Jesselynn Chuan Teik Ying）。Jesselynn 的父親在檳城開餐館，劉特佐常會帶著她去美國，不過劉特佐要麥克法蘭盡量別讓她出席那些奢華派對。Jesselynn 會被安排住在旅館或劉特佐的房子，由幾位女性友人陪伴，例如 Catherine Tan（她曾是拉斯維加斯的賭場經理，目前負責安排劉特佐的行程）、一馬公司法律顧問盧愛璇等。去過劉特佐吉隆坡家的朋友們早就發現，Jesselynn 與劉特佐身邊其他女人不同，劉特佐一方面與她相敬如賓，另一方面照樣大方送珠寶、名車給別的女人，花大錢請辣模出席他在夜店、遊艇與飯店裡的派對。

身邊的朋友都很清楚，劉特佐一直在劈腿，周旋於像蕭亞軒這樣的名媛之間。Jesselynn 後來發現了一本蕭亞軒送給劉特佐的書，獲悉她與劉特佐的事，但決定假裝不知道。她似乎也接受劉特佐今天的闊綽生活方式，有一次，她讓朋友看一只劉特佐送她的手錶，據說這只手錶原本屬於知名歌手亞瑟小子。

劉特佐也告訴朋友，自己現在腳踏兩條船——一邊是女友，一邊是其他女人。多年來，雖然他與Jesselynn分分合合，但他也不是什麼花花公子。好幾位收過他昂貴禮物（例如Cartier珠寶）的辣模也不明白，為什麼劉特佐從未對她們展開追求。或許，他真正想要的不是女人，而是來自名女人與明星的「認可」——讓大家覺得他是很有影響力的大人物。

無論從哪個角度看，劉特佐在杜拜的行為都算極盡奢華。但這只是序幕，儘管揮金如土的豪氣已經舉世無人能及，而他還要加碼演出。

他最好低調一點，別再搞這麼多派對了！

或許，如此大手筆撒錢能助他在好萊塢交新朋友，但如此招搖卻讓他另一些朋友皺起眉頭。他的高調與浮誇雖然讓他的計謀屢屢得逞，卻也漸漸成為他後來失敗的罩門。阿聯駐美大使歐泰巴曾在二〇一〇年，表達他對劉特佐的不滿。

「他最好低調一點，別再搞這麼多派對了！」他在二〇一〇年四月給朋友的電子郵件上寫道。

就像其他許多與劉特佐打交道的人，歐泰巴不希望自己與馬來西亞之間的生意往來曝光。有一度，劉特佐想在高盛開設一個私人帳戶，拜託歐泰巴替他寫封信給高盛說項，但歐泰巴向阿瓦塔尼表示，很擔心寫了這封信會害自己被牽連。因為劉特佐曾經告訴阿瓦塔尼，銀行已經開始對他帳戶裡的巨款有所懷疑。

最後，高盛拒絕讓劉特佐開戶，因為在高盛開一個私人帳戶的最低存款金額是一千萬美元，而劉特佐無法明確交代這筆錢的來源。雖然同樣隸屬於高盛，但這是私人財富管理部門，與萊斯納和吳崇華所屬的投資銀行部門完全無關。不過，高盛法遵部門拒絕劉特佐開戶，也讓萊斯納與吳崇華有所警覺：不能讓法遵部門知道──根據美國司法部的文件──劉特佐在一馬公司的角色。

納吉也認為，劉特佐應該為自己打造一個更嚴肅認真的形象。劉特佐曾經告訴阿瓦塔尼，他「老闆」──也就是納吉──希望他加入幾個重要的政府顧問團，這樣有助於他打造「成功企業家」的形象。

當《紐約郵報》關於劉特佐揮霍無度的報導傳回檳城，他的父親劉福平非常生氣，要替孩子扭轉形象。二〇一〇年夏天在法國聖托佩度完假之後，他回到檳城，穿著保守的黑色西裝，搭配淺藍色領帶，接受馬來西亞一家英文報《*The Star*》的專訪。

在專訪中，他虛構了一個又一個故事。他告訴記者，贏噸公司是他和幾位來自華頓商學院、哈羅公學的豪門同學，合資兩千五百萬美元成立的，如今公司的資產已經超過十億美元。對於那些在夜店的驚人開銷，他聲稱都是他那些中東有錢朋友花的，不關他的事，他只是負責幫忙朋友們安排派對而已。

「我的確家境還不錯，不過我的財力與那些常常玩在一起的朋友比起來，根本是小巫見大巫。」他對《*The Star*》的記者說，他的成就「歸功於在對的時間、對的地點、遇上對的人，而且彼此建立互信關係。」

他很清楚，他在美國瞎掰的那一套說法（例如他父親是億萬富豪），一定會被馬來西亞的讀者識破。問題是，他這回對自己身世的新說法，和先前的說法自相矛盾了。任何一位想跟他合作的投資者，其實只要上網找這篇《*The Star*》的專訪，就能發現可疑之處。然而，似乎沒有人這麼做。

至於在 Les Caves du Roy 所砸下的兩百萬歐元，他說是那群朋友合出的，不是他。「我們全都很努力工作。」他說：「我不是那種亂花錢的人，只是我有時候的確會跟朋友一起玩得很瘋。」

私底下，對於媒體報導他在派對上的揮霍行徑，劉特佐總是避重就輕。「我不是笨蛋，我知道媒體想幹嘛，我已經在處理了。」他告訴瑪浩尼。畢竟，口袋裡有這麼多錢，身邊有這麼多名人朋友，劉特佐相信沒有人動得了他。

但有幾位合作伙伴沒那麼容易被安撫，他們開始在劉特佐背後竊竊私語。

19 別再上新聞了！

蒙特勒，二〇一〇年十月

坐落於瑞士小鎮蒙特勒（Montreux）、日內瓦湖邊山丘上的「La Prairie 養生中心」（Clinique La Prairie），是全球頂級的養生醫學重鎮。中心的主建築，是一棟瑞士鄉村小屋造型的豪宅，四周環繞著法式庭園及多棟現代化建築。從主建築的房間窗戶望出去，可以看到日內瓦湖，以及被白雪覆蓋的阿爾卑斯山。

創辦這個中心的保羅·尼漢斯（Paul Niehans）教授，是最早推動「細胞療法」的先驅之一，吸引了許多富豪和名人——例如卓別林——前來。在官網上，這所中心自稱是「長壽的專家」。

二〇一〇年十月，劉特佐住進這所中心準備接受治療。他的生活型態——酒精、熬夜、KFC炸雞、長途飛行——他知道自己身材嚴重走樣。他從不運動，卻愛買昂貴的果汁機。現在，他打算砸錢求助於這裡的專家。

人都難免生老病死，但超級富豪的確比較有機會欺騙死神。如果你願意支付三萬美元，這家養生中心就會提供你為期一周的療程，他們用的方法稱為「羊胎素療程」，據說可以活化細胞。這不是劉特佐第一次住進頂級養生中心，短暫逃離平日的壓力。但是，這回在這裡，他仍然躲不掉生意上的伙伴。

住進中心幾天後，高盛的萊斯納跑來找他。萊斯納聽說一馬公司與ＰＳＩ正在找尋投資機會，希望能從中分一杯羹。直到當時為止，一馬公司主要是與當地銀行借貸，債券銷售也是以當地客戶為主。萊斯納的計畫，是協助一馬公司到國際金融市場上募資，並從中賺一筆。

大筆一揮，再度增資八億美元

萊斯納剛開始對劉特佐的印象不好，但是為了爭取到生意，他轉而積極討好這位馬來西亞年輕人。

不過，要跟劉特佐合作，他得先克服一個麻煩。先前高盛私人銀行部門因懷疑劉特佐的資金來路不明，拒絕了他開戶，因此高盛總公司很可能不願意與劉特佐往來。但萊斯納很清楚，劉特佐才是一馬公司真正的核心人物，他得先找到方法說服高盛總公司同意與劉特佐合作。

當時，劉特佐已經將大部分原本該用來投資的資金轉走，用來購買送給納吉家人的豪宅、投資紅岩電影公司等等。還有納吉的政治獻金，瑪浩尼、歐霸、圖爾基王子，也都瓜分到一些。雖然有部分資金的確拿去投資了——買了兩艘鑽油船，租給一家委內瑞拉的國營石油公司，但所賺來的錢不足以填補被劉特佐挖走的資金缺口。因此，他需要一種能賺更多錢的管道。

除了萊斯納，ＰＳＩ投資長瑪浩尼也同樣跑到養生中心找他。在劉特佐的房間裡，萊斯納和瑪浩尼、劉特佐討論投資美國煉油廠的可能性。如果決定投資，一馬公司需要更多現金才行。於是，萊斯納建議引進ＴＰＧ公司（一家來自美國加州的大型私募基金）。ＴＰＧ的亞洲部門主管提姆·戴提斯（Tim Dattels），曾經待過高盛，也是萊斯納的好友。

後來投資煉油廠計畫沒下文，也沒和ＴＰＧ合作。儘管沒有任何具體的投資計畫，劉特佐還是跑去遊說納吉給一馬公司增資，理由是讓圖爾基王子安心，同時維繫與沙烏地阿拉伯之間的良好關係。納吉顯然非常滿意自己與家人從一馬公司獲得的好處，於是同意投入更多資金。

在增資文件上，納吉表示「考量沙烏地阿拉伯與馬來西亞之間的雙邊關係」，增資是必要的。二〇一〇年七月二十四日舉行的一馬公司董事會上，有位董事問道：納吉首相是否支持這次增資案？一馬公司執行長沙魯·哈米回答：完全支持。於是最後決議加碼，再度撥款八億美元。

就像大部分的騙局，一馬公司得不斷有新資金注入才能運作。原因不只是劉特佐不斷掏空，還加上他必須花錢封口的對象愈來愈多，其中一位就是砂拉越首席部長泰益。由於泰益不滿劉特佐在依斯干達經濟特區的土地交易上占了他便宜，不斷要求劉特佐把錢吐回來。為了安撫泰益，劉特佐說服PSI從新到位的資金中，撥出一部分款項以高價買下泰益旗下的公司。

錢進來了，卻開始暗算對方……

如今資金進來了，劉特佐這幫人開始找尋能賺錢的投資機會，讓他們能把錢填補回一馬公司。但是，他們忽略了一件事：想賺回被掏空的二十億美元，不是一件簡單的任務。他們建議劉特佐去遊說納吉，將一馬公司的十億美元投資提列為損失，一筆勾銷，同時說服瑪浩尼，他們只需要賠償剩下的十億美元。

「劉特佐認為倘若我們把十億美元還清，解除合作關係，大夥兒就能全身而退。」瑪浩尼在一封於二〇一〇年八月七日寫給歐霸的電子郵件上寫道。

因此，前面提到的煉油廠投資計畫就算能賺到錢，也遠水救不了近火，無法在短期內填補被他們掏空的十億美元缺口。這時，瑪浩尼準備了另一個方案：讓劉特佐擔下全部責任。

在前述電子郵件中，瑪浩尼建議的計畫是這樣的：歐霸去告訴納吉首相，說原本PSI手上有許多很好的投資機會，但最後都敗給競爭對手，主要原因是劉特佐忙著到處狂歡、無心於工作。「我認為指他們這幫人誤事，對我們有幫助，因為接下來我們可以把虧損的責任推給他們。」他寫道。

納吉當然知道一馬公司的資金當中，有部分被挪用當他的政治獻金，而且劉特佐對納吉一家照顧得無微不至，但是他不知道財務黑洞如此之大，因此瑪浩尼建議歐霸別讓納吉知道這件事。

「我想首相應該還以為我們投資的獲利不錯。」他寫道。

當獲知歐霸直接跳過他跑去找納吉，劉特佐暴跳如雷。「我們都知道如何服務自己的老闆，如果有人自以為可以『大剌剌』找上我老闆，那就大家走著瞧。」劉特佐在二〇一〇年八月透過黑莓機傳了一則訊息給瑪浩尼。

劉特佐還說，他自己絕不會主動聯繫圖爾基王子，羅斯瑪也不會。

「我們絕對不會在背後搞你。」瑪浩尼在回覆訊息時如此承諾。不過，他也藉機訓了劉特佐一頓。「你那些派對會害死我們，絕對不要讓外界知道我們在幹嘛……，你想怎樣玩我們不管，但你不要再上新聞！我昨晚又看到你在派對上，ＤＪ還不斷喊著『馬來西亞』，這樣很不好……。」

ＰＳＩ與劉特佐之間，裂痕愈來愈大。

20｜這是一場他媽的騙局

坎城，二〇一一年五月

在法國坎城最知名的La Croisette街上，肯伊・威斯特（Kanye West）與傑米・福克斯正在表演他們的暢銷單曲〈Gold Digger〉。「Whad' up France！」穿著白色西裝的威斯特，對著台下的眾多名人、明星與電影業者高聲叫。

在這之前，揭開當晚節目序幕的是美國名饒舌歌手菲瑞・威廉斯，台下有李奧納多、泳裝名模凱特・阿普頓（Kate Upton）、男星布萊德利・庫柏隨著音樂起舞。《華爾街之狼》的「本尊」貝爾福也在台下，覺得這一切太不可思議。

無論出錢的人是誰，他的錢一定是偷來的

這一晚，是為期一個禮拜的坎城影展重頭戲。劉特佐與里札成立的紅岩電影公司花了數以百萬計的預算，辦了一場開幕派對。幾天前，他們宣布公司成立，並且簽下貝爾福回憶錄的電影版權，李奧納多將飾演男主角，導演則是大名鼎鼎的馬丁・史柯西斯。一家剛成立的電影公司居然能找到如此大咖助陣，引起大家側目。電影公司特別邀請貝爾福與他的女友安妮（Anne），前來坎城參加這場派對。

就像一馬公司，劉特佐在紅岩電影公司也沒有正式職稱，不參與日常營運，卻是背後真正做決策的人。他在二〇一一年四月，從註冊於塞席爾的 Good Star 公司，將一百一十七萬美元轉入紅岩電影公司在洛杉磯城市銀行（City National Bank）開設的帳戶，他在匯款原因寫著「投資預付金」。這筆錢投入《孕轉六人行》（*Friends with Kids*）的拍攝，這部耗資僅一千萬美元的喜劇，由克莉絲汀・薇格（Kristen Wiig）與強納森・漢姆（Jon Hamm）主演，是紅岩電影公司不久前從另一家製作公司取得的版權。

好萊塢開始對這家公司感到好奇。沒錯，好萊塢三不五時都有新秀冒出，但這位「里札」是誰？「麥克法蘭」又是誰？尤其這一晚的開幕派對，手筆之大令人難以置信。據說光是肯伊・威斯特那晚的演出酬勞，就給了一百萬美元。這位饒舌歌手那晚的歌詞也與平常的批判風格不同，

多了許多正面的好話，例如：「紅岩電影公司將永遠改變電影這一行。」

「對這家公司，大家心中充滿問號，」當晚參加派對的《好萊塢報導者》（*The Hollywood Reporter*）記者史考特・洛斯波洛（Scott Roxborough）說：「手上沒有強片，出手卻這麼大方，看起來就很可疑。」

自己就是詐騙高手的貝爾福，覺得這一切都很不尋常。他估計，光是那場派對至少要花三百萬美元，而電影根本都還沒開始拍！「這是一場他媽的騙局，無論真正出錢的人是誰，他的錢一定是偷來的。」看著台上歌手演出，台下的他對安妮說：「如果是自己賺來的錢，不會這樣花。」

數個月後，劉特佐邀請貝爾福與李奧納多共同出席一場在拉斯維加斯舉辦的活動，並表示會付給他五十萬美元出席費。其實，光是紅岩電影公司付給貝爾福的版權金，就已經高到嚇人，因此當時貝爾福已經開始懷疑劉特佐這幫人。為了避免捲入不必要的麻煩，專注於自己的寫作與演講生涯，貝爾福婉拒出席。

倒是李奧納多與另一位演員瑪格羅比（Margot Robbie），雙雙接受邀請出席了那場活動。「李奧納多被捲進去了，」貝爾福後來對瑞士記者巴特（Katharina Bart）說：「李奧納多是個單純的好人，但我見過那幫人，我告訴安妮，那幫人一定是他媽的騙子。」

「我心想，我才不要跟這幫混蛋有瓜葛，我早就知道他們有問題，太明顯了。」貝爾福說。

除了搞電影，他還想染指唱片公司

坎城影展期間，劉特佐與紅岩電影公司董事長、納吉的繼子里札，各有一艘豪華遊艇停靠在蔚藍海岸邊。相較之下，劉特佐那艘比較豪華，而且有間錄音室。他請那晚在開幕派對上演出的菲瑞・威廉斯，到他的遊艇上錄製幾首歌。原來，除了成立電影製作公司之外，他也想成立一家唱片公司。

幾個月前，他邀請 Interscope 的共同創辦人、傳奇音樂製作人吉米・艾歐文（Jimmy Iovine），在葛萊美獎頒獎典禮後，於隱士飯店頂樓舉行一場慶功派對。這原本不在 Interscope 的計畫之中，是劉特佐主動提議可以負責協助安排，才有這場派對。

派對上眾星雲集，Lady Gaga、史努比狗狗（Snoop Dogg）、Dr. Dre 之外，還有碧昂絲、Jay-Z、巴斯達韻、小野貓成員妮可・舒可辛格（Nicole Scherzinger）、阿姆（Eminem）等等，外加劉特佐的常客傑米・福克斯、芭莉絲・希爾頓。隱士飯店在頂樓搭蓋了阿拉伯風格帳棚，帳棚下，戴著帽子的李奧納多一邊抽著雪茄，一邊與名模女友芭兒・拉菲麗（Bar Refaeli）聊天。此外，劉特佐也把台灣歌手蕭亞軒邀來。《紐約郵報》估計，這場活動至少花掉劉特佐五十萬美元。對劉特佐而言，這筆錢是他在好萊塢打響名號的必要投資。

那晚的派對之後，劉特佐隨即展開行動。他先成立了一家「紅春」音樂製作公司（Red

Spring），打算找最好的音樂人替蕭亞軒製作專輯。在亞洲的華人世界，蕭亞軒已經很紅，但劉特佐打算讓她紅到美國。他出價三百萬美元，請菲瑞．威廉斯為蕭亞軒寫三首曲子，並且和蕭亞軒合拍ＭＶ。另外，他花四百萬美元請艾莉西亞．凱斯和她老公史威茲．畢茲監製這張專輯，協助蕭亞軒打開美國市場。然而，儘管劉特佐共準備了一千兩百萬美元預算，蕭亞軒最後並沒有完成這張專輯。

本名卡辛．狄恩（Kasseem Dean）的史威茲．畢茲，後來成了劉特佐身邊好友之一，直到後來劉特佐出事，他仍然相挺。史威茲．畢茲在紐約布朗克斯區（Bronx）區出生，父親是厄利垂亞人，母親是波多黎哥人。出道以來，曾先後與ＤＭＸ、Jay-Z、Drake 和碧昂絲等藝人合作。他企圖心旺盛，希望自己不只是音樂製作人，而是成功的企業家。在遇到劉特佐之前，雖然 Reebok 曾找他去當創意總監，希望透過他打進嘻哈音樂的世界，但基本上他主要的「生意」仍是以替不同品牌代言為主。

他相信與劉特佐合作能實現他的夢想。他常說：「天空無法限制你，天空只是你看到的風景。」劉特佐所提供的資金，能讓他的事業更上層樓。喔！還有，史威茲．畢茲積欠國稅局一大筆錢，國稅局假扣押了他的銀行帳戶。

總之，他成了劉特佐進軍音樂世界的橋樑。他和另一位饒舌歌手李歐．強（Lil Jon），還與劉特佐在拉斯維加斯的一家錄音室裡，共同錄製了一首名為〈V〉的派對歌，劉特佐負責在兩人唱歌時在配樂中反覆唱著「very hot」、「very hot」……。這首歌至今沒有正式公開發行。

史威茲．畢茲與艾莉西亞．凱斯這對夫妻，走進了劉特佐最核心的圈子，每年年底會與麥克法蘭、里札、一馬公司的盧愛璇等親近好友去滑雪度假。由於史威茲．畢茲也是現代藝術收藏家，收藏包括尚．米榭．巴斯奇亞（Jean-Michel Basquiat）等畫家的作品，因此他成了劉特佐的藝術導師，帶著劉特佐逛藝廊與拍賣會。劉特佐開始戴起印著「Basquiat」的帽子，並且打算開始收藏畫作。

搶購飯店失敗，結識阿末．巴達維

如果要開拍《華爾街之狼》，劉特佐知道得準備更大一筆錢才行。光是付給李奧納多與史柯西斯的片酬就分別有好幾百萬美元，若再加上其他費用，總預算恐會高達一億美元。當時——二〇一一年夏天——他與同夥已經從一馬公司撈走了二十億美元，只是大多拿去分贓、買豪宅、租飯店、賭博與開派對。他需要盡快賺進更多錢，一方面防止一馬公司的掏空事件東窗事發，另一方面讓他有足夠的糧草進軍好萊塢。

他和PSI的關係鬧僵了，得另外找合作伙伴。習慣了到處跑的劉特佐，對於需要花長時間談判、比較複雜的併購生意興趣缺缺，例如瑪浩尼曾經建議他買下美國的煉油廠，他就一點興趣也沒有。何況，他不具備金融專長，也沒能力評估油氣產業的投資價值。他要的，是那種可以快速將資產轉手的機會，找到願意跟他合作、幫助他一次海撈一大筆錢的伙伴。

就在這時，他看到一則新聞：有一個飯店集團要賣，買家競爭激烈。其中一個買家是英國房地產大亨勞勃．成吉斯（Robert Tchenguiz）。當時五十五歲、頭髮灰白，常常穿著白色襯衫（敞開兩三顆鈕釦）的成吉斯，聲音低沉，成長自一個猶太裔伊拉克家庭，後來搬到伊朗。伊朗爆發宗教革命之後，他離開伊朗，目前定居於倫敦。

這位房地產大亨為了爭取買下科隆集團（Coroin Limited，這個集團旗下的飯店之一，是倫敦知名的Claridge's），與英國另一個有錢家族巴克萊兄弟（Barclays brothers）戰得不可開交。為了增加勝算，他找了一家「阿爾巴投資」（Aabar Investments）的中東基金聯手。

一家是位於高檔區的頂級飯店，一家是來自中東的基金——這起事件引起劉特佐關注。掌控阿爾巴投資的，是阿布達比資產高達七百億美元的國際石油投資公司（International Petroleum Investment Company，簡稱IPIC）。劉特佐曾經與穆巴達拉基金合作，但從未聯繫過IPIC與阿爾巴。IPIC董事主席是一位非常富有的阿拉伯商人卡登（Khadem Al Qubaisi），在金融圈中大家都知道此人很愛收取回扣。美國爆發金融危機後的那段期間，IPIC大手筆吃下許多西方企業的股份，包括巴克萊銀行、戴姆勒-賓士（Daimler-Benz）、維珍銀河公司（Virgin Galactic）等等，也讓卡登成了阿聯的風雲人物。

劉特佐想要加入戰局，於是透過兩人共同的一位朋友找上了成吉斯。剛開始，成吉斯沒把劉特佐當一回事——「贏噸公司」算哪根蔥？但後來劉特佐出示一封一馬公司發出的公函，表示將提供高達十億英鎊，參與這項併購計畫。為了展現決心，劉特佐還簽了一張五千萬英鎊的支票。

「我們當時完全不知道這家公司背後的齷齪事。」成吉斯後來告訴朋友，一切看起來的確是有政府資金在背後，就像阿爾巴那樣。「所以我們才會和他們合作。」他說。

後來科隆集團沒有接受他們開出的條件，併購計畫失敗，但對劉特佐而言，倒也不是全無斬獲，因為他藉由這次合作，認識了阿爾巴的執行長、一位肯亞裔美國人阿末·巴達維（Mohamed Badawy Al Husseiny）。

協助阿爾巴，入股RHB銀行

阿末·巴達維過去曾是一名會計師，朋友們都叫他「阿末」（Mo），平常都穿著高檔筆挺的西裝，手腕上戴著昂貴的名錶。他個子不高，但喜歡健身的他非常結實。他是卡登在阿爾巴的重要人馬，對上司言聽計從。從那次之後，劉特佐開始邀請阿末參加自己的派對，而阿末也常對朋友炫耀自己見了哪些名人。

很多人後來之所以願意和劉特佐合作，往往是因為他居然與李奧納多、芭莉絲·希爾頓等名人如此熟悉，進而對他另眼相看。沒多久，劉特佐與阿末展開了合作，二〇一一年六月，劉特佐從中牽線，協助阿爾巴以二十七億美元入股馬來西亞的興業銀行（ＲＨＢ）。但後來興業銀行股價重挫，阿爾巴也被套牢。

不過，阿爾巴與一馬公司的合作絲毫不受影響。雙方聯手成立一家合資公司，專門投資原物料市場，第一筆交易就是入股一家蒙古的煤礦。不過，這筆交易後來因為中國大陸經濟成長放緩，國際煤價大跌，賠了不少錢。對劉特佐與阿末而言，這一點也不重要，因為安排這些交易，兩人私底下已經賺得飽飽的。

直到賠錢的事讓ＩＰＩＣ董事長卡登發現，卡登暴跳如雷。再一次，劉特佐需要另外想辦法，來安撫這位生氣的伙伴。於是，他邀請這位阿布達比的新朋友，加入他的新計畫：以製作《華爾街之狼》、支付李奧納多與史柯西斯為名，設法從一馬公司榨出更多資金。

有了新伙伴的劉特佐，與原來的伙伴ＰＳＩ漸行漸遠。但這就像踩鋼索般危險，一個不小心，就會……

21 — 該死的遺散費

倫敦，二〇一一年四月

倫敦五月花區（Mayfair）的五星級飯店Connaught酒吧，ＰＳＩ員工沙維亞．朱士托（Xavier Justo）正在與瑪浩尼談他的遣散費。

約四十幾歲、身上滿是刺青的朱士托，六呎六吋高且非常結實，他反覆強調，他要拿六百五十萬瑞士法郎。

朱士托是ＰＳＩ倫敦辦公室主任，負責與一馬公司共同買下的鑽油船相關的交易。他與歐霸是老朋友，歐霸曾經承諾要給他幾百萬美元，結果不但沒有給他這筆錢，他還得代墊倫敦辦公室的部分開銷。那一晚在Connaught，他想要拿回自己該拿的錢。

幫我去倫敦成立辦公室，給你年薪四十萬英鎊

為了怕事情鬧大，瑪浩尼希望能盡快擺平這件事，但一直搞不定。兩人討價還價了好久，後來瑪浩尼與歐霸通了電話，最後同意支付朱士托五百萬瑞士法郎。

可是，後來歐霸反悔了，想要降低金額。在他看來，他一直對朱士托很好，是朱士托背叛了他。

歐霸原本在私人銀行工作，後來與圖爾基王子合夥，並在一九九〇年代認識了比自己大了十歲的朱士托。朱士托是西班牙裔的瑞士公民，曾投資日內瓦一家叫 Platinum Club 的夜店，但這家夜店不怎麼賺錢。當歐霸接掌ＰＳＩ之後，找朱士托來擔任旗下多家公司的董事。剛開始，朱士托其實沒什麼事情可做（ＰＳＩ本來就沒什麼實質業務），直到二〇一〇年，歐霸告訴朱士托，公司現在有一大筆錢，要朱士托到倫敦成立新辦公室。歐霸說要給朱士托四十萬英鎊的年薪，以及賺幾百萬獎金的機會。

就這樣，朱士托搬到倫敦。他全新的辦公室就在 Curzon 街上，與 Connaught 只隔五分鐘步行距離。他所負責的專案，是一馬公司與ＰＳＩ合資計畫中，唯一完成的交易：買下兩艘鑽油船，然後租給委內瑞拉的國營石油公司。但沒多久，隨著歐霸態度愈來愈傲慢，而且原本說好的幾百萬元獎金遲遲沒有下文，兩人關係也降到冰點。

當時，撈了一大筆錢的歐霸有了很大轉變。到沙烏地阿拉伯或中東其他地方，搭的是私人飛機。到法國旅行，也像劉特佐那樣租用豪華遊艇。對身邊的人而言，歐霸變得疑神疑鬼。他本來就常懷疑自己得了什麼怪病，如今突然變有錢之後，他寫信給美國知名的梅約診所（Mayo Clinic）要求做全身檢查。其實，他才三十幾歲，只是常流連於派對之間，變得愈來愈胖。

瑪浩尼也變得出手闊綽。他老婆懷了他們第一個孩子沒多久，他在二〇〇九年十一月花了六百二十萬英鎊，在倫敦買下一棟位於Ladbroke Square區、面對一座私人公園的豪宅。他要摩根大通銀行的理專，替他申請一張名人與億萬富豪常用的美國運通黑卡。才三十二歲的他，開始抱怨自己的姊姊，說她嫉妒他的成功。

出爾反爾，終至惹禍上身

冷眼旁觀這一切，朱士托知道PSI一定另有他所不知道的內情，而且他沒拿到該拿的好處。他覺得被歐霸坑了，不但獎金沒給足，連代墊的開銷都不還給他。更讓他生氣的是，他還得替歐霸與劉特佐跑腿，例如替兩人申請一家杜拜銀行的頂級信用卡。他覺得受夠了，於是在二〇一一年初提出辭呈。不過，他不打算這樣拍拍屁股就走。

「以我們的交情，加上幾年來我所投入的貢獻，我想我們最好是可以好聚好散。」他在一封給歐霸的電子郵件寫道：「我在等你確認我們的合作到今天為止，我即將離開公司，以及你要給我多少遣散費。」

「你這自以為了不起的傢伙，平常大嘴巴就算了，但這次你太過分了。再提起這件事，就沒朋友做了！」歐霸回信寫道。

那晚在 Connaught，原本雙方算是達成協議。沒想到歐霸事後反悔，堅持要降為四百萬瑞士法郎。這，也是一個後來讓歐霸付出慘烈代價的決定。

朱士托雖然拿了四百萬瑞士法郎的遣散費，但心裡始終覺得自己被坑了兩百五十萬。接下來幾個禮拜，歐霸還不斷對朋友抱怨，說朱士托恩將仇報。話傳到朱士托耳中，他怒不可遏，於是心生一計。

他知道，PSI與一馬公司之間一定有鬼，於是他決定展開蒐證。並取得PSI電腦主機裡的檔案副本。在他所取得總共高達一四〇 gigabytes 的資料中，包含了四四八〇〇封電子郵件、文書與其他官方文件，記載了整個騙局的諸多細節。

這份檔案在他手上放了兩年，後來當他出手採取行動，讓歐霸與瑪浩尼付出了遠遠高於四百萬瑞士法郎的代價。

不過，這一切發生在遙遠的歐洲，劉特佐完全不知道。他照樣在紐約揮霍、買豪宅，而且對於自己的財富，他想出了一個新的說法：家族遺產。

22 富豪世家的閣樓

紐約，二〇一一年三月

紐約中央公園西南角，時代華納中心（Time Warner Center）的76B閣樓裡，劉特佐俯瞰著優美的景色，身邊圍繞著保鑣、名模與好友。

透過落地玻璃往東看，是一片綠油油的樹木與草坪；往西看，則可以看到赫遜河——人在這間閣樓上，整個曼哈頓一覽無遺。這間閣樓共四千八百二十五平方呎，有三間臥房、一間書房，以及一間有魚缸從天花板垂吊下來的主人房。碧昂絲與Jay-Z曾經住在這裡，每月租金高達四萬美元。

把錢匯給爸爸，再從爸爸帳戶轉錢進來

當劉特佐於二〇一一年春天來看這間閣樓時，他告訴房仲，是在替一群投資者找房子。當遇到一位管委會委員時，他則說自己是代表馬來西亞首相納吉。他的確在隔年就把自己名下的「桂冠公園」公寓，以及洛杉磯與倫敦的豪宅，全過戶給納吉的繼子里札；但實際上，時代華納中心這間閣樓，是他自己要住的地方。對他而言，這是最能彰顯他身分的房子。

那年六月，他以三千零五十萬美元「現金」買下76B閣樓，創下這棟大樓最高成交價紀錄，並且成了全美國最昂貴的公寓之一。媒體已經在追問他的錢從哪裡來，他必須更加謹慎，多年來，他曾經用過各種理由——某個中東富商出的錢、他只是代表馬來西亞的投資者、他代表馬來西亞首相等等。但如今，他的角色愈來愈難隱藏，因此他又用回當年在哈羅公學與華頓商學院念書時所用的理由：那是繼承自爺爺的家族財產。

為了讓這個說法聽起來更可信，他必須將大筆巨款轉給家庭成員，尤其是他爸爸劉福平。不過，要把大筆現金匯給爸爸，他得找一家願意睜一隻眼閉一隻眼的銀行。

劉特佐雖然常常順利搞定銀行法遵部門，但其實這是很棘手的過程。例如，要避免德意志銀行與顧資銀行起疑心，他常常得捏造假投資合約，甚至親自跑一趟蘇黎世當面向銀行說明。他能屢屢得逞，部分原因得歸咎於銀行的虛應故事。畢竟，銀行是靠資金移轉賺錢，不是靠擋人財

路，很多法遵往往在上級的壓力下睜一隻眼閉一隻眼。

美國防制洗錢最早的法源基礎，是《1970年銀行保密法案》（Bank Secrecy Act of 1970）。依據這項法案規定，所有銀行都必須保留資金移轉的記錄，並且主動提報可疑的行為。還有一項一九八六年通過的法律，禁止銀行涉入、隱瞞洗錢活動。二〇〇一年九一一恐怖攻擊後，美國為了嚴查恐怖分子資金來源而通過的《愛國者法案》（The PATRIOT Act of 2001），強制銀行必須成立法遵部門，並且加強「盡職查核」（due diligence），銀行如果對可疑資金輕易放行，也會招來更巨額的罰款。不過，在二〇〇五年以後，銀行在房市泡沫中賺得飽飽的，早就把法遵的責任拋到腦後，政府管得很鬆，也很少銀行真的被罰款，許多銀行的法遵部門淪為法務部門底下的冷門單位。

但是，在二〇〇七年爆發的次貸風暴，改變了這個現象。過去由於政府監督鬆散，造成雷曼兄弟與貝爾斯登倒閉，這下政府趕緊開始嚴格把關，因此包括洗錢行為如今抓得更嚴，財政部與司法部都對於洗錢犯祭出更嚴厲懲罰。二〇一〇年初，美聯銀行（Wachovia Bank）因為沒有主動申報八十億美元的可疑匯款，遭罰一億六千萬美元。與此同時，司法部也在調查馬多夫設下騙局時的開戶銀行摩根大通，最後摩根大通依《1970年銀行保密法案》被重罰了二十億美元。這幾起事件讓美國、歐洲與日本的跨國銀行繃緊了神經，紛紛更重視法遵。

銀行願意睜一隻眼閉一隻眼到什麼程度？

因此劉特佐現在要找的，是規模比較小的銀行。對於像劉特佐這樣的大客戶，小銀行通常比較重視，也更願意特別通融，不會像華爾街那些跨國銀行那麼嚴格。結果，他在瑞士找到一家經營不善的銀行——瑞意銀行。諷刺的是，當年該銀行拒絕接受PSI的業務，正是因為他們覺得劉特佐很可疑（詳見第8章）。

從二〇一〇年起，劉特佐透過瑞意銀行在新加坡的一家小分行，開設了許多個人與公司帳戶。其中一個帳戶在二〇一一年六月二十八日，收到一筆來自Good Star在瑞士顧資銀行匯出的五百五十萬美元。然後在同一天，劉特佐又從這個帳戶匯出五千四百七十五萬美元，到另一個劉福平不久前才在新加坡瑞意銀行分行開設的帳戶。幾個小時後，劉福平的帳戶又轉出三千萬美元，到劉特佐另一家公司開設在瑞士蘇黎世洛希爾銀行（Rothschild Bank）的帳戶。

這種手法稱為「多層化」（layering），透過複雜的資金匯入與匯出，掩蓋最原始的資金源頭，是一種常見的洗錢手段。以這個例子來說，洛希爾銀行只能看到這筆錢是劉福平匯給劉特佐，因此透過這個簡單的流程，劉特佐讓不知情的外人以為，這筆錢真的是他老爸給的。

但瑞意銀行其實可以展開調查，也應該將劉特佐父子之間奇特的資金移轉主動通報政府相關單位。雖然顧資銀行與洛希爾銀行沒有擋下劉特佐，但他們通常都會詢問關於匯款的原因。劉特佐此時要測試的，是瑞意銀行願意為了他這位大客戶，睜一隻眼閉一隻眼到什麼程度。事後我們得知，一馬公司的騙局能搞成這麼大規模，瑞意銀行扮演著非常關鍵的角色。

接下來，劉特佐從洛希爾銀行的帳戶，匯出兩千七百萬美元到他在謝爾曼．思特靈事務所的IOLTA帳戶。前面提到（詳見第10章），劉特佐從二〇〇九年起就是用這個帳戶裡的錢，來支付他在美國賭博、派對、租用豪華遊艇與購買房地產的開銷。只不過當時劉特佐都是直接從Good Star把錢匯入IOLTA帳戶，現在更謹慎的他繞了一圈才把錢匯進來。

劉特佐買下時代華納中心閣樓的錢，以及付給道格拉斯．艾利曼（Douglas Elliman）仲介公司的一百二十萬美元仲介費，正是來自這些帳戶。不過，買賣文件上簽字的購買者不是劉特佐，而是一馬公司的員工、劉特佐的同學薛力仁，而劉特佐提交給大樓管理委員會的文件上，則將住戶名稱登記為「劉福平」。他試圖營造這房子裡住著「億萬富豪世家」的印象，但其實真正住在房子裡的是劉特佐本人。

23 所謂的東方瑞士

新加坡，二〇〇九年十二月

劉特佐與瑞意銀行（BSI）之間的故事，要從一場集體跳槽風波談起。

前面提到，顧資銀行（Coutts）是一家總部設於蘇黎世、有三百年歷史的私人銀行，包括英女皇在內，許多極富家族都是它的客戶。時間回到二〇〇九年，一位名叫漢斯彼得・布魯納（Hanspeter Brunner）的員工對銀行很不滿。這位年約五十幾歲、頭髮灰白的布魯納，由於長期愛喝紅酒，臉色紅潤，打從十五歲起，當別人都在上學，他已經開始在瑞士的銀行實習。他曾在瑞士信貸服務了四分之一世紀，對私人銀行業務瞭若指掌。

瑞士私人銀行的主要服務對象，是那些可投資資產超過一百萬美元的有錢人。一九九〇年代，歐美許多私人銀行紛紛到成長快速的亞洲設點，布魯納也被派去負責開發新加坡市場。鄰近赤道邊、擁有五百萬人口的新加坡，希望將自己打造成「東方瑞士」，因此以瑞士為範本，制定了許多銀行保密相關規定。

布魯納與易有志跳槽，劉特佐跟著跑

九〇年代前半段，亞洲經濟起飛，創造了許多新富豪，但在一九九七年亞洲金融風暴之後，許多亞洲富豪身家大幅減少，私人銀行生意大減，布魯納原本被調回瑞士負責顧資銀行的國際業務。不過，他已經習慣了亞洲有傭人、有司機的生活方式，於是沒多久，他又在二〇〇六年來到新加坡，住在植物園附近、離烏節路不遠的一棟豪宅。他的年薪高達一百萬瑞士法郎，外加豐厚的獎金，以及司機、往返瑞士商務艙機票與僅僅一五％的所得稅率。

問題是，沒多久之後，爆發全球性的金融危機，顧資銀行的母公司蘇格蘭皇家銀行（Royal Bank of Scotland，簡稱 RBS）接受政府紓困，被迫大砍顧資銀行員工的獎金，原本發放的現金也改為發放債券。這讓布魯納非常火大，加上公司要把他調回瑞士，而他已經享受慣了在亞洲的一切，早有準備的他，遞出了辭呈。

過去一年，他早就與瑞意銀行高層互通款曲。創辦於十九世紀的瑞士義大利語區，瑞意銀行百年來與其他瑞士銀行一樣，協助歐洲與美國的有錢人避稅、把錢藏到私人帳戶中。美國、德國、法國與義大利的富豪，會遠道而來瑞士與這裡的銀行家見面，有時候甚至會帶著一整個行李箱的現金，搭上火車前往日內瓦、蘇黎世，或瑞意銀行的總部所在地盧加諾（Lugano）。瑞士的銀行保密法規，禁止銀行對外洩漏客戶資料，讓這些私人銀行的生意長久不墜。

不過，二〇〇五年前後，歐洲與美國政府已經忍無可忍，不斷向瑞士施壓，要求瑞士交出涉嫌逃漏稅的富豪資料。歐盟與瑞士簽訂了一份協定，規定瑞士的銀行必須提供歐盟居民的開戶資料，如果客戶要求匿名，瑞士銀行必須向對方收取扣繳稅額。瑞士被歐盟成員國圍繞、必須仰賴與鄰國貿易才能生存，因此除了妥協別無選擇。於是，歐洲的富豪客戶們只好另外找可以藏錢的地方。類似瑞意銀行這樣的小銀行，因此有了新的商業模式。

瑞意銀行在二〇〇五年於新加坡成立辦公室，但規模遠遠不及其他瑞士同業如瑞士銀行（UBS）與瑞士信貸。這一點布魯納非常清楚，於是他主動提出一套能讓瑞意銀行立即翻身計畫。二〇〇九年，他與瑞意銀行執行長艾福多・吉西（Alfredo Gysi）達成協議，他將帶著顧資銀行上百位員工集體跳槽，瑞意銀行除了讓布魯納負責亞洲區，而且同意提供所有人比原先的薪水高出二〇%至四〇%的待遇，還保證未來三年的獎金。就這樣，瑞意銀行頓時增加了二十億美元的新客戶資金，在亞洲管理的資產也突然暴增三倍。

過程中，有些顧資銀行跳槽過來的員工擔心，客戶不願意跟著把資金轉到瑞意銀行。其中一位是年約五十幾歲的新加坡人易有志（Yak Yew Chee，依新加坡《聯合早報》之音譯），他有一位重要的大客戶，正是劉特佐。

易有志原本是劉福平在顧資銀行的專員，當劉特佐從華頓商學院畢業後，劉福平請易有志幫兒子在新加坡顧資銀行開一個帳戶。頭髮稀疏、兩鬢灰白的易有志，喜歡戴著墨鏡，工作上很強勢，不太聽別人的意見。他認為女人沒法成為優秀的銀行家，因為她們往往需要請產假。儘管如此，公司仍然沒人敢動他，因為他能達成私人銀行唯一最重要的任務：帶來新客戶。而他成功帶來新客戶的關鍵，正是他與劉特佐之間所建立的深厚關係。

他需要一個能力夠強，而且不會問太多的銀行家

二〇〇九年中，劉特佐要易有志協助一馬公司進行投資。其實，這聽起來荒謬透頂：一個國家等級的基金，怎麼會託付給一個像劉特佐這麼年輕的人？又為什麼要找上一家以「服務有錢人」為主的私人銀行？但易有志一口答應下來。他替 Good Star 在顧資銀行開了個帳戶，這個帳戶最後共從一馬公司轉入十億美元。易有志很清楚，Good Star 根本是劉特佐自己的公司，但劉特佐向顧資銀行的法遵部門謊稱，Good Star 與一馬公司有合作投資關係，而且涉及「政府與政府之間」的祕密交易。

劉特佐找到了一個他正需要的銀行家：能力夠強，而且不會過問太多。所以當易有志要跳槽到瑞意銀行時，劉特佐也跟著將帳戶轉移到瑞意。這也讓布魯納一度信誓旦旦地告訴彭博新聞社

的記者，說他打算在五年內讓瑞意銀行在亞洲所管理的資產規模翻三倍。

有了易有志相挺，加上布魯納非常需要他所帶來的龐大資金，劉特佐認為瑞意銀行不會找他麻煩。這正是劉特佐一直用的伎倆：利用治理鬆散的組織，來行遂自己的目的。例如，幾年後他曾寫信問一位紐約的藝品商人，請他推薦「效率快，願意通融」的銀行。總之，瑞意銀行正中他下懷——這家銀行為了業績，願意睜一隻眼閉一隻眼。

劉特佐從二〇一〇年底開始，先後指示當時已經升遷為新加坡瑞意銀行的董事經理的易有志，為他個人與多家空殼公司開設帳戶，雖然依規定銀行必須進行各種標準查核——從護照基本資料到資金來源等——劉特佐都順利過關。二〇一一年六月那筆五千五百萬美元的匯款（見第22章），是劉特佐給瑞意銀行的法遵部門的測試，看看對方是否接受「錢是爸爸給的」說法。結果成功過關，也讓劉特佐接下來更放心將大筆現金匯入新加坡瑞意銀行的帳戶。

後來連一馬公司也跑來瑞意銀行開戶，剛開始法遵部門質疑為什麼一家馬來西亞主權基金需要到一家瑞士私人銀行開戶？為了確保瑞意銀行高層不起疑心，他特地請易有志安排一馬公司高層——包含執行長沙魯．哈米在內——到瑞意銀行在盧加諾的總部說明。

從這裡可以再次看見，一馬公司是在劉特佐的掌控之下。幾位馬來西亞的高層主管告訴布魯納、吉西與其他瑞意銀行高層人士，未來將會持續匯入數十億美元的資金。看在瑞意銀行高層眼中，雖然劉特佐在一馬公司沒有正式職務，但他能安排如此重量級人士到瑞士去，也讓他們對劉特佐另眼相看，並且從此不再過問太多。

至於易有志，也成了瑞意的明星銀行家。「我個人要感謝你的巨大貢獻，不僅是對我們的亞洲部門，而是對整個瑞意銀行。」吉西給易有志的電子郵件寫道。

託劉特佐之福，易有志一躍而成超級巨富，一年的薪水加獎金高達五百萬美元，比前一份工作整整多了五倍。布魯納也是，他搬到一棟兩千五百平方呎、要價七百萬美元、從英國殖民時代就留下的豪宅裡，他將這棟兩層樓的房子大幅改建為中式風格，有兵馬俑、神像等裝飾，以及長纖維的高級波斯地毯。

主掌新加坡瑞意銀行財富管理部門的凱文・史旺比賴（Kevin Swampillai）說，布魯納與易有志等人是一群失職的團隊，只關心自己的薪水，放任低階員工為所欲為。其中之一，就是楊家偉（Yeo Jiawei，依新加坡《聯合早報》之音譯）。

24 一場匪夷所思的五鬼搬運

新加坡，二〇一一年十二月

濃眉大眼的楊家偉，是二十八歲的新加坡華人。別看他帶著點稚氣，其實他已經是全球金融市場灰色地帶的專家。

在新加坡瑞意銀行，他的職務是「財富管理專員」（wealth manager），實際上他的角色是協助有錢人避稅。就像新加坡許多私人銀行，這是重要的獲利來源，主要的客戶是印度與東南亞有錢人。楊家偉常用的方法之一，就是透過一層一層的投資替客戶洗錢。

楊家偉這項專長，正合瑞意銀行一位大客戶的意。這位客戶，就是一心隱藏資金來源的劉特佐。他告訴楊家偉，這是一項事關「政府機密」的新任務，讓楊家偉非常心動，從此對劉特佐的要求言聽計從。二〇一一年十二月，楊家偉在新加坡與巴西一家小型金融公司傲明集團（Amicorp Group）的客戶關係經理荷西・平托（José Renato Carvalho Pinto）見面，表示瑞意銀行正在與馬來西亞和中東的投資基金合作，想要請傲明集團設計可投資的基金商品，傲明集團非常感興趣。

傲明集團的共同創辦人之一，是一位荷蘭金融家湯尼．尼品（Toine Knipping）。定居於新加坡之前，他有非常豐富的資歷，包括曾服務於一家委內瑞拉銀行、投資南非一家蘆薈飲料公司等，還寫過一本談投資倫理的著作。他的專長之一，是協助客戶在位於加勒比海南方的岸外金融中心庫拉索（Curacao）設立公司，也讓庫拉索被美國列為「主要洗錢國家」之一。

尼品的主要專長，是協助諸如避險基金等金融業者的日常營運，例如計算投資淨值、執行交易等等。不過，就像許多小型金融公司，其實什麼業務都接，因此傲明集團也同時負責管理一些庫拉索的小型投資基金——這些基金通常是亞洲有錢人藏錢、搬錢的管道。

在與傲明集團的會議上，楊家偉說明了瑞意需要傲明集團如何協助一馬公司，會議結束後，由平托著手進行。第一筆交易為一億美元，從一馬公司在瑞意的戶頭，匯入傲明集團所管理、註冊於庫拉索的共同基金（mutual fund）。不過，這檔名叫EEMF（全名Enterprise Emerging Market Fund）的基金，並不是一般人能買到的基金。一馬公司的錢在轉入這檔基金之後，再轉手「投資」另一家公司。

也就是說，這是用一種透過「假買基金」，來達成「真洗錢」的方法。以這一億美元來說，EEMF入帳之後，馬上又轉匯到一家由胖子Eric（劉特佐的同夥）掌控的空殼公司。至於為什麼一家主權基金要如此神神祕祕，楊家偉沒解釋，平托也不在乎。接下來兩年，傲明集團用同樣手法為劉特佐與他的家人轉了高達十五億美元。

雖然疑點重重，這些都算是合法隱藏資金來源的手段。過去，劉特佐只懂得直接把錢從Good Star轉入他在美國律師事務所的帳戶，後來改為匯入瑞意銀行，但媒體已經在追蹤他奢華派對的錢打哪來，各銀行的法遵部門也讓他很緊張，如今透過庫拉索的基金，也許能有效掩蓋他的資金來源。

神奇的事情發生了：一馬公司的財報上憑空多出二十三億美元！

楊家偉的表現，漸漸獲得劉特佐的信任。他走進了劉特佐的圈子之後，也對自己的能力更有信心。

只是一馬公司現在還得解釋，號稱借給PSI的前後共十八億美元，究竟是怎麼回事。由於這筆錢已經被劉特佐與同夥瓜分走了大半，現在他請楊家偉替他想辦法，讓這筆錢從帳目上一筆勾銷。

在這之前，一馬公司曾經想請高盛的萊斯納，去找一家願意配合的銀行，為兩艘鑽油船（也就是PSI唯一用一馬公司的錢所完成的交易）給予十億美元的估價，他們的如意算盤是，一旦估價完成，就可以讓一馬公司以這個價格買進，然後再設法從帳上塗銷。雖然萊斯納不見得知道劉特佐的真正意圖，但仍替他找了美國一家投資銀行 Lazard 來估價，不過，無論 Lazard 怎麼算，都無法給予如此龐大金額的估價，因此這個方法後來無疾而終。

就在這時，楊家偉想出了一套複雜的方法。

首先，一馬公司以十八億美元（也就是被劉特佐等人撈走的金額），「買下」擁有這兩艘鑽油船的沙烏地石油公司子公司（其實這兩艘船加上整個公司都不值十八億美元）。接著，楊家偉再安排將該子公司的持股，轉售給一個香港人 Lobo Lee 名下的「橋樑國際」公司（Bridge Partners International）。

Lobo Lee 是一位長距離三鐵健將，雖然已年近中年，仍然經常到處騎車運動。他的專長，是到香港、曼谷、加勒比海或新加坡等地，替客戶打造各種洗錢管道，並從中收取費用。至於客戶為什麼這麼做、前因後果如何，他不會過問。他名下的「橋樑國際」雖然號稱「買下」了前述持股，實際上也沒拿出半毛錢，而是先跑到開曼群島登記成立一家「橋樑全球」（Bridge Global）基金公司，然後再以這家公司發行的「基金單位」（units），作為償還給一馬公司的代價。其實，「橋樑全球」根本沒有在開曼群島申請基金發行許可，而且從頭到尾只有一位客戶，就是一馬公司。

這麼一來，神奇的事情發生了：一馬公司的財報上，不但在資產欄增加了一筆「橋樑全球基金」的「投資」，而且帳上竟然變成二十三億美元——其中五億美元是借錢給ＰＳＩ所「賺」來的。一馬公司緊接著成立了一家Brazen Sky子公司，並且在瑞意銀行開設一個戶頭，存放這筆投資的「基金單位」。

這一切都是虛假的：沒有現金，只有「基金單位」，以及號稱出售兩艘不值錢鑽油船的「利潤」。

即便如此，在帳面上一馬公司可以聲稱「賺錢」了，而劉特佐也設法讓這份報表能過會計師那一關。安侯建業會計事務所（KPMG）追問這筆帳目的細節，不過楊家偉讓KPMG接受了他的解釋。只是，這筆基金還在帳目上，再隔一年，會計師就沒那麼容易上當了。

楊家偉顯然知道瑞意銀行的治理鬆散，於是與他的主管史旺比賴合謀中飽私囊。一馬公司同意每年支付四百萬美元給「橋樑全球」基金公司，以及一千兩百萬美元給新加坡瑞意銀行。由於整個過程都是由楊家偉主導，Lobo Lee 並不清楚細節，因此楊家偉最後只付給 Lobo Lee 五十萬美元，然後與史旺比賴兩人瓜分剩下的數百萬美元。

毀了自己，也重創新加坡瑞意銀行

接下來，輪到布魯納煩惱了。新加坡瑞意這家小銀行，突然間帳面上的資產增加了一大筆錢，他擔心新加坡金融管理局與中央銀行會要求他提出說明。那幾年，新加坡的私人銀行業成長太快，已經引起政府的注意。

新加坡私人銀行業欣欣向榮，管理資產總額達到一兆美元，相當於瑞士的三分之一，也是全球最重要的岸外金融中心之一。長期以來，印尼、中國大陸與馬來西亞的貪官與奸商常會來這裡藏錢，如今則吸引了更多來自西方國家的新客戶。

布魯納後來與新加坡中央銀行開會，並說明 Brazen Sky 與一馬公司相關帳戶。他沒有說太多細節，只是輕描淡寫地描述了概況，並特別強調這是馬來西亞官方的資金。

布魯納的忠心耿耿，事後證明不但毀了他自己，也毀了瑞意銀行。倒是對於劉特佐而言，至少在當時，算是又過了一關，準備朝下一個階段邁進。

這一次，高盛的萊斯納可不想再錯過了。

25 高盛拜見親王之後……

阿布達比，二〇一二年三月

這是一場非常難得的會面。三月初，萊斯納飛往阿布達比，見到了地表上最有錢的人之一：曼蘇爾親王（Sheikh Mansour Bin Zayed）。

身為阿聯國王的十九個孩子之一，曼蘇爾親王的身價估計高達四百億美元，他最為人所知的投資之一，就是買下英國的曼城隊（Manchester City Football Club）。其實，在祖父那一輩，他的家族仍一窮二白，不是農夫就是駱駝販子或漁夫。直到一九五〇年代發現了石油，才在很短期間暴富起來。

沒有信用紀錄的公司，可以找誰擔保？當然是中東的有錢人！

即便是非常重量級的投資家，想和曼蘇爾親王坐下來開會，近乎不可能的事。曼蘇爾親王之所以這麼有影響力，不僅是因為他的財力雄厚，同時也因為他是資產高達七十億美元的阿布達比主權基金「國際石油投資公司」（International Petroleum Investment Company，簡稱 IPIC）的董事長。

當時，ＩＰＩＣ正在打造一個具有未來概念的總部，這個總部將有一整排高矮不一、骨牌式的扁狀大樓，視野極佳，可以同時看見阿布達比本島及遼闊的波斯灣。許多華爾街的大銀行三不五時都來造訪ＩＰＩＣ，希望能爭取生意，但從來沒有人能見到曼蘇爾親王。多虧了劉特佐新交的朋友卡登（Khadem Al Qubaisi）幫忙牽線，萊斯納非常難得地見到了曼蘇爾親王。接下來，如果能邀請到曼蘇爾親王參與他的計畫，他將會因此發一大筆財。

萊斯納是和劉特佐、吳崇華一起拜見親王的，一番寒暄之後，他們坐下來討論萊斯納所準備的提案。高盛打算替一馬公司發行三十五億美元公司債，並以這筆錢用來投資馬來西亞與世界各地的火力發電廠。買下這些發電廠之後，一馬公司將為這些發電廠另外成立一家公司，並且在馬來西亞交易所申請掛牌上市（ＩＰＯ）。這一來，預估可為一馬公司賺進五十億美元。

不過，由於一馬公司從未在國際市場上發行過美元債券，沒有信評紀錄，因此高盛希望

ＩＰＩＣ能答應替這批公司債提供擔保，好讓市場上其他投資者能放心投資。倘若ＩＰＩＣ同意，將來就能以非常優惠的價格認購即將上市的公司股票。

劉特佐這個新計畫，表面上看起來是要讓一馬公司投資發電產業，賺一點錢並改善虧損。但這項計畫有許多詭異的疑點：為什麼一家馬來西亞主權基金所發行的公司債，需要另一個國家的主權基金提供擔保？為什麼不直接由馬來西亞政府出面擔保即可？事實上，高盛的中東總部就設在杜拜，那裡的主管也認為這項計畫太離譜，因此傾向不參與。另外，ＩＰＩＣ的財務長也提出質疑：為什麼要出面替一家沒有信用紀錄的公司提供擔保、無端承擔風險？

萊斯納與吳崇華當然知道真正的原因。一個月後，兩人在倫敦與劉特佐見面，討論要如何賄賂馬來西亞與阿布達比的官員，才能取得ＩＰＩＣ的擔保。根據司法部的文件，萊斯納、吳崇華與人在香港、負責債券發行計畫的安卓亞・維拉同意，這件事不能讓高盛內部負責評估這筆交易的委員會知道。

ＩＰＩＣ最後做決定拍板的人，是當時年約四十一歲的曼蘇爾親王。聽完萊斯納與劉特佐的說明之後，親王同意為一馬公司提供擔保。但這項計畫是個空殼子，純粹是為了從一馬公司撈更多錢，而想出來的藉口。

聯手布這個局的，正是劉特佐與ＩＰＩＣ的董事經理卡登，這兩人先前是在搶標Claridge's集團時合作（最後沒成功），後來ＩＰＩＣ旗下的阿爾巴投資公司在劉特佐的牽線下，入股一家馬來西亞銀行。但這筆投資卻害卡登賠錢，劉特佐想透過布這個局，大大補償這位新朋友。而ＩＰＩＣ的擔保，是整個布局的關鍵。

可以輕易決定十億美元交易，他覺得自己就像上帝

四十歲、每天勤於健身的卡登，有著一頭烏黑頭髮，以及健碩身材。他的家族在上一代與阿勒納哈楊皇室通婚，對他的事業幫助很大。他在二〇〇七年接掌ＩＰＩＣ董事經理，不過，實際上他更重要的身分，是曼蘇爾親王的親信。

卡登還有一個名聲在外，就是：常常收取回扣，因此非常富有。由於他與曼蘇爾親王之間的關係，使他成了阿聯最有影響力的人物之一。他出入有保鑣相隨，保鑣的制服上還會繡上他英文全名的縮寫「ＫＡＱ」，他在法國南部有別墅，在日內瓦有房子，停放著他所收藏、價值上億美元的頂級汽車。

回到阿布達比，卡登平常總是穿著傳統阿拉伯服飾，和妻子與四個小孩住在一棟豪宅裡。就和其他親王一樣，他一旦到了海外，會變成另一個人、過另外一種生活。在他法國蔚藍海岸的豪宅外，就停放著多部 Bugatti 與法拉利。他不但常與名模約會，而且在法國還有另一個年輕的摩洛哥老婆，他會脫下傳統服飾，改穿緊身T恤（例如他有一件T恤，正面印著艾爾．帕西諾在電

影《疤面煞星》的造型）。有一回，一位公司主管到他的豪宅開會，按了門鈴之後前來開門的，是穿著緊身泳褲的卡登，他身後還有一群穿著比基尼泳裝的女人。

IPIC歸曼蘇爾親王管，像一馬公司這種大型投資案，都得由他親自拍板。不過，他也充分授權給卡登，有時候只要過了卡登這一關即可，不需要再提交董事會討論。「卡登是世界上唯一可以輕易決定十億美元交易的人，他覺得自己就像上帝。」一位金融業者說。

卡登回報曼蘇爾的方式，是確保曼蘇爾能賺取源源不絕的財富，讓他安心過著奢華優渥的生活。創立於一九八四年的IPIC，主要任務是投資石油相關產業，但實際上在卡登的主控下，IPIC與旗下的阿爾巴投資公司，卻到處大手筆撒錢，最有名的包括在二〇〇八年為巴克萊銀行紓困、入股戴姆勒—賓士、維珍銀河等公司。

雖然IPIC是國家所擁有的主權基金，但實際上與曼蘇爾親王的私人事業無法分割。以紓困巴克萊銀行為例，英國政府以為入股的是曼蘇爾親王，實際上出資的卻是IPIC，曼蘇爾個人沒出半毛錢。然而在紓困條件中，巴克萊銀行同意發行認購權給曼蘇爾，讓他能以非常便宜的價錢買進巴克萊銀行股票，最後曼蘇爾因為這些認購權，大賺了十億美元。

在阿爾巴投資公司的帳本上，同樣有許多筆交易與曼蘇爾的私人企業有關，例如土地買賣、貸款等等。這些曼蘇爾私人企業的業務，有時也交給卡登處理，也讓卡登有從中揩油的機會。二〇〇九年美國有兩名企業家聲稱，在一樁四季飯店併購案的談判過程中，卡登索取三億美元的回扣。

不過，卡登一直有一個隱憂。和阿布達比投資管理局（Abu Dhabi Investment Authority，主要資金來自國家賣石油的收入）不同，ＩＰＩＣ的資金主要是借貸而來。截至二〇一二年，共借貸一百九十億美元，而且全靠著阿布達比政府百分之百擔保，才能維持良好的債信評等。外界將ＩＰＩＣ視為擁有龐大資金的投資機構，其實是個假象。

美國爆發金融危機後，卡登認為是到西方國家大舉搶購公司的好機會。但他需要資金，於是找上華爾街的銀行協助。高盛、摩根史坦利等銀行也透過替ＩＰＩＣ發行公司債，大大發了一筆財。

不過，漸漸地，想透過華爾街募資也沒那麼容易了。二〇一一年，阿聯實質上的掌權者莫哈默親王（曼蘇爾親王的哥哥）下令，所有債券發行都必須透過中央主管機關，以避免二〇〇九年底爆發的「杜拜債務危機」（最後靠阿聯出資兩百億美元才擺平）重演。就在卡登想辦法另找籌錢管道時，他遇到了劉特佐。

ＩＰＩＣ最後拍板、同意替一馬公司的公司債提供擔保，高盛也準備展開行動。

26 反正，那是國家的錢

紐約，二〇一二年三月

位於曼哈頓市中心、赫遜河邊一棟金融風暴後才完工的四十四層摩天大樓裡，高盛全球總部的高層主管們，對於剛剛談成的馬來西亞生意有所保留。

但這項罕見的債券發行計畫，受到高盛總裁蓋瑞・康恩（Gary Cohn）力挺。交易員出身的康恩，與洛伊德・貝蘭克梵（Lloyd Blankfein）差不多時間進入高盛，貝蘭克梵接掌執行長後，康恩也成了高盛第二把交椅，全力輔佐貝蘭克梵。金融危機爆發之後，高盛在西方國家市場的業績大幅衰退，康恩亟欲爭取與更多新興國家的主權基金合作。

為了賺主權基金的錢，他特別成立了一個跨部門單位，高盛內部稱這門生意為「把國家變現」（monetizing the state）。康恩密集造訪東南亞，除了與新加坡淡馬錫控股公司洽談合作投資計畫，他也認為與一馬公司合作有利可圖。不過，高盛亞洲總裁大衛・萊恩（David Ryan）對於與一馬公司合作持保留態度。他拜訪過一馬公司，見過馬來西亞的員工，對於一馬公司負債之高、員工缺乏管理大型基金相關經驗有所疑慮。

這個案子必須先經過高盛內部一個五人小組，評估各種可能的財務與法律風險。小組成員討論的焦點之一，是劉特佐的角色。當時，一位高盛主管在一封電子郵件上提到，劉特佐是「一馬公司在馬來西亞的執行者或仲介者」，但萊斯納堅稱這個案子與劉特佐完全無關。

劉特佐的計畫，是打算盡快洽特定人士、悄悄把債券賣出。一般來說，大部分公司在發行公司債時，會希望公開發行（public issuance），透過承銷銀行洽談更多投資者。這個稱為「book building」的流程，能引進更多投資者，同時降低債券發行成本。相反的，「洽特定人士」（private placement）通常會找大型機構如退休基金、避險基金等，成本也較高，因為這些大型機構會要求更高的報酬率，但好處是可以較快取得資金，而且不必取得穆迪、標準普爾的債信評等，也不會被太多人注意與檢視——這一點，正中劉特佐下懷。

你們應該關心自己賺多少錢，而不是我們賺多少錢

一馬公司同意以二十七億美元，買下馬來西亞富豪阿南達・克里斯南（Ananda Krishnan）旗下丹絨能源控股（Tanjong Energy Holdings）所擁有的發電廠。為了取信於外界，一馬公司需要找

個公正第三者來為發電廠進行估價。於是萊斯納找了美國的 Lazard 協助，但無論 Lazard 怎麼算，都不明白為什麼一馬公司要花二十七億美元天價來購買這些發電廠。Lazard 相信其中一定有人貪汙，於是決定不再參與這個案子。

高盛這下別無選擇，只好自己擔任這筆交易的顧問，並協助一馬公司募資。而最後高盛所完成的估價顯示，一馬公司出價二十七億美元是「合理的」。

萊斯納使出渾身解數，試圖說服一馬公司董事會同意高盛開出的承銷條件，但部分董事不買單。根據高盛的計畫——內部稱之為「玉蘭專案」（Project Magnolia）——一馬公司將發行十七億五千萬美元的十年期債券。但是讓在座董事皺起眉頭的，是依照萊斯納的說法，高盛將從中收取高達一億九千萬美元（相當於發行金額一一％）的費用。這個數字太離譜了，因為一般業界常見的行情，通常是一百萬美元左右。

萊斯納解釋，之所以會收取這麼高，主要是因為將來一旦將這些買來的發電廠重組公司並掛牌上市，一馬公司會大賺一筆。萊斯納的構想，是複製先前的砂拉越債券計畫——高盛先以自有資金吃下全部債券，再另外找買主。換言之，一馬公司將可以很快拿到錢，而高盛將承擔風險。

「你們應該關心的是你們將會賺多少錢，而不是我們賺多少錢。」萊斯納向董事們說。萊斯納打算與香港的安卓亞．維拉合作，複製先前的砂拉越債券發行計畫，同樣由ＰＦＩ出資將整批債券吃下，再另洽買家。這意味著高盛將承擔全部風險，一馬公司則可以更快拿到錢。一馬公司的董事會基本上都是納吉人馬，僅扮演納吉的橡皮圖章，最後順利通過這項計畫。

其實，即使在高盛內部，也有人（包括萊恩在內）認為賺這麼多真是太超過了。高盛香港的艾力士．譚保（Alex Turnbull，他父親 Malcolm Turnbull 後來當上澳洲總理），也在公司內部提出他的疑慮。譚保沒有參與這個案子，但他對債券市場非常熟悉，他寫了一封電子郵件給同事表達他的不可置信，但他的直屬主管要他閉嘴。他在大約兩年後離職，原因與一馬公司無關。

萊斯納在卓亞．維拉的撐腰下，向公司高層聲稱之所以利潤這麼高，主要是來自高盛以低價吃下這筆債券，而且承擔了十七億五千萬美元的風險。不過，實際上，這筆債券的利率高達六％，而且有ＩＰＩＣ的擔保，在低利率時代非常具有吸引力。因此高盛早就與韓國、中國大陸與菲律賓的共同基金業者談好，會將這批債券轉賣給這些基金。不過，這一切必須暗中進行，一位高盛員工要求所有相關人員不要在電子郵件上提及這個計畫，否則如果讓外界知道原來高盛已經談好了買家，那麼高盛向一馬公司收取這麼高費用就說不過去了。

高盛其實沒有承擔多少風險，還有另一個原因：出售這些發電廠給一馬公司的丹絨能源，同意買下一部分「規模不小」的債券。其實，一馬公司已經付給丹絨能源非常好的價格，現在丹絨能源還回頭買下利率高達六％的債券，等於兩頭賺。與此同時，「知恩圖報」的阿南達．克里斯南旗下關係企業暗中「捐款」一億七千萬美元，給一馬公司旗下的慈善組織。

這筆交易完成沒多久之後，一馬公司立即重估這些發電廠的價值，帳面上一口氣蒸發了四億美元，等於變相承認自己先前高估了這些發電廠的價值。Lazard 顯然是正確的，而高盛錯了。

高盛內部的委員會，也有失監督之責。香港一個由資深主管組成的委員會曾經開會討論這項計畫，與會者也提到高盛如此驚人利潤「可能會引起媒體與政府關切」，但最後仍然照樣放行。贊成這筆交易的人辯稱，要怪就得怪馬來西亞政府的腐敗與納吉首相在一馬公司的角色。但其實還有一個大家沒說出口的原因，就是：這筆交易大大拉高了高盛那一年的業績與獎金。

魚目混珠，此阿爾巴非彼阿爾巴

二〇一二年五月的一天，萊斯納要趕去新加坡烏節路ＩＯＮ購物中心裡的一家中式餐廳吃飯，他已經遲到了。

踏進餐廳，其他人都到了，包括一馬公司的高階主管、劉特佐、吳崇華、瑞意銀行的易有志與法遵人員。但萊斯納顯然很不自在，告訴在座的人他只待一會兒。那不是一場正式會議，萊斯納覺得自己根本不該出席。

劉特佐找這些人一起吃飯，是想解決一個難題。因為按照他的計畫，高盛在二〇一二年五月二十一日那天，將十七億五千萬美元匯入一馬公司能源部門的帳戶裡。隔天，就有一筆五億七千六百萬美元的款項，匯入一家註冊在英屬維京群島、名叫「阿爾巴投資」（Aabar Investments

Ltd.）開設在瑞意銀行的帳戶。瑞意銀行的法遵部門想要知道，為什麼一馬公司要將這麼大筆款項匯入瑞意銀行這家小銀行？

劉特佐特別找萊斯納出席，就是希望借助他「高盛」的招牌來取信於瑞意銀行的法遵部門。但萊斯納顯得很緊張，大致談了一下關於債券發行的過程之後，就提前告退。而易有志也希望自己的出席，加上有萊斯納——畢竟，他可是華爾街名號最響亮銀行裡的資深銀行家——背書，能說服銀行的法遵部門。

然而，他們不知道的是，萊斯納其實已經踩了紅線。他不只是向高盛高層隱瞞劉特佐角色、同意賄賂官員，根據司法部文件，他與吳崇華後來還收受幾千萬美元的賄款。三年來，與劉特佐聯手操弄這一切之後，萊斯納已經泥淖深陷，再也無法回頭。

法遵人員的疑慮是有道理的。「Aabar Investment Ltd.」看起來很像是IPIC旗下的阿爾巴投資公司「Aabar Investments PJS」，雖然一馬公司聲稱，這筆五億七千六百萬美元的款項，是付給IPIC，作為提供擔保的費用。問題是，「Aabar Investment Ltd.」其實是一家兩個月前才成立、名字與「Aabar Investments PJS」雷同的公司。雖然在「Aabar Investment Ltd.」的董事名單上，也出現卡登與阿末·巴達維的名字，但這就像是「奇異電器」（或任何一家知名企業）的執行長，自己跑出來開了一家名字相同的假公司，從中撈取不當利益一樣。

這正是劉特佐慣用的伎倆。他曾經用同樣的手法，成立名字相似的空殼公司，謊稱自己獲得中東主權基金的投資，只是這回玩的規模大得多。這個由劉特佐與卡登共同設的局，目的就是要從一馬公司撈更多錢放進自己口袋。

接著，為了確保外界不會起疑，他們將這筆錢再轉入總部設於瑞士的「安勤私人銀行」（Falcon Private Bank）。但其實這家銀行是卡登趁金融危機期間，向美國ＡＩＧ集團買下的，因此雖然瑞士在美國的施壓下對洗錢活動查得很嚴，但這家由卡登自己擁有的私人銀行卻沒有這個問題——儘管金額如此龐大，沒有任何法遵人員亮起紅燈。

食髓知味的高盛，故技重施

五個月之後，高盛故技重施，推出「編鐘專案」（Project Maximus），再度替一馬公司發行十七億五千萬美元的公司債，供一馬公司向雲頂集團購買發電廠。同樣的，這回也以遠超出市場行情的價格購買發電廠，然後雲頂——跟丹絨能源控股一樣——捐一大筆錢給納吉麾下的慈善基金。最後，有七億九千多萬美元從一馬公司蒸發，轉入好幾個像「Aabar Investment Ltd.」那樣的假公司帳戶裡。

在發行第二次債券時，高盛亞洲部門總裁萊恩曾主張應考量第一次發行時其實難度不高，因此應合理地降低高盛收取的費用，但這個建議後來被高層（包括康恩在內）否決。就在這段期間，萊恩漸漸被打入冷宮，高盛另外找了馬克・舒華茲（Mark Schwartz）來接掌高盛亞洲董事長，也就是成了萊恩的頂頭上司。最後高盛所收取的費用為一億一千四百萬美元——比前一次少，但仍是天文數字。

這兩筆大生意也讓萊斯納在二〇一二年賺進一千萬美元，成為高盛收入最高的員工之一。不過，這只是他收入中的一小部分而已。第一次債券發行的三個月後，根據美國司法部文件，他在英屬維京群島的空殼公司收到好幾百萬美元，這些錢當中有一部分給了吳崇華，而這一切，高盛全被蒙在鼓裡。此外，還有數百萬美元透過他的空殼公司帳戶，用來賄賂一馬公司相關人員。接下來兩年，高盛替一馬公司募來的錢當中，有超過兩億美元流入萊斯納與他親戚的帳戶。

如果他滿足於高盛付給他的高薪，拒絕參與劉特佐買通官員的計謀，或許他還能全身而退。但是，他決定鋌而走險，成為這個詐騙計畫的共犯。目睹劉特佐的奢華生活之後，或許他心想區區一千萬美元——如果想買豪華遊艇、想搞奢華派對——根本沒搞頭。三年來，他與劉特佐之間互通款曲，希望能撈到更多好處。但他也很清楚，不宜對外透露劉特佐在一馬公司的角色。至於劉特佐的整個詐騙計畫中，萊斯納知道多少仍不明朗：他是否從一開始，就知道劉特佐掏空一馬公司的錢？也許為了能賺到大筆錢，他說服自己劉特佐所為乃金融圈常態，不足為奇。

十月，高盛亞洲ＰＦＩ部門主管托比・華生（Toby Watson）升為合夥人。貝蘭克梵那一年的表現也不錯，年收入兩千一百萬美元——當然還是遠低於他在二〇〇七年的六千八百萬美元，但仍算是非常高的收入了。貝蘭克梵開闢的幾門新生意，那一年也為高盛賺進七十五億美元。至於高盛在馬來西亞的斬獲，更象徵著貝蘭克梵的策略轉向成功。對高盛來說，這筆生意太重要了，二〇一二年十二月貝蘭克梵還在高盛位於曼哈頓的總部，與劉特佐與阿末．巴達維見面。不過，萊斯納不想大聲張揚，反而非常低調，彷彿這兩個案子是機密似的。一位高盛員工後來在內部算了一下報酬率之後，要求同事對外一律保密。

吉隆坡爆發反貪大遊行，這幫人還在……

再一次，劉特佐海撈了一筆。

上一次──二〇〇九年──他與PSI合作，這一次，他找上的是地表上規模最大的主權基金之一，助他一臂之力的是影響力遠遠超過圖爾基王子的卡登。上一次，他得為每一次的資金大挪移找各種理由，而且把錢轉進自己在免稅天堂的空殼公司，冒極大的風險；這一次，他只需要把錢匯入一家看起來很像主權基金、但實際上不是主權基金的戶頭裡。

接著，他們再悄悄地把錢從假阿爾巴投資公司帳戶，分別匯給幾個共同設局的人，總共瓜分了十四億美元。拍攝《華爾街之狼》的費用、給納吉的政治獻金、開派對與到賭場揮霍的錢，全來自這裡。

主要的參與者卡登，狠狠海撈了一票。就在一馬公司發行第二次公司債之後，一筆又一筆的錢——總計四億美元——流入一家卡登控制的「華斯可投資公司」（Vasco Investment Services）在盧森堡洛希爾銀行的戶頭。卡登後來就是用這個帳戶裡的錢，在大西洋兩岸買豪宅。

卡登沒忘記好好「照顧」他的主子曼蘇爾親王。就在高盛忙著發行債券同時，曼蘇爾親王正打算買一艘四八二尺長、造價高達五億美元的豪華遊艇 Topaz 號。這艘巨大得像一座飯店、有兩個直升機坪、八層甲板的遊艇，就是由卡登負責資金籌措。他向德意志銀行貸款一大筆錢，光是每月付款金額就高達六百四十萬美元。卡登從華斯可投資公司支出的匯款當中，就包含一筆六百四十萬美元匯入德意志銀行的款項。

四月底，當高盛準備進行第一次一馬公司債的發行期間，吉隆坡爆發十萬人反貪大遊行。從高空鳥瞰，整個市中心被穿著黃色T恤的群眾淹沒。馬來西亞的中產階級——老師、上班族、律師、學生——對於日漸惡化的貪汙感到愈來愈憤怒。

示威群眾高舉抗議口號，要求修改選舉制度。他們拿著羅斯瑪的畫像大聲質問：人民要知道，妳買珠寶的錢從哪裡來？

當時，示威群眾還不知道劉特佐如何五鬼搬運將一馬公司掏空，但貪汙腐敗——買票、與財團勾結——已經讓民怨沸騰。中產階級薪資停滯，精英的財富卻不斷增加，老百姓愈來愈不滿。

二〇〇六年，反對黨政治人物與律師、反貪汙團體展開一連串運動，稱為「Bersih」（馬來文，乾淨之意），要求修改選舉制度，讓選舉更公平。在二〇〇七與二〇一一年，穿著招牌黃色T恤的群眾走上街頭，與警方對峙。他們原本希望透過馬來西亞史上規模最大的示威抗議，能讓政府迷途知返，但他們什麼也沒改變。

事實上，情況比群眾們所知道的還要糟。劉特佐的胃口變大了，已經威脅到馬來西亞金融市場的安全與穩定。一馬公司的負債已經高達驚人的七十億美元，而且根本沒有資產可還債。大部分的錢都已經被掏空，那一年帳面上的虧損高達三千萬美元。可是，這一切都被高度保密，就算要取得該公司的財報都非常困難。

納吉首相原本想像，一馬公司能為馬來西亞創造就業機會，同時讓自己的民意支持度更高。結果，這家公司成了藏汙納垢的暗黑天堂，他的支持度也節節滑落。這使得納吉更加倚賴劉特佐，靠一馬公司舉更多債，好讓他能贏得下一場大選。而他這麼做，也將一馬公司推向死亡的深淵。

劉特佐的如意算盤，是將一馬公司買來的發電廠另組一家公司，掛牌上市後所取得的資金，能回頭填補一馬公司被掏空的資金缺口，避免東窗事發。不過，實際上他也沒那麼在意，畢竟那只是國家的錢，而且他相信納吉有辦法將這些被掏空的錢一筆勾銷。

對他而言，如今荷包滿滿，有足夠的財力，好好打造他的好萊塢王國。

PART 3

27｜Busta，我是你老闆！

法國蔚藍海岸，「寧靜號」上，二〇一二年七月

當直升機降落在四百四十呎長的豪華遊艇「寧靜號」（Serene），劉特佐非常亢奮。他正要和一群女人飛到摩洛哥血拼紓壓，因為他接下來即將要辦一場非常重要的慶功派對：他登記於香港的公司「金威資本公司」（Jynwel Capital），剛剛買下ＥＭＩ的股權，旗下藝人包括肯伊．威斯特、碧昂絲、亞瑟小子、艾莉西亞．凱斯與菲瑞．威廉斯。同時，他與里札、麥克法蘭合開的紅岩電影公司所投資的《華爾街之狼》也即將開拍。

才三十歲、一度被高盛瑞士私人銀行拒於門外的劉特佐，如今是娛樂業大亨了，而且他打算大大地慶祝一番。

有十五間客艙、數十位以上船員的「寧靜號」，就像是一座海上皇宮。有泡澡池、三溫暖、半露天泳池，甲板上有吧檯、酒廊——裡面還有一架平台鋼琴，不同樓層之間連接著大理石鋪設

的旋轉樓梯。在海上停泊時，甲板還能延伸出去，讓旅客享受在海面上用餐。

劉特佐希望今晚的派對無懈可擊，兩位夜店大亨諾亞・泰珀貝格與傑森・史特勞斯負責打點一切細節。這艘要價三億三千萬美元的豪華遊艇，在二〇一一年建造完成時，是全球第九大遊艇，船主是俄羅斯億萬富豪優里・薛弗勒（Yuri Sheffler，著名的 Stoli 伏特加，就是他旗下的品牌）。泰珀貝格與史特勞斯從美國找了多位辣模，阿貝卡瑟（Danny Abeckaser，就是那位夜店推廣員）也邀來李奧納多。

就在劉特佐等人忙著血拼的同時，泰珀貝格與史特勞斯留在遊艇上確保一切安排妥當。今晚的賓客，包含全球最當紅的藝人（如肯伊・威斯特、蕾哈娜、克里斯小子、路達克里斯等）、明星、中東皇室成員。

入股EMI的錢，從哪裡來？

一個多月前成交的這起EMI併購案，是由 Sony 音樂控股、麥可・傑克森（Michael Jackson）遺產管理人與美國私募基金黑石集團（Blackstone Group）領軍，而劉特佐是與穆巴達拉基金聯手入股。

他手上約一億美元的持股，是目前為止唯一看起來比較像合法的投資。他以自己與哥哥劉特陞的名義，成立「金威公司」（Jynwel），對外聲稱這家公司是專門管理祖父遺產的家族辦公室（family office），併購過程中也沒有人起疑心。不過，實際上，他的錢是來自一馬公司的帳戶。

當時，他已經從一馬公司撈走超過十億美元，藏在一家外界誤以為是ＩＰＩＣ相關企業的空殼公司帳戶裡，他對外說這筆錢是要付給ＩＰＩＣ作為提供擔保的費用，實際上卻掌控在劉特佐手上任由他花用。

為了掩人耳目，他故技重施。首先，他要胖子Eric成立一家岸外空殼公司，取名為「黑石亞洲地產」（Blackstone Asia Real Estate Partners）。一看就知道，這根本是要魚目混珠、讓外界誤以為是知名「黑石集團」（Blackstone Group）相關的企業，但其實是一家由胖子Eric所掌控的空殼公司。接著，他將資金從自己的空殼公司帳戶，透過由傲明集團協助在庫拉索設立的基金，輾轉匯入胖子Eric名下的假黑石公司開設於渣打銀行帳戶。再從這個帳戶，支付併購ＥＭＩ、賄賂卡登、盧愛璇等人的費用。

不久後，劉特佐當上了ＥＭＩ亞洲的非執行董事（non-executive chairman），這個職務讓他在音樂圈成了一號人物，不再只是個愛開派對、愛賭博的有錢人家小孩。

這是他重要的一次布局，理論上ＥＭＩ所帶來的獲利，將能替他把錢補回給一馬公司。他想要做一門真正能賺錢的生意，也希望藉由投資《華爾街之狼》以及ＥＭＩ，讓外界不再質疑他的身世與財富來源。

不能讓媒體對私生活的報導，影響到做生意

當劉特佐拎著大包小包的血拼成果回到遊艇上，只見工作人員忙成一團。關於當晚的派對內容，他不想走漏風聲，讓八卦媒體們知道。「諾亞，小心那些媒體！」他寫短訊給諾亞・泰珀貝格：「Sony的老闆寫信給我，他們已經知道晚上要演出的陣容。哈哈，但可別讓媒體事先知道！」

稍晚，眾星們陸續抵達「寧靜號」。例如，泳裝名模凱特・阿普頓，戲劇性地從直升機降落，現場一陣歡呼聲中，劉特佐送給她一個昂貴的柏金包。找這麼多當紅藝人與名模參加派對，還有很實際的理由：當晚有許多中東皇室成員——包括杜拜王子在內——前來參加派對，雖然這些中東人財大氣粗，卻未必有劉特佐如此豐富的演藝界人脈。劉特佐也很清楚，這是自己的強項，引介好萊塢巨星，能讓這些中東富豪對他多敬重幾分，也會對他將來談生意有所幫助。

這場派對一直持續到凌晨。其實，八卦媒體早就聽聞有這場派對，並且關注肯伊・威斯特與女友金卡達夏，以及克里斯小子與蕾哈娜，有些媒體誤以為這艘「寧靜號」是克里斯小子租的。劉特佐這回避開鎂光燈，他再也不能讓媒體對他私生活的報導壞事。

派對尾聲，賓客漸漸離去，最後剩下少數幾位——劉特佐、劉特陞、李奧納多、兩位夜店大亨以及幾位辣模。上午六點，「寧靜號」拉起海錨，航行回義大利薩丁尼亞島的菲諾港（Portofino）停靠。

過去，劉特佐必須花錢請對方來參與派對，他對明星、歌手們的態度非常友善且客氣。但現在不同了，二〇一三年四月，EMI併購案不到一年之後，劉特佐跑到曼哈頓的「森林城市錄音室」（Jungle City Studios）。這家知名錄音室，正是Jay-Z、蕾哈娜、妮姬・米娜與無數大牌明星錄製唱片的地方。那一天，劉特佐是去錄他唱的歌〈Void of a Legend〉，不是要出唱片，只是純粹錄好玩。

他唱的這首歌是由麥克法蘭新交的歌手女友安東妮特・柯斯塔（Antoniette Costa）創作的。劉特佐喜歡唱歌，可惜五音不全，聲音也太尖，錄了八小時，最後靠著東修西修才勉強完成。錄音那段時間，幾個朋友都來探班，包括麥克法蘭與史威茲・畢茲。後來巴斯達韻與菲瑞・威廉斯抵達時，劉特佐才比較沒那麼緊張，還開起了玩笑。

「YO！」劉特佐看到巴斯達韻很開心，大叫說：「我現在是你的老闆，你是我養的狗了！」

這話原本是鬧著玩的，但現場氣氛卻頓時僵住。巴斯達韻——這位重量級饒舌歌手、演員與唱片製作人——當下臉色一沉，菲瑞・威廉斯趕緊試著打圓場。劉特佐想展現出大亨的氣派，但他的所言所行卻怪異極了。

28 那一夜，他們兩度跨年

紐約，二〇一二年八月

八月間的一個星期六，麥克法蘭坐在曼哈頓金融區的一張導演椅上。這一帶在周末很安靜，沒人上班，劇組正在開拍《華爾街之狼》。馬丁．史柯西斯正在導一幕戲，飾演貝爾福的李奧納多，以及飾演貝爾福第一任妻子的克莉絲汀．米利歐提（Cristin Milioti）正在排演。

其實，拍戲現場距離華爾街還有一條街，麥克法蘭不敢相信自己居然有這麼一天。當時距離他在威斯特勒認識劉特佐還不到三年，他與里札都沒有任何電影相關經驗，竟然能與地表上最當紅的明星、最大牌的導演合作拍電影，與業界最資深的電影人平起平坐。

對史柯西斯和李奧納多來說，這幾個外行人簡直是天上掉下來的禮物——不但帶給他們似乎永無止境的資金，而且對於如何拍攝完全放手不管。當史柯西斯說，想在電影一開始就撞爛一台白色藍寶堅尼跑車（貝爾福真的撞爛了一部）時，通常其他電影公司會建議他找一台道具車即可，但紅岩電影公司願意出錢讓他買一台真正的藍寶堅尼拍攝。這也是為什麼，他們願意容忍麥克法蘭與里札這兩位大方的金主出現在拍片現場。

麥克法蘭的家在洛杉磯西區的一房公寓，他從來不好意思邀請電影圈的朋友到他寒酸的家作客。但此刻在紐約，他住在劉特佐位於時代華納的閣樓，成了劉特佐最親近的朋友，兩人一起去做 spa、去賭博、去滑雪。

他開始為自己的人生故事，編織新的版本。例如，他告訴記者，他曾多次進出電影業，也曾服務於私募基金，絕口不提在辛辛那提的那段過往。但看在電影同業（包括那些紅岩電影公司的同事）眼中，他不過只是個暴發戶。

由於里札比較內向，而且愛看網球賽與打網球，平常很少出現在公司，因此麥克法蘭也成了公司的代表人物。劉特佐仍然隱身幕後，避免被媒體追蹤。剛開始，麥克法蘭告訴同事劉特佐是大股東，不過，現在他改口說出資的人來自中東。

其實，一馬公司有兩億美元流入里札的「紅岩資本公司」（Red Granite Capital）。這筆錢最早是先流入卡登與阿末．巴達維名下的一家空殼公司，因此在拍攝《華爾街之狼》拍攝期間，阿末．巴達維也經常出入公司與片場，彷彿他是中東股東的代表人。至於紅岩資本公司的錢，除了一部分用來拍電影，另外也用來購買原本在劉特佐兩年前買下的洛杉磯、紐約與倫敦豪宅。對外，公司對於資金來源始終三緘其口，麥克法蘭表示無可奉告，里札則是含糊地說資金來自中東與亞洲的投資者。

對外很低調、不曝光的劉特佐，私底下與李奧納多保持密切往來。曾經有一度，劉特佐、李奧納多、里札與麥克法蘭四人，一起在拉斯維加斯的威尼斯人飯店待了一個多禮拜。麥克法蘭等人的計畫，是能與李奧納多長期合作。二〇一二年秋天，麥克法蘭在曼哈頓一家頂級法國餐廳 Le Bernardin，與李奧納多和韓國導演朴贊郁見面，討論下一部新戲的構想。

跟著李奧納多玩海報、看豪宅

與此同時，劉特佐等人也開始學習李奧納多的生活型態。例如，收藏電影海報的李奧納多，介紹里札認識紐澤西一位專門買賣電影文物的盤商萊夫・狄魯卡（Ralph DeLuca）。而里札與劉特佐等人則開始用他們從一馬公司偷來的錢，向他購買昂貴的珍藏品。二〇一二年十月，里札花了一百二十萬美元向迪魯卡買下佛列茲・朗（Fritz Lang）一九二七年的默片《大都會》（*Metropolis*）原版海報，這張海報後來掛在紅岩電影公司的里札辦公室裡。

至於麥克法蘭則想要買張更好的。「世界上可取得的海報中，哪一張最偉大？」他在一封寫給狄魯卡的電子郵件上問道。接下來的一年半左右，麥克法蘭與里札共向狄魯卡買了七十幾樣東西，總金額高達四百萬美元。這些海報後來不是掛在紅岩電影公司的牆上，就是放到里札在紐約的「桂冠公園」豪華公寓裡。麥克法蘭還列了一張清單寄給里札與狄魯卡，清單上是他想要收藏的海報。

「我決定……這些海報我都要買下來！非要不可！這還不包括其他一千多張呢……，受不了，實在太讓人著迷了！」他寫道。

「哈哈哈，這下你明白我的痛苦了！哇哈哈哈哈……$$$。」里札回覆他。

「我愛死了這些海報……我們真是那種無法自拔的人……非得買到這些海報不可！」麥克法蘭接著回覆里札。

李奧納多與他們幾人混熟了之後，甚至相約一起去看房子。二〇一二年九月二十日，李奧納多轉寄了一份蘇富比的機密合約給麥克法蘭。當時有一棟位於洛杉磯西區的尼姆斯路（Nimes Road）六五八號豪宅要出售，要價高達一億五千萬美元。房子的主人是一位沙烏地親王，對外非常低調，只有取得並簽署這份合約的人，才有資格去參觀這房子。

這棟豪宅是全美國最昂貴的房子之一，豪宅占地四萬平方呎，有二十八間臥房、超過三十間衛浴，外加一間健身房、一間spa室、一間電影廳，以及一座能遙望洛杉磯的泳池。劉特佐與麥克法蘭四處參觀，對劉特佐來說，雖然三年來已經買了很多房子，但他仍不滿足。他已經將洛杉磯的房子過戶給里札，正在物色一棟能彰顯億萬富豪地位的房子。美國報業大王威廉・赫斯特（William Randollph Hearst）在加州的老家，至今仍是二十世紀財富的象徵，劉特佐心中想的，

就是這種等級的豪宅。

不過，最後劉特佐沒有買到尼姆斯路這棟房子，他出價八千萬美元，但被沙烏地親王回絕。看來，還是有劉特佐買不起的東西。

他送大禮給大導演，但是大導演卻不認得他

二〇一二年十一月十七日，劉特佐與里札走進曼哈頓市中心愛麗舍飯店（Elysee Hotel）的「猴子酒吧」（Monkey Bar）。

這間當地律師、銀行家、電影與媒體界人士愛去的知名酒吧，老闆是《浮華世界》總編輯葛瑞登・卡特（Graydon Carter）。劉特佐與好萊塢的大咖，包括李奧納多、丹尼爾・路易斯（Daniel Day Lewis）、哈維・凱托（Harvey Keitel）與史蒂芬・史匹柏等人，正在舉杯同歡。

他們聚在這裡，是為了慶祝導演馬丁・史柯西斯七十歲生日。當時，他正忙著拍攝《華爾街之狼》，受到珊迪颶風的影響，原本預計十月份在美國上片的計畫被迫延後。那天晚上，他原本以為只有幾位很親近的好友出席，結果酒吧裡來了約一百二十位賓客。

劉特佐送給史柯西斯的生日禮物，是一張一九七〇年代波蘭版《飯店》（*Carebet*）電影海報。史柯西斯後來在一張紙條上感謝劉特佐「這份棒呆了的禮物」，這份「非常稀有的」波蘭海

報，「讓我過了一個非常特別的七十歲生日」。

這段期間，也是劉特佐在好萊塢最呼風喚雨的時候。其實兩個禮拜前，劉特佐才剛慶祝完自己的生日，也就是本書前言所提到的那一晚，那是史上最昂貴的一場生日派對。他所有的朋友都出席了，除了李奧納多等巨星之外，還有提姆・萊斯納、阿末・巴達維等他生意上的伙伴。而那場派對所有的驚人支出，也都由一馬公司埋單。以史威茲・畢茲來說，光是出席那晚的活動，就從其中一家劉特佐的空殼公司領走了八十萬美元。

那是劉特佐的巔峰期，《華爾街之狼》即將殺青，一場又一場的慶祝派對接踵而來。十一月十一日，也就是拉斯維加斯派對後沒幾天，劉特佐、里札與麥克法蘭送給李奧納多一份難忘的三十八歲生日禮物：馬龍白蘭度的「奧斯卡金像獎最佳男演員」獎座。馬龍白蘭度在一九五四年贏得這項大獎後沒多久，這個獎座就從他好萊塢的家失蹤了。雖然奧斯卡獎有條不成文規定——獎座不得販賣，但劉特佐等人還是從狄魯卡手上以六十萬美元買到。他們知道，李奧納多一直很崇拜馬龍白蘭度，一九七三年馬龍白蘭度以《教父》再度贏得奧斯卡男主角獎，但他以拒絕領獎，表達對電影業歧視原住民的不滿。李奧納多也一樣積極投入北美洲原住民運動，反對企業掠奪土地、惡化氣候暖化、破壞原住民的生活。

知道史柯西斯非常喜歡魚子醬，那年聖誕節麥克法蘭特別送了一批魚子醬到史柯西斯在曼哈頓的家；在《華爾街之狼》的殺青派對上，他報公帳買了一瓶要價二二四五美元的 Cristal Rose

香檳送給史柯西斯。但儘管麥克法蘭送了這麼厚的大禮，當兩人在時代華納中心的一樓大廳相遇時，史柯西斯卻不認得麥克法蘭。

搭著七四七專機，玩一趟南北半球

一台波音七四七大約能承載六百名乘客，但劉特佐租用這台從洛杉磯起飛的ＶＩＰ專機，只供四十人左右搭乘，空間非常寬敞。Atlas 航空推出這款專機，主要是服務職業球隊與中東皇室的，租賃費用高得驚人——每小時好幾萬美元。

這一天在專機上的客人，有傑米．福克斯、凱文．康諾利（Kevin Connolly）、強納森．希爾、李奧納多與幾位辣模，當然還有形影不離的劉特佐與麥克法蘭。

專機正飛往澳洲雪梨，抵達後，他們在遊艇上、賭場裡吃喝玩樂好幾天。戴著鴨舌帽的李奧納多玩音響，穿著白襯衫的傑米．福克斯在跳舞，還有穿黑色短裙的美女們穿梭其間。劉特佐的一位泰國富豪友人拉塔庫（Chavayos Rattakul）上傳了一張照片到 Instagram，照片上是籌碼掉在雪梨 Star 賭場的地上，「一百萬美元就該這麼花！」他寫道。就在賭場同一棟樓，泰珀貝格與史特勞斯開了一家新的 Marquee 夜店，劉特佐在跨年夜，大手筆訂了一大缸香檳酒。

「Showtime !!!!!!!」史威茲．畢茲在 Instagram 上寫道。

那晚在夜店裡倒數跨年之後，一行人動身回到波音七四七專機上，再搭十五個小時飛機、越過國際換日線，回到拉斯維加斯。飛機著陸後，他們搭乘加長型禮車直奔泰珀貝格與史特勞斯的另一家夜店LAVO，準備再次倒數跨年。穿著紅色上衣、黑色長褲與休閒鞋的劉特佐，抓起一瓶香檳直接倒入口中。他去買了好多桶KFC炸雞給大家吃，有人戴上熊貓面具，辣模們再度跳起舞來。

不過，這時香檳幾乎沒什麼人喝，大多被拿來到處噴灑，反倒是KFC很受歡迎。「只有小劉能在一次新年搞兩次跨年倒數這麼瘋狂的事！」拉塔庫寫道。

傑米・福克斯當時與劉特佐認識三年了，對於這種瘋狂派對早已見怪不怪，但過去幾天他的確玩得很開心。在接受英國知名電視節目主持人強納森・洛斯（Jonathan Ross）訪問時，他忍不住提起這幾天的派對，不過就像多數劉特佐的朋友，他也避免提起這位馬來西亞大金主的名字。

「我有個朋友，他算滿有錢的，他安排專機載我、李奧納多、強納森等幾個朋友去了澳洲，然後我們在澳洲跨年倒數之後，又飛回拉斯維加斯再倒數跨年一次，簡直太瘋狂了！」他說。

29—那條不該踩的紅線

新加坡，二〇一二年十一月

表面上，劉特佐一派輕鬆地享受各種派對，但實際上，他的生活總是驚濤駭浪。就在拉斯維加斯那場無敵奢華生日派對之後沒幾天，他遇上了一個麻煩。

自從上次要買沙烏地親王的豪宅不成之後，劉特佐轉而以三千九百萬元買下好萊塢鳥街一帶（Bird Street）的另一間墨西哥式房子，地點很靠近紅岩電影公司的辦公室，也距離李奧納多家不遠。劉特佐打算再砸幾千萬美元把原來的房子拆掉，另外蓋一棟以白色為主題的現代式豪宅，基地面積高達一萬八千平方呎，有兩個泳池，地下室還有迷你賽車道。他正打算從瑞意新加坡的帳戶，轉出一億一千萬美元，到另一個在蘇黎世洛希爾銀行由他控制的帳戶。

但是，這回——終於——瑞意銀行的法遵部門亮紅燈了。就在這筆款項匯出之前沒多久，劉特佐的瑞意新加坡帳戶，收到一筆來自 Good Star 的匯款；接著，他從這個帳戶把錢轉給他父親劉福平；然後，劉福平再將錢轉入劉特佐的洛希爾銀行帳戶——所有匯款都發生在同一天。先前他購買時代華納中心那棟閣樓時，也是用同一招，主要是要讓洛希爾銀行的人相信，這筆錢是爸爸給的。這回也一樣，他想讓外界以為這棟位於好萊塢的豪宅是「家族」財產。

問題是所有資金流動的過程，瑞意銀行看得一清二楚。一位銀行人員寫信給易有志等銀行主管，指稱如此異常頻繁的資金移轉——先從 Good Star，到劉特佐，再到劉福平，最後又回到劉特佐——「從法遵的角度看來是不可接受的。」看來，有人開始懷疑劉特佐「家族遺產」的說法了。

劉特佐找上易有志，設法向法遵施壓。一整個晚上他瘋狂傳訊到新加坡，在一封寫給瑞意銀行高層的電子郵件中表示：從瑞士轉出的那筆錢，是他孝敬父親的禮物。「當一個人賺了大錢，我們通常會先把錢拿回家孝敬雙親，這是我們的文化傳統。」他在郵件上解釋，至於父母親拿到這筆錢之後要怎麼用，就看他們自己。

「以我的情況來說，我父親只留下一點錢意思意思，其他的又退還給我；而我決定把這筆錢存入家族的信託基金。」他甚至責怪瑞意銀行不懂得尊重別人的文化傳統。「我想我已經解釋得很清楚，我們很重視這個傳統，否則會帶來厄運。尤其我們家族，是非常敬老尊賢的。」

然而，如此詭異的資金移轉，光靠「文化傳統」這個理由無論如何是說不通的。不過，劉特佐手上還有另一張王牌：他很清楚，瑞意銀行非常倚賴他所帶來的業績，為了怕失去他這個大客戶，一定會設法通融。「我希望我們不必每次匯款都得說明一次，我們應該把時間花在賺更多錢，這樣瑞意銀行所管理的資產也會一起成長，而不是浪費時間在那些已經釐清的問題上。我完全理解、也充分尊重法遵部門的要求，但客戶過去已經解釋過了，你們不應該繼續找麻煩。」十一月七日凌晨兩點十分，劉特佐按下「傳送」鍵，把郵件傳給了多位瑞意新加坡的高階主管。

一般人就算只匯一小筆錢，都會被銀行追問到底，但億萬富豪不是一般人。在當時，劉特佐已經是瑞意在全世界最大的客戶，也讓很多瑞意的員工變得非常有錢，尤其是在新加坡的幾位「大老闆」，以及那些曾與他一起去拉斯維加斯賭錢、到遊艇上玩樂的銀行主管。為了留住劉特佐，他們一定會想盡辦法。

就在這封電子郵件傳送出去之後沒幾天，瑞意銀行核准了這筆一億一千萬美元的匯款。「家族成員之間的匯款，往往很難說清楚講明白。」一位銀行高層寫給法遵部門的信件上說。

膽子這麼小，就別來私人銀行上班

不過，事情尚未結束。幾天後，輪到洛希爾銀行要求劉特佐針對這筆巨款的來源提出說明。劉特佐知道，這家銀行不像瑞意那麼容易搞定，因此他在十一月二十日寫信給易有志，請他向洛希爾銀行說明資金的來源。劉特佐自己擬了一封信，信中強調瑞意銀行與劉家往來多年，並且「嚴格遵守法遵程序」，對於資金來源避重就輕，讓人以為錢是劉福平給的（實際上根本是來自一馬公司與 Good Star）。

在當時，易有志已經對劉特佐言聽計從，他漸漸放掉其他客戶，九成時間都在處理劉特佐的資金、跟著他的私人飛機全世界到處跑、登遊艇、開派對。隨著易有志愈來愈耽溺於這種奢華生活型態，劉特佐也更能對他使喚自如。一位女同事旁觀這一切，曾經提醒易有志法遵程序的重要性。

「如果你們膽子這麼小，就別來私人銀行上班。私人銀行本來就得承擔一些風險，如果你怕，就回家餵奶算了。」易有志很生氣地回覆對方。

於是，易有志偷偷用瑞意銀行的官方信箋印出劉特佐擬的那封信，沒有按照標準的法遵程序——沒有先知會主管，也沒有告知銀行的法務人員——就直接簽名後寄給洛希爾銀行。這封信，大大降低了洛希爾銀行的疑慮。多虧了易有志，劉特佐成功地編織出他來自億萬富豪家族的故事。只是易有志已經踩了不該踩的紅線，後來也付出代價。

為了避人耳目，劉特佐用盡各種手法，有些離譜到好笑。例如，他用「Eric Tan」（也就是他的助理胖子 Eric）的名義，開了一個 Gmail 帳戶，並且用這個帳戶處理生意上的事，試圖讓別人以為負責的人不是他，是 Eric Tan。有一次，他要在瑞士安勤銀行開戶，就用「Eric Tan」的 Gmail 帳戶，與安勤的銀行家安排在吉隆坡見面。安勤銀行的新加坡主管飛到吉隆坡之後，原本以為會見到「Eric Tan」，結果卻是劉特佐在晚間去旅館接他。劉特佐將他載到家裡，並告訴他自己真正的身分，不過要求他對外仍繼續稱他「Eric Tan」。

從這段時間起，劉特佐大部分的對外往來，都是用這個「Eric Tan」的 Gmail 帳戶，接下來他所設立的許多空殼公司與開設的銀行帳戶，都是由真正的胖子 Eric 出面。然而，實際上胖子 Eric 只管拿錢與玩樂，很可能完全不知道自己替劉特佐承擔了巨大的風險。

劉特佐到底在想什麼？就像易有志，他同樣踩了不該踩的紅線。原本他只是在許多交易與資金流動上編造謊言，但現在他竟然開始假冒他人。或許他也是逼不得已，但他目前為止總是安然過關。但他一刻也不得閒：光是把資金轉來轉去，就夠他忙的了。

接下來，他還有另一筆債得還：他得想辦法幫助納吉連任。

30 — 681美國派，首相的祕密帳戶

檳城，二〇一三年四月

那是悶熱的一天。回到檳城替納吉助選的劉特佐，那天陪著巴斯達韻乘坐三輪車，在檳城首府喬治市遊玩，另一位朋友則陪著史威茲．畢茲坐在另一台三輪車上。穿著寬鬆短褲，脖子上戴著金項鍊的巴斯達韻與其他三人逛了一下熱門景點後，一起去吃午餐——炒粿條、蝦麵、汽水等，都是劉特佐小時候愛吃的在地美食。不過，劉特佐這時候已經累垮，身上穿的印有「1Malaysia」字樣藍色polo衫早已溼透。

隔天，巴斯達韻在當地一所華文學校有一場演出，參與演出的還有史威茲．畢茲以及LMFAO的主唱雷度福（Redfoo）。這場演唱會是由劉特佐贊助舉辦的，現場約八萬觀眾，都穿著印有「1Malaysia」字樣的免費T恤。

再過兩星期，就是馬來西亞大選。「現場不會有政治演說，」劉特佐接受當地電視台訪問時

說：「當然，主辦單位與參加演出的藝人都鼓勵團結、和平與繁榮。」

這是劉特佐想要扭轉局勢的最後一搏。民調顯示，檳城選民大多偏向反對黨，因此也成了納吉選情重要的戰區。劉特佐找了當地餐館配合，到處垂掛納吉的競選標語「1 Malaysia」。劉特佐成立的「一馬檳城福利俱樂部」（1 Malaysia Penang Welfare Club），除了捐很多錢給當地慈善團體，也出錢邀請韓國知名流行紅星江南大叔到檳城來辦演唱會。與此同時，一馬公司也撥出四億美元，在檳城買了很多地，聲稱要用來蓋平價住宅，照顧弱勢。

然而，儘管撒了很多錢，納吉依然在檳城不太受歡迎。在江南大叔演唱會那晚，納吉上台致詞，他問在場觀眾：「準備好迎接江南大叔上台了嗎？」

「Yes！」觀眾大聲回答。

接著納吉又問，準備好迎接國陣重新拿回檳城政權嗎？

「No！」觀眾這回大喊。

這讓納吉非常難堪。因雞姦案被判坐了幾年牢、剛剛出獄沒多久的前副首相安華（Anwar Ibrahim），聲勢不斷看漲。口才很好的安華當時帶領一個反對黨聯盟，選前民調顯示他極可能贏得即將在五月五日舉行的全國大選。納吉可不想成為巫統史上第一個被趕下台的首相，於是他轉而向劉特佐要更多錢。

三年來，納吉與羅斯瑪放任劉特佐掌控一馬公司。羅斯瑪很享受劉特佐帶來的珠寶與豪宅，她兒子也順利成了電影界大亨，如今換納吉需要大筆資金來應付眼前的政治危機。

劉特佐當然知道自己得找出一大筆錢給納吉，但問題是這些錢要挪用也不是那麼簡單的事。尤其，在安華二月間發表的競選宣言中，其中一項就是要求公開一馬公司的帳目，如果當選，安華聲稱將關閉一馬公司。

為了自保，劉特佐只好想辦法籌更多錢。再一次，他找上了高盛。

高盛啊，要不要再來一次？

每年一度在瑞士滑雪度假中心達佛斯（Davos）舉行的世界經濟論壇（World Economic Forum），是一場全球頂尖精英的大型聚會。吸引了各國領袖、華爾街巨富以及財星五百大企業主管。大家都看到來自世界各國的專家在論壇上討論各種議題，不過那只是這場論壇的「公開」活動，其實在媒體捕捉不到鏡頭、只限特定人士參與的小會議室裡，才是這些精英們談交易的地方。

一月底，高盛負責「成長中市場」、來自紐約的副董事長麥可・伊凡斯（Michael Evans），在萊斯納居中安排下，打算在達佛斯會見一個重要的人：馬來西亞首相納吉。在論壇的公開場合，納吉強調馬來西亞是回教世界的民主典範，而他是稱職專業的國家領袖。

「我們必須照顧年輕人，我們必須讓年輕人有工作！」他在接受CNN評論員法里德・扎卡里亞（Fareed Zakaria）訪問時說。

然而，此刻與伊凡斯、萊斯納見面，納吉關心的是另一件事。與兩位高盛高層寒暄之後，納吉很快就開門見山地說，二〇一二年高盛曾經替一馬公司發行債券，他問高盛要不要再來一次？而且就像先前那兩次，速度要快、要低調。其實，高盛原本就預期將來能在馬來西亞接到更多生意，但納吉在距離前一次債券發行計畫的三個月（其實不到）之後，就主動把生意送上門，簡直是天上掉下來的禮物。

納吉說，他要再發行三十億美元債券。對高盛而言，顯然又是海撈一票的機會。

之所以需要這筆錢，照納吉的說法，是因為他打算與阿爾巴投資公司合作，在吉隆坡規畫一個新的金融區，並且取名為「敦拉薩國際交易中心」（Tun Razak Exchange），以紀念他的父親。他希望，能將吉隆坡打造為亞洲最先進的金融中心。納吉不斷解釋，這個計畫，阿爾巴投資打算投入三十億美元……。

伊凡斯說，當然，高盛非常樂於配合。通常華爾街銀行要爭取一筆生意，得準備厚厚的一疊提案報告，詳細說明如何進行、報酬率多少、潛在投資者有哪些人等等。但這回，高盛似乎什麼都不用準備，光是見面就能拿下如此龐大的生意。當高盛亞洲區總裁大衛·萊恩聽到這件事時，他懷疑其中有鬼。但再一次，蓋瑞·康恩與馬克·舒華茲（新任亞洲區董事長、萊恩的新頂頭上司）都大力支持這個計畫。於是，高盛展開了新的「觸媒專案」（Project Catalyze），替馬來西亞展開另一次的債券發行計畫。

大馬銀行裡，有一個首相的祕密帳戶……

緊接著三月，正當高盛準備全數吃下一馬公司的三十億美元債券時，發現一件很可疑的事：一馬公司要求把這筆錢，直接匯入一個瑞意銀行帳戶。

負責這筆交易的一位新加坡律師黃凱文（Kevin Wong，音譯），在一封電子郵件上提出警示，將如此龐大巨款存入一家私人銀行，是非常不尋常的。但是，高盛沒有理會黃凱文的警示，在一份提交給一馬公司與阿爾巴投資公司的簡報中，高盛表示理解客戶的關鍵需求，包括「執行期間保持高度機密」以及「速度」。也就是說，這起交易必須快，而且必須保密——至於為什麼得如此，一馬公司沒解釋，似乎也沒人在意。不過，高盛為這批債券的潛在投資者準備的說明書中，倒是有強調一馬公司與阿爾巴當時尚未有具體的營運計畫書。

這一次，高盛已經駕輕就熟。三月十九日，香港ＰＦＩ部門比照前兩次的方式，買下全部三十億美元債券。這次，兼任馬來西亞財政部長的首相納吉，親自簽署一封文件替債券背書，如果一馬公司無法償還，將由政府代償。光是這筆生意，就讓高盛賺了近三億美元。加總起來，過去十二個月，高盛靠著替一馬公司發行三次債券，賺了六億美元——這個金額，比一般其他相似規模的債券發行，遠遠高出兩百倍。如此暴利，不可能不引起關注。

二〇一三年三月，當高盛這次債券發行計畫即將結案，劉特佐透過藍莓機傳了一則訊息給吉隆坡大馬銀行（AmBank）職員余金萍（Joanna Yu），提醒她有一筆「681 American pies」將從海外匯入一個叫做「AMPRIVATE BANKING--MR.」的神祕帳戶。只有劉特佐、大馬銀行幾位高層等極少數人，才知道這個帳戶的所有人，就是首相納吉。劉特佐告訴余金萍，「PM」不要他的名字、地址、身分證號碼出現在匯款單上。劉特佐很清楚，在選前的敏感時刻要特別小心。

任何與這個帳戶相關的活動，「都必須嚴格監控與追蹤，如果有任何人接觸這個帳戶、複製影本，我們都必須知道。」劉特佐寫道。

劉特佐補充，最怕的，是被反對黨拿到這個帳戶的資料並且公開踢爆。劉特佐與余金萍討論如何將這筆巨款拆成較小筆的金額，以避免衝擊到馬幣匯率。

隔天，高盛一將三十億美元存入瑞意銀行，立刻就有高達十二億美元被侵吞——先透過庫拉索的基金，再轉入一家登記於英屬維京群島的空殼公司。這家名叫 Tanore Finance Corporation 的空殼公司，登記負責人是胖子 Eric。然後，再從 Tanore 帳戶分兩筆匯入納吉的祕密戶頭，共六億八千一百萬美元。這兩筆匯款的美方拆款銀行，都是劉特佐平常往來頻繁的富國銀行（Wells Fargo），儘管匯款單上沒有收款人的相關資料，富國銀行似乎也覺得無所謂，就這樣放行了——反正只是每天數以兆計資金流動中的一小筆而已。

劉特佐是在二〇一一年，經由大馬銀行董事經理謝德光（Cheah Tek Kuang）的協助，替納吉開設了這個祕密帳戶。劉特佐大約在十年前，從華頓商學院畢業返馬後，認識謝德光的。贏曠公司成立早期，劉特佐就是向大馬銀行借貸。由於劉特佐承諾將來會給大馬銀行更多生意做（例如替一馬公司提供諮詢、承銷將來發電廠的掛牌上市等等），因此當劉特佐說要替納吉開設帳戶時，謝德光欣然允諾協助。

次年，劉特佐將一億七千萬美元匯入納吉的帳戶。為了避人耳目，劉特佐與謝德光將這筆匯款標示為「內部轉帳」躲過法遵部門的法眼。

大馬銀行的大股東之一，是澳紐集團（Australian and New Zealand Banking Group，簡稱ANZ），但納吉在大馬銀行開設祕密帳戶，澳紐集團從頭到尾完全被蒙在鼓裡。納吉利用這個帳戶裡的錢，收買政客、買珠寶、在超跑車專賣店 Signature Exotic Cars 花了五萬六千美元。在劉特佐的指示下，大馬銀行的余金萍負責處理所有匯入與匯出事宜。隨著選舉愈來愈接近，這個帳戶也愈來愈活躍。

那位馬來西亞老兄所提供的文件，簡直太扯了

由於涉及的金額龐大，劉特佐需要找「友善的」銀行配合才行。為了確保不會出狀況，

Tanore 在瑞士的安勤銀行開戶，安勤是阿爾巴所擁有，負責人又是劉特佐的合作伙伴阿末・巴達維。為了解釋這筆六億八千一百萬美元的匯款理由，劉特佐擬了一份假的貸款合約，聲稱這筆錢是 Tanore 公司「借給」「AMPRIVATE BANKING-MR」這個帳戶的，而且合約上稱這個帳戶屬於「財政部長」——而不是首相——名下的一家公司。但造假得如此明顯的合約，其實很難逃過銀行的法眼。

在安勤銀行的瑞士總部，銀行執行長伊多爾多・李曼（Eduardo Leemann）不敢相信劉特佐竟然提供如此草率的貸款合約。五十幾歲的李曼是瑞士人，曾經擔任高盛私人銀行部門負責人，他在一九九〇年代加入安勤銀行的前身「AIG私人銀行」（AIG Private Bank），見多了巨額轉帳，他知道劉特佐的粗糙手段會給他惹來麻煩。

沒錯，平常劉特佐很謹慎，但此刻他很急迫，而且如今涉及的事情太多，使得他再也無法細心布每一個局。三月二十五日，第二筆匯款準備要轉帳當天，李曼打電話給阿末・巴達維。

「阿末，我們那位馬來西亞老兄所提供的文件，簡直太扯了，我只是老實跟你說……這……這會讓我們惹上麻煩。」李曼緊張到聲音有點發抖：「這些文件太不專業、太草率、太粗糙。我手上收到的這些文件簡直是笑話，老實說，阿末，是笑話！你看，這麼大一筆錢，他怎麼可以這樣亂拆一通——這裡一筆九百萬、那裡一筆兩千萬……，一看就知道是假的……，我覺得……這太扯了！你趕快去跟劉特佐說，要嘛，趕快在六個小時內弄一份我們法遵部門可以接受的文件，要嘛，我們的麻煩大了。」

於是，阿末．巴達維立即聯絡劉特佐。「特佐，我們所收到的文件，太扯了，問題很大。」他寫道。

李曼最擔心的，是其他相關銀行——尤其是美國的銀行——如果發現異常，通報主管機關。他說，安勤銀行特別請法律專家看過這個案子，「只要有任何一家銀行吹一聲口哨，向主管機關報告……，那我們事情就大條了。」

劉特佐要阿末．巴達維趕緊想辦法。當時，他經手的匯款太多——有的要給首相、有的要給生意伙伴、有的要拿去買豪宅開派對——多到他無法每一件事情都能安排妥當，也愈來愈仰賴瑞意銀行、安勤銀行高層的朋友來幫他確保這些匯款都能暢行無阻。

一馬公司的法律顧問盧愛璇發現，劉特佐愈來愈胖，很可能與壓力太大有關。劉特佐也承認，晚上常常失眠。但他已經無法回頭，只能繼續往前衝。至於安勤銀行的匯款問題，儘管李曼很擔心，但在阿末．巴達維的背書下，仍然順利放行了。

在一馬公司的黑錢支助下，納吉在二〇一三年大選中如虎添翼。隨著投票日愈來愈接近，劉特佐掌握錢脈，將數以百萬計的現金撒向全國各地。他透過黑莓機不斷向余金萍下指令，要她從納吉的帳戶付錢給巫統政客。由於要處理的支票實在太多了，她心裡很不爽，在背後叫劉特佐「肥仔」。其中有些匯款，是經由納吉另一位弟弟、CIMB銀行執行長納西爾．拉薩（Nazir

Razak）的私人銀行帳戶。

五月五日投票後，納吉險勝，躲過了一劫，劉特佐再度立了大功，納吉感激在心。不過，對納吉而言那次選舉只能算慘勝，不僅沒有贏得檳城，得票率也比反對陣營低。之所以可以繼續執政，是因為選區規畫對執政的巫統有利。雖然安華聲稱選舉舞弊，但大勢已去。

大選過後，媒體仍然緊盯不放……

雖然納吉安然過關，但劉特佐卻有了新的麻煩。

沒錯，納吉仍大權在握，劉特佐在一馬公司的所作所為暫時逃過了反對黨的圍剿，但選舉期間的龐大支出，以及高盛從一馬公司所賺取的暴利，開始引起更多記者的關注。例如，《*The Edge*》就對PSI合資計畫、董事長巴克沙列的突然辭職等問題表示質疑，只可惜當時《*The Edge*》的記者尚無法取得具體違法事證。

《*The Edge*》的老闆童貴旺也展開一波新的調查，選後沒多久，該報刊登了一份針對一馬公司的調查。這篇長達兩千字的專題報導指出，一馬公司如何集資了一百億美元，結果卻只投資了兩座發電廠；質疑為什麼原本投資PSI的十八億美元，會拿去買開曼群島的基金，而且金額變成二十三億美元？不過，報導中除了指出一馬創始初期有劉特佐的參與，完全沒有提到劉特佐的其他角色。

國際媒體也開始耳聞，高盛從一馬公司海撈一票。傳出耳語的，主要是東南亞的投資銀行，因為這些銀行當地主管都被倫敦、紐約總公司的老闆修理，怪他們錯失了這麼好賺的生意。還有蓋瑞・康恩自己，也在紐約與記者見面時主動提起這筆交易。

選舉期間，《華爾街日報》刊登了一篇報導，標題是〈GOLDMAN SEES PAYOFF IN MALAYSIA BET〉（高盛押注大馬終有回報），兩位記者 Alex Frangos 與 Matt Wirz 細述高盛如何替砂拉越與一馬公司發行債券，大賺兩億美元。然而，實際上金額不只兩億美元，而是六億美元，但已經足以讓高盛跳腳。高盛發言人對外表示，客戶之所以找上高盛，是因為高盛具備「公開市場」所缺乏的「提供複雜財務方案」能力。

緊接著八月間，《*Focus Malaysia*》財經周刊，以封面故事報導〈誰是劉特佐？〉。報導中提到劉特佐與阿布達比的關係，質疑與他相關的投資案——包括購買EMI——並且懷疑錢都是來自一馬公司（不過該篇報導並未提出證據）。但一馬公司傾全力滅火，「據一馬公司所知，劉特佐的角色是零。」《*Focus Malaysia*》引述一馬公司執行長沙魯・哈米的話說。

看來，媒體已經盯上了。劉特佐是否心生警覺？沒有。剛剛到手的三十億美元，並不是全部都給了納吉與他的政治盟友，還有一大筆流到劉特佐的帳戶裡。而他開心慶祝老闆勝選的同時，也在選購能襯托他「好萊塢億萬富豪」身分的藝術品。

31 不見天日的藝術品

紐約，二〇一三年五月

劉特佐心跳加速，緊張地拿著電話。「三千七百五。」他喘著息說。

電話另一頭，是佳士得拍賣公司的當代藝術專家盧瓦克·古澤（Loïc Gouzer）。當時，古澤人在佳士得位於洛克菲勒大樓的紐約總部拍賣大廳。古澤向拍賣官示意，出價三千七百五十萬美元。拍賣官笑著說：「這次，會成功買到嗎？」

牆上掛著的，正是劉特佐在搶標的作品：尚·米榭·巴斯奇亞（Jean-Michel Basquiat）的〈癮君子〉（Dustheads）。這幅七呎高、完成於一九八二年的作品靈感來自非洲面具，是以壓克力、油畫棒、噴灑琺瑯等原料完成的兩個大眼人。這位來自布魯克林的塗鴉大師在一九八八年去世時，只有二十七歲，因此市場上所遺留的巴斯奇亞作品並不多，價格不斷上揚，這幅〈癮君子〉正是收藏家最愛的作品之一。

原本，每次加價級距是五十萬美元，但剛剛劉特佐直接價格「跳級」喊價，一次提高了一百萬美元，企圖讓對手知難而退。

然而，另一位同樣以電話委託的匿名投標人顯然沒有被劉特佐的跳級喊價嚇跑，繼續追加五十萬美元。接著，價格不斷攀高——三千八百萬、三千九、四千、四千一、四千一百五、四千二、四千兩百五，雙方互不相讓。就在這時，劉特佐深深吸一口氣，再次「跳級」喊出四千三百五十萬，古澤再向拍賣官示意。這回，對方沒有跟進。

「看來沒人要追價了，」拍賣官說完，接著落槌：「成交！四千三百五十萬美元！」

加上拍賣公司所收取的服務費之後，總成交價為四千八百八十萬美元，創下巴斯奇亞作品的最高價紀錄。劉特佐當時人在佳士得的包廂裡，成交那一刻，整個包廂歡聲雷動，李奧納多、史威茲・畢茲、麥克法蘭等人，大大恭賀他一番。

那一天，是馬來西亞大選的十天之後。劉特佐以買下世界上最昂貴的畫作之一，來紀念納吉的勝利。劉特佐是在大選之後，才以 Tanore 公司的名義在佳士得開立帳戶。當時 Tanore 已經從高盛的債券發行中進帳十二億美元，劉特佐打算用這筆錢，來打造世界級的藝術收藏。

四年之中，掏空了五十億美元

只有劉特佐自己知道，過去四年來，他總共撈走了多少錢。其實，就算他自己，恐怕也無法掌握精確的數字。二〇〇九年以來，他從PSI時期撈走十五億美元；二〇一二年的兩次高盛債券發行，他撈走十四億美元；這回，再增加十二億美元。除此之外，馬來西亞公務員退休金帳戶有一筆借給一馬公司底下名叫「SRC International」的十億美元，目前不知所蹤。換言之，總共超過五十億美元被他掏空。這些錢當中，超過十億美元被他揮霍掉，超過十億美元拿去買豪宅、買公司；超過十億美元付給了首相與其他政客。

為了填補被掏空的財務黑洞，劉特佐寄望於將發電廠掛牌上市後，能賺進數十億美元。他認為自己可以繼續這樣玩下去，就像馬多夫，總相信自己有辦法釣到下一個凱子、繼續支撐他的金字塔騙局，而且馬多夫一玩就是四十年。

馬多夫——以及其他——騙局，一旦找不到新的資金，整個局就會垮掉。但劉特佐認為政府的錢是用不完的，他可以取之不盡。一般人的負債得背一輩子，但政府往往可以撤銷自己捅出來的債務。劉特佐要瑪浩尼（PSI的投資長）放心，納吉最後一定會同意將所有虧損一筆勾銷。納吉的父親敦阿都．拉薩，希望馬來西亞是一個以民主自豪的國家，但劉特佐的所作所為，卻使得這個國家與敦拉薩的夢想漸行漸遠。

從高盛到私人銀行，西方金融機構為虎作倀，與劉特佐聯手掏空馬來西亞。沉迷於藝術收藏的劉特佐，完全無視於六成以上的馬來西亞家庭每月收入低於一千六百美元。一馬公司的十億美元負債，全都得由後代子孫扛下。納吉口中信誓旦旦，要讓馬來西亞在二〇二〇年躋身已開發國家的生活水準，但這個國家的政治領袖們自己賺得飽飽的，卻無法為老百姓實現這個目標。馬來西亞人均所得約一萬美元，相當於美國的五分之一，正陷入所謂的「中等所得陷阱」，不算窮，但也還沒致富。過去，日本、韓國、新加坡、台灣都達到已開發國家的水準，但如今受貪汙腐敗之苦的馬來西亞——以及巴西、俄羅斯與其他許多國家——卻遲遲難以翻身。

其實，拍賣會當天，劉特佐不只買巴斯奇亞的畫，他同時花八百萬美元，買了另外兩幅亞歷山大・考爾德（Alexander Calder）的作品。那一天對佳士得而言，是歷史性的一天，當天總業績高達四億九千五百萬美元，創下拍賣史上的最高紀錄。根據歐洲藝術基金會（European Fine Art Foundation）的統計，那一年全球藝術市場規模來到四百七十億歐元，較十年前暴增了一五〇%。

劉特佐企圖透過藝術品，來打造自己的文化氣息，可以向同樣是藝術收藏家的史威茲・畢茲，炫耀自己的巴斯奇亞收藏。但其實他根本不重視這些作品，也不把這些作品展示出來。相較於別的資產，藝術品有個優點：很不容易追蹤，而且可以很快變現。他需要一個安全又隱密的地方，來存放這些藝術品。

日內瓦免稅站，藝術品的開曼群島

在日內瓦市中心南方，有七座扁平的白色倉庫。這裡不是Pictet、Julius Baer這類私人銀行坐落的舊市區，而是離此不遠的一個工業區。這些倉庫與一般工業區的簡陋建築差不多，外面停放著貨車，只是門禁較為森嚴，門口還有虹膜掃描器。

這裡叫做「日內瓦免稅站」（Geneva Freeport），是當地有錢人存放私人物品——金條、珍貴紅酒及藝術品——的倉庫。

長期以來，歷史悠久的免稅站一直是當地貿易商暫時存放各種商品、免於被課徵地方稅的地方。政府願意犧牲稅收，主要原因是希望這些商品能帶來更多經濟活動與投資。「日內瓦免稅站」的主要股東是日內瓦市政府，從十九世紀以來，就是當地穀物、木材等商品的免稅轉運中心。漸漸地，有錢人開始利用這個免稅站來運送黃金等私人物品，最後成了長期存放這些物品的倉庫。存放在免稅站的物品，沒有期間限制，換言之，想放多久都可以，政府也永遠抽不到稅。

二〇一三年，瑞士財政部長估計存放在免稅站裡的物品，總值超過一千億法郎，包含一百二十萬件藝術作品、三百萬瓶頂級紅酒。如果開放讓民眾參觀，這些倉庫將是全球收藏最豐富的博物館，裡頭的作品比羅浮宮、普拉多博物館還要多。除了免稅之外，這裡也是個隱密的好所在，對於裡頭存放的東西，政府並不會過問太多。

想也知道，這裡是洗錢者的天堂。或許，劉特佐是經由卡登得知這個好地方，因為卡登存放了好幾台名車——包括一台 Bugatti Veyron、一台 Pagani Huayra——在這裡。

剛開始，掏空來的錢，劉特佐主要用來買豪宅與飯店，外加豪賭與開派對。在美國，當客戶用現金買房子，房地產業者本來就無須特別向政府申報，何況劉特佐有許多空殼公司為掩護。但房子畢竟是有形的不動產，萬一發生什麼危機也無法移動。劉特佐一直很怕外界知道，其實他才是時代華納閣樓、好萊塢鳥街豪宅的真正主人。就在不久前，美國房地產新聞網站報導里札買下「桂冠公園」豪華公寓的消息，不過該篇報導以為賣方是洛希爾的銀行家，不知道劉特佐的真正身分。除了買下ＥＭＩ與總督飯店集團等公司股權之外，他也用二〇一三年發行債券撈到的那筆錢，買下英國內衣品牌 Myla（顯然是羅斯瑪喜歡的牌子）。同樣的，這些公司股權要脫手也不是那麼容易。

而且，瑞士的銀行也不再如過去那麼替客戶保守祕密。二〇一三年美國司法部推出一項新政策：願意協助查緝逃漏稅美國居民的瑞士銀行，將可免於被起訴。看在劉特佐眼中，這意味著不能再仰賴瑞士的銀行，包括瑞意銀行在內，很快就開始與美國司法部合作，並開始對劉特佐的資金往來提出質疑。至於有李曼在的安勤銀行，也不容易擺平。隨著一馬公司愈來愈受到關注，劉特佐需要更難被追蹤、更容易變現的資產。

藝術市場正中他下懷。看在「防制洗錢金融行動小組」（Financial Action Task Force）眼中，藝術品就像珠寶，是非常難以管理的金融市場。負責撮合買賣雙方的業者——從紐約、香港或日內瓦的小型拍賣公司，到蘇富比、佳士得等大公司——都沒有揭露買家身分的義務，有時候他們連隱藏在空殼公司背後的賣家真正身分都無法掌握。雖然瑞士銀行保密的傳統已經被破解，日內瓦免稅站仍可繼續保有機密，不必對外揭露客戶名單。有一家瑞士藝術品倉庫的老闆伊夫士・波維爾（Yves Bouvier），二〇一〇年在新加坡樟宜機場附近開了一家類似日內瓦免稅站的倉庫，《紐約時報》稱這種倉庫為「藝術世界裡的開曼群島」。

包廂搞不好比藝術品還重要

劉特佐和麥克法蘭頻繁地造訪紐約的各大拍賣行，占據「買家包廂」（skybox）——從這裡可以看到拍賣大廳，觀察拍賣現場，並隱身於此透過電話參與競標。一七〇〇年代創立於倫敦的佳士得，員工們往往自視甚高，很多花錢向他們購買藝術品的富豪，都不被他們看在眼裡。而劉特佐這幫人在他們看來，就是一批暴發戶。有時候，麥克法蘭代表Tanore公司競標，曾以七十一萬四千美元買下馬克・瑞登（Mark Ryden）的畫、三十六萬七千美元買下愛德華・魯沙（Ed Ruscha）的作品，但基本上，佳士得高層認為，劉特佐就是Tanore，Tanore就是劉特佐，這位馬來西亞人是在為公司採購收藏品。

不過，實際上，劉特佐一直設法撇清自己的角色，例如他都是用胖子 Eric 與麥克法蘭的名義投標，有一次則是用 Eric Tan 的 Gmail 帳戶向佳士得預定一間十二個人的買家包廂。

「這包廂最好夠豪華，」佳士得一位員工寫信給同事說：「對這位客戶來說，包廂搞不好比藝術品還重要。」

那天晚上，劉特佐花了五百五十萬美元，買下梵谷的名作〈黃房子〉（La maison de Vincent à Arles）。過去，劉特佐都是順利透過安勤銀行匯出款項給佳士得，但是這一次，安勤銀行的法遵擋下了匯款。於是，劉特佐只好寫了一封電子郵件——用 Eric Tan 的 Gmail 帳戶——給佳士得，為這次購買梵谷作品的付款延遲致歉。後來，劉特佐是從別處調錢來還給佳士得。

總計從二〇一三年五月到九月之間，劉特佐以 Tanore 的名義，買了一億三千七百萬美元的藝術品。除了 Tanore 之外，他也以其他人頭的名義購買如梵谷、羅伊．李奇登斯坦（Lichtenstein）、畢卡索與安迪．沃荷的作品，到了二〇一三年的年底，他持有的藝術品總值估計已經高達三億三千萬美元。他將所有藝術品都存放到日內瓦免稅站，同時設法隱藏購買這些作品的資金來源。於是，他再度以 Eric Tan 的名義，寫了許多封電子郵件給自己，表示要將「Tanore 買的藝術品」轉贈給他。

根據這些電子郵件，「胖子 Eric」表示，為了感謝劉特佐的「慷慨、協助與信任，尤其是在我人生的谷底時所給予的協助」，要將這批藝術品「送」給劉特佐。而且每一封電子郵件的結尾，都很突兀地加上一句話，強調這項禮物「在任何情況下皆不可被視為一種貪汙行為」。劉特佐顯然太天真了，怎麼會有人輕易將一幅一億美元的作品送給人家當禮物？另外，麥克法蘭也收到來自「胖子 Eric」的禮物，那是一幅比較便宜的馬克．瑞登作品。不過，這些禮物根本沒有人能享用，因為全都被鎖在日內瓦免稅站、有溼度控制的保險庫裡。

這一來，劉特佐已經把好幾億美元藏在一個安全的地方。但其實還有一種東西，比藝術品更方便攜帶，那就是：珠寶。為了討羅斯瑪歡心，或許也為了吸引別的名媛、為了彰顯自己的身分，劉特佐大肆收購珠寶。

32 珠寶商與銀行家

Topaz 號上，二〇一三年七月

曼蘇爾親王的豪華遊艇 Topaz 號上，大夥兒興致勃勃。這艘遊艇耗時四年打造，耗資五億美元——相當於五架F-35戰鬥機的成本。納吉此刻正在船上，慶祝自己的勝選。在其中一個主廳裡，納吉與曼蘇爾親王的哥哥、阿布達比皇太子莫哈默親王（Sheikh Mohammed）交談。

這場會面，是劉特佐在二〇一三年七月初安排的。出席的人還有萊斯納，以及曾經與納吉在達佛斯碰面的高盛副總裁麥可．伊凡斯（Michael Evans）。納吉意氣風發，劉特佐提供的資金讓他穩住政權，現在阿布達比準備要給他大筆資金、高盛從旁協助，打造一個以他家族為名的金融中心。納吉轉向伊凡斯與萊斯納，肯定他們目前為止的表現，並且保證將來還會有源源不絕的合作機會。

「你們有看到別家投資銀行在這艘船上嗎？」納吉笑說。

這場會面之後，納吉在聖托佩（Saint-Tropez）與朋友吃晚餐，大約有八位出席，多是來自馬來西亞與中東的友人。一如平常，劉特佐的好友傑米．福克斯在現場彈奏與演唱。

其實，當天有一位高盛高層，沒有出席這場聚會，這個人就是不斷質疑一馬公司的亞洲區總裁大衛．萊恩。就在七月間，才四十三歲的他突然宣布退休。他的質疑是正確的，卻被高層當耳邊風。

建造Topaz號的部分資金來源，正是來自高盛付給一馬公司的錢。這次，劉特佐花了三百五十萬美元租用一個禮拜，同樣也是來自一馬公司的錢。除了納吉之外，劉特佐也得討羅斯瑪歡心，他已經讓她兒子成為好萊塢製作人、在倫敦買了豪宅，但他知道羅斯瑪最愛的一樣東西，就是鑽石。

那年夏天，就在Topaz號停靠在蔚藍海岸邊時，美國知名珠寶商洛琳．施華滋（Lorraine Schwartz）也來到摩納哥，劉特佐邀她到遊艇一起玩。他跟施華滋買過多次珠寶，兩人本已非常熟。他也不斷向羅斯瑪推薦施華滋。自從影星荷莉貝瑞在二〇〇〇年戴著她的珠寶走紅地毯之後，施華滋的事業開始扶搖直上，很多好萊塢明星都是她的死忠顧客。二〇一三年六月，劉特佐傳簡訊給施華滋，提出一個特別的要求：他要一顆十八克拉的「頂級粉紅鑽石，鑲在鑽石項鍊上。急。」七月初，施華滋找到了理想的樣本，原本劉特佐打算請阿末．巴達維去拿，但施華滋決定親自飛到法國來。

施華滋登上遊艇後，劉特佐介紹她與眾人認識，包括阿末・巴達維、羅斯瑪與她的馬來西亞朋友，並且一起欣賞施華滋手上的鑽石。在鑽石評鑑上，「豔彩」（vivid）是顏色外觀的最高等級，施華滋找到的這一顆甚至高達二十二克拉，超過劉特佐原本預期的十八克拉。她們七嘴八舌，討論該搭配什麼樣的項鍊，結果大家達成結論：用多顆小鑽石串成的項鍊，再搭配這顆鑽石，最適合羅斯瑪。

Black代表羅斯瑪的心，rock則是她愛的鑽石

兩個月後，九月底，劉特佐的龐巴迪私人飛機在紐澤西泰特伯勒（Teterboro）機場上空盤旋。所有想在最短時間抵達曼哈頓的富豪，都會選擇在這個機場降落。

飛機停靠後，劉特佐和里札、胖子 Eric 與麥克法蘭一起走下飛機。他們剛去了拉斯維加斯賭博，但納吉夫婦在紐約參加聯合國大會，劉特佐得趕回來見羅斯瑪。納吉很喜歡與各國領袖見面，很少缺席各種高峰會。這趟來紐約，他還想跟高盛執行長貝蘭克梵見面。

至於羅斯瑪，則比較關心珠寶。幾個禮拜前，劉特佐（又是用 Eric Tan 的 Gmail 帳號）傳訊息給施華滋，告訴她這位馬來西亞第一夫人即將到紐約，請她將項鍊拿去給羅斯瑪。劉特佐要施華滋將收據寄給他以 Eric Tan 的名義所成立的另一家空殼公司 Blackrock Commodities（Global）——乍看之下會以為是美國知名的投資公司 Blackrock，其實兩家公司根本無關。（劉特佐曾跟人家說，Black（黑）代表羅斯瑪的心，rock（石頭）則是她愛的鑽石。）劉特佐還特別向施華滋強調，買項鍊這件事一定不能讓外界知道。

「正如過去好幾次提醒的，別在電子郵件上提起劉先生的名字，他只是介紹人，不是購買人！這是非常敏感的事！」劉特佐用 Eric Tan 的 Gmail 帳戶寫給施華滋助理的電子郵件上寫道。

選舉過後，納吉將六億兩千萬美元匯回給 Tanore，其中部分金額後來流入 Blackrock 在新加坡發展銀行的帳戶。劉特佐用 Eric Tan 的帳戶寫信給發展銀行的法遵部門，聲稱 Blackrock 是一家珠寶批發商，因此往來金額較為龐大。原本發展銀行不肯放行，導致匯給施華滋的款項延遲，不過最後劉特佐還是成功說服銀行法遵，發展銀行也將款項匯出。光是前面提到的這件鑽石項鍊，要價高達兩千七百三十萬美元，也成了世界上最昂貴的珠寶之一。

不過，當時項鍊尚未完成，但羅斯瑪急著想看看設計。納吉夫婦住在中央公園附近 Columbus Circle 的東方文華飯店（Mandarin Oriental），而劉特佐住的時代華納閣樓基本上算是飯店的一部分（就在客房的樓上），因此他去找納吉夫婦可以順利避開媒體的追蹤。九月二十八日，劉特佐與施華滋一起到了羅斯瑪下榻的房間，將設計圖給羅斯瑪看，羅斯瑪很滿意。雖然那是劉特佐買給羅斯瑪最昂貴的一條項鍊，但不是最後一條。

與此同時，納吉正忙著招來更多投資。在東方文華會議室裡，高盛執行長貝蘭克梵安排了幾位重量級人士與納吉碰面，與會者包括約翰・鮑爾森（John Paulson，著名避險基金的老闆，金融風暴期間他大賺了四十億美元）、大衛・邦德門（David Bonderman，私募基金TPG Capital的創辦人），以及納吉女兒諾雅娜（Nooryana Najib，她念完喬治城大學之後加入TPG倫敦分公司，當時派駐於香港）。

與我的朋友拿汀斯里羅斯瑪在#舊金山

二〇一三年三月，為高盛大賺一筆而走路有風的萊斯納，從香港搭乘國泰航空飛往吉隆坡看F1賽車。就像新加坡的F1，這場大賽成了東南亞富豪聚在一起談生意與玩樂的好藉口。

萊斯納坐在商務艙，被他旁邊一位比他年輕幾歲的美女深深吸引。這位美女六呎高、黑長髮，有著高臉頰與厚厚的雙唇。萊斯納覺得她有點面熟，似乎在哪見過。

原來，她是美國名模、電視名人吉摩拉・席蒙斯（Kimora Lee Simmons）。飛機起飛後不久，她開始把包包與外套放到她與萊斯納之間的空位子上。由於她與萊斯納都是貴賓會員，國泰航空通常會安排兩人之間的位子空著，讓他們放東西。但是萊斯納向席蒙斯抗議，兩人也因此爭執起來。

席蒙斯在美國知名度很高，因為她曾有個實境節目《Kimora: Life in the Fab Lane》，講述她如何一邊照顧與前夫拉瑟．席蒙斯（Russell Simmons，Def Jam Recordings 老闆）的兩個女兒，一邊打造自己的時尚王國。緊接著，萊斯納與她不再吵了，而是相互來電。四個小時的航程後，萊斯納向席蒙斯求婚——這也是萊斯納把妹的常見伎倆。

雖然兩人沒有馬上結婚，但萊斯納出門談生意，往往都會帶著席蒙斯同行，她也與納吉夫婦成了好朋友。在亞洲，見面三分情，對談生意而言是很重要的。大選之後，從南法到美國，萊斯納幾乎與納吉形影不離。其實在紐約碰面之前，萊斯納還陪著納吉夫婦到舊金山，參加馬來西亞主權基金國庫控股辦公室的開幕儀式。那天，擁有龐大粉絲追蹤的席蒙斯，在 Instagram 上傳了一張自己與羅斯瑪出席國庫控股開幕儀式的照片，羅斯瑪穿著綠色傳統馬來服裝，席蒙斯則穿著紅色低肩禮服。

「與我的朋友拿汀斯里羅斯瑪在#舊金山」她在貼文上寫道。

很顯然，那天並不是她們第一次共同出席活動。她在另一則貼文秀了一張她與萊斯納和納吉的合照，兩位男士穿著開領白色襯衫與外套——這是兩人非常罕見的一張合照。

萊斯納與席蒙斯在二〇一三年底——認識九個月後——結婚，兩人的愛情故事也登上了《*People*》雜誌。對平常習慣了低調、連社群媒體都敬而遠之的高盛銀行家而言，這可不是件好事。高盛需要賺馬來西亞的錢，但不需要昭告天下。

萊斯納所帶領的部分高盛員工，非常需要劉特佐。劉特佐的積極行動，讓他們相信未來能從他身上賺到更多錢。先前，劉特佐的金威公司買下EMI的部分股權，但現在他想要主導一項大型併購，成為真正有名的投資家。如果能同時買到一家賺錢的好公司，也能確保他的掏空計謀不會被拆穿。

33—我想當真正的企業家

紐約，二〇一三年七月

劉特佐正與紐約地產商史帝夫．威特考夫（Steve Witkoff）在餐廳吃慶功宴，從他們的位子可以俯瞰中央公園，遠望知名的廣場飯店（Plaza Hotel）以及鄰近的亨姆斯雷公園大道飯店（Helmsley Park Lane Hotel）——一棟於七〇年代完工的四十七層老舊大樓。

哈利．亨姆斯雷（Harry Helmsley）是紐約房地產界傳奇性的人物，自從他（一九九七年）與太太先後過世之後，他的後代陸續將多筆房地產脫手，其中，這棟公園大道飯店是最值錢的一棟。這棟大樓坐擁中央公園美景，倘若更新重建價值不菲。經過一番搶標之後，劉特佐與威特考夫成功在二〇一三年七月以六億五千四百萬美元得標，而且他所提供業主的頭期款高達一億美元——比一般行情高出一倍以上。如今兩人邊用餐，邊討論要如何打掉這棟大樓，重建為一棟「億萬富豪大樓」。

五間閣樓加裝戶外泳池，每間賣一億美元

金融危機爆發以來，許多像威特考夫這樣的紐約地產商，以較小資金參與這類開發案，讓口袋較深的外國金主來負擔主要的開發經費。劉特佐以金威公司名義當了EMI小股東之後，就一直想自己帶頭併購一家公司。正好當時他從一位知名房地產律師馬丁．艾德曼（Martin Edelman）口中，聽說威特考夫對爭取公園大道飯店開發案有興趣，於是請艾德曼介紹他與威特考夫認識。

一頭鬈髮的艾德曼，先後畢業於普林斯敦大學與哥倫比亞大學，接著在紐約執業長達三十年，當時他加入了最頂尖的事務所之一Paul Hastings。他說話快，人緣很好，工作很拚，與客戶交情很好。多年來，透過多次合作關係，他在中東有很豐厚的人脈，除了擔任阿布達比的穆巴達拉基金主權基金法律顧問，莫哈默親王也常常向他請教跨國投資房地產的問題。先前，穆巴達拉基金的主管介紹劉特佐認識艾德曼，現在艾德曼則介紹劉特佐認識威特考夫。

當時，威特考夫還以為劉特佐是真材實料的富豪，覺得他口袋深不見底。劉特佐同意占股八五％，而威特考夫負責剩下的一五％。威特考夫公司主管有一次向劉特佐詢問出資的細部計畫，劉特佐回復：「劉氏家族的財富從爺爺開始，目前傳承到第三代。」另一位主管則在一封給富國銀行（負責提供融資的銀行）也表示劉特佐的資金「來自家族信託」。

接下來幾個月，威特考夫集團不斷討論要如何重建公園大道飯店。由於紐約當地法律規定，新建築必須保留原有的飯店，因此他們請來瑞士建築師事務所 Herzog & de Meuron 合作設計這棟高達一千呎的大樓。根據 Herzog & de Meuron 的草圖，這棟預計於二〇二〇年完工的大樓將會成為中央公園南端最高大樓。劉特佐非常興奮，建議在五間閣樓加裝戶外泳池，預計每間可以賣到一億美元。

公園大道飯店案在二〇一三年十一月敲定，劉特佐挪用一馬公司的錢，透過多家空殼公司、家人的銀行帳戶與美國律師事務所的信託帳戶，迂迴地支付了兩億美元的前期款項。這回，劉特佐終於能靠這個案子揚名立萬，不過他有了另一個念頭。

原本他一心想利用這幾項投資，讓他所編造的資金來源故事更可信。不過，這會兒他發現自己似乎想錯了方向，或許他應該買下這些資產之後，再把資金移到別處，因為這一來這筆資金的來源就更名正言順了：正當投資所賺來的錢。於是，他在二〇一三年十二月，就將部分股權以一億三千五百萬美元，轉讓給穆巴達拉基金。出讓股權的所得當中，絕大多數流入了劉特佐、劉陸與劉福平開設於新加坡瑞意銀行的私人帳戶。這筆錢，是出售紐約知名房地產開發案的股權而來，他心想，應該就能從此切斷與一馬公司之間的關聯。

能與穆巴達拉基金成交，劉特佐還得感謝一個人：歐泰巴大使。不久前（十二月）在與歐泰巴的生意伙伴阿瓦塔尼碰面時，劉特佐答應會在年底匯款給他們兩人。其實，當時他準備投入另一項併購案，而且與高盛有關。

數天之內，獲利高達六〇〇%

劉特佐與高盛之間的關係愈來愈密切，並且認識了高盛派駐杜拜、負責投資銀行業務的哈森．索基（Hazem Shawki）。當時，美國德州的傳奇石油大亨奧斯卡．懷特（Osar Wyatt Jr.）在休士頓的 Coastal Energy 想要脫手，在高盛「非正式」協助下，劉特佐曾經於二〇一二年找上 Coastal Energy。但懷特認為他拿不出錢來，要他去找更大咖的金主合作。這回賣掉公園大道飯店持股之後，劉特佐口袋滿滿，於是找了阿布達比的ＩＰＩＣ合作，ＩＰＩＣ旗下的西班牙能源部門 Cespa（Compañía Española de Petróleos，也稱為 SAU），同意與劉特佐的空殼公司合作，聯手向 Coastal 開價二十二億美元。

就在雙方談判期間，高盛的法遵部門要求停止與劉特佐合作，主要是質疑他的財富來源。當年高盛拒絕讓他開設私人銀行帳戶，也是同樣的理由。

最後，懷特同意出售，劉特佐參與投資五千萬美元，其餘款項皆由 Cespa 出資。一周後，Cespa 以買下劉特佐的持股為名，匯款三億五千萬美元給劉特佐的空殼公司。也就是說，短短數天之內，劉特佐獲利高達六〇〇%。

索基當時已經從高盛跳槽到IPIC，他告訴阿布達比高層這筆錢是為了感謝劉特佐引介這項併購機會。不過，索基有所不知的是，這其實是分贓，錢都落入劉特佐與卡登的口袋。針對劉特佐與Cespa之間的協定，高盛對外一律否認知情。

劉特佐後來用這次賺來的錢，在倫敦五月花區買了一棟辦公室，這裡也成了他旗下內衣品牌Myla的企業總部。如果有人問起他的錢從哪來？他會說是賣掉紐約公園大道飯店的持股，然後又脫手Coastal Energy的股權賺來的。

他的企業王國正在成形，從紐約的地產商、銀行到律師，沒有任何人知道真相。不過，其實就在公園大道飯店交易拍板定案後，一個意外插曲差點讓他的騙局曝光。

34 五十萬筆emails和文件

曼谷，二〇一三年十月

自從在二〇一一年離開PSI之後，沙維亞．朱士托（Xavier Justo）原本不要再提起關於電腦伺服器的事。

他與瑞（士）法混血的女友蘿拉（Laura）一起在東南亞旅行，兩人後來在一個與世隔絕的沙灘上舉行婚禮，並打算在泰國曼谷附近的蘇美島，興建一間豪華度假村。度假村裡有寬敞的主建築，客房依著山坡而建，有泳池、網球場，四周環繞著棕櫚樹。那是朱士托的夢想之島，是他重新展開新生活的地方。

打造這個度假村的工程費用龐大，讓他想起前東家PSI說要付、卻遲遲沒給他的錢。

過去兩年，他努力平復心情。被好友歐霸一腳踢出公司（詳見第21章），本就讓他很受傷，後來又聽說歐霸到處說他的壞話，更讓他怒不可遏，決定展開反擊。於是在二〇一三年秋天，他傳了封電子郵件給ＰＳＩ投資長瑪浩尼，讓對方知道自己手上握有殺傷力強大的資料。

他手上握有的，是ＰＳＩ伺服器的資料備分，共一四〇 gigabytes（一千四百億位元）、近五十萬筆電子郵件與文件。這些資料顯示劉特佐、瑪浩尼與歐霸如何從一馬公司掏空資產，以及如何隱藏真相。兩年來，朱士托按兵不動，因為他不確定萬一這筆資料公開會有什麼後果。但是今天，他忍不住了，決定與瑪浩尼約在曼谷談判。

坐在曼谷香格里拉飯店等待瑪浩尼時，朱士托知道自己正在冒極大的險。因此當瑪浩尼出現，他緊張得心都快跳出來。

他開始向瑪浩尼細數ＰＳＩ過去如何坑他，原本該給他的遣散費後來大幅縮水。這回，他要拿回自己應得的兩百五十萬法郎。但瑪浩尼不為所動，堅稱沒有任何證據顯示他有任何不法行為，因此ＰＳＩ也沒有任何理由付給朱士托一毛錢。兩人的談判最後沒有達成協議。

朱士托繼續傳送電子郵件給瑪浩尼，試圖逼對方同意付錢。「表面上看起來光鮮亮麗，實際上都是抽佣、抽佣、抽佣、抽佣！」他在其中一封郵件上寫道。

四年來，瑪浩尼覺得自己的位子穩如泰山，也許是因為他相信納吉與沙烏地王子會保護他。他也許對於以後的發展感到不安，但也覺得沒有人敢找他麻煩。因此在其中一封電子郵件上，他語帶威脅地暗示朱士托。

「我實在不想看到這件事發展到最後，是你被毀滅。」

但這封信不但沒有威脅到朱士托，反而刺激他決定找買家，買下他手中的資料。

砂拉越報告：里札哪來的錢？

二〇一三年十二月，克萊兒・魯卡瑟布朗（Clare Rewcastle-Brown）正在她倫敦公寓的餐桌上，打開 MacBook Pro 工作。她正準備為她的部落格《砂拉越報告》（Sarawak Report）寫一篇文章。

魯卡瑟布朗在一九五九年出生於砂拉越，父親是英國警察，母親是護士。她從小在砂拉越的熱帶森林玩耍、在溫暖的大海裡游泳。一九六〇年代回到英國求學畢業後，她成為 BBC World Service 的記者。但她沒忘記砂拉越，在二〇一〇年架設《砂拉越報告》部落格，批判砂拉越首席部長泰益必須對當地環境遭到破壞、政府貪汙腐敗負責。

一頭金褐色頭髮、五十四歲的魯卡瑟布朗，嫁給英國前首相葛登・布朗（Gordon Brown）的弟弟。雖然身為政治家族的一分子，魯卡瑟布朗認為所有政治人物都必須對自己的行為負責。

不過，此刻她正要寫的題目，與砂拉越無關。幾個禮拜前，她從馬來西亞的消息來源那裡聽到關於納吉兒子里札經營紅岩電影公司的事。雖然里札聲稱錢是中東金主出的，但馬來西亞精英當中沒有幾個人相信。她還聽說，錢是來自馬來西亞的國營單位。受到好奇心驅使，她飛到洛杉磯收集更多與紅岩電影公司相關的資料。

其中，有一起《阿呆與阿瓜》（*Dumb and Dumber*，一九九四年由金凱瑞與傑夫・丹尼爾斯主演的喜劇）製作人在那年夏天提告的官司，引起她的注意。

這起官司的起因，是紅岩電影公司買下了這部片的續集《阿呆與阿瓜：賤招拆招》（*Dumb and Dumber To*）的版權，卻將原本的拍攝團隊一腳踢開。二〇一三年七月，紅岩電影公司向法院提出訴訟，要將原本的兩位製作人史帝夫・史塔伯樂（Steve Stabler）與布萊德・克利維（Brad Krevoy）排除在續集的製作團隊之外。但兩位製作人反控紅岩電影公司，主張他們擁有參與續集拍攝的權利。其實，當時紅岩電影公司才和《華爾街之狼》的前任製作人雅莉珊德拉・米占（Alexandra Milchan，同樣被紅岩電影公司踢出團隊）達成和解，現在又涉入另一起官司。

麥克法蘭與里札的「管理不當與虛榮會把紅岩電影公司拖垮。」兩位製作人說。麥克法蘭與里札自己缺乏成功製作電影的經驗，他們在訴訟中說，儘管有里札的「家族資金」當後盾，但成功仰賴的不只是金錢——這正是好萊塢對紅岩電影公司議論紛紛的重點之一。隔年，雙方在達成和解後撤告，紅岩電影公司同意在電影中讓史塔伯樂與克利維掛名執行製作人。

看在魯卡瑟布朗眼中，這起官司背後另有內情。她開始大量閱讀《好萊塢報導》（*Hollywood Reporter*）與《洛杉磯時報》上所有關於里札與麥克法蘭的採訪報導，她發現，兩人對於資金來源的交代十分可疑。他們只說資金來自中東與亞洲，但從沒提起任何細節。

這非常不合理，魯卡瑟布朗心想。里札哪來如此多錢成立電影公司？這是她想要解開的謎題。

35 李奧納多的批判

紐約，二〇一三年十二月

十二月十七日，一個氣溫降至零度以下、有風有雪的夜晚，觀眾在曼哈頓市中心五十四街的Ziegfeld Theater門外，等著入場參加《華爾街之狼》的首映會。

麥克法蘭、里札與李奧納多、瑪格・羅比（Margot Robbie）、強納森・希爾（Jonah Hill）一起站在紅地毯上讓記者拍照。雖然劉特佐先前一直想保持低調，但這一天他實在無法抗拒，他穿著深藍色西裝外套搭配棗紅色領帶，一定要去見證自己這項非凡成就。

短短幾年，他從一個沒沒無聞的馬來西亞小富豪，搖身一變成了好萊塢最熱門電影的重要推手。那一晚，他可不願意缺席，他要與身邊的人一起慶祝這項成就，要讓外界對他刮目相看。他邀請來參加首映會的對象，包括他的家人、女友Jesselynn Chuan Teik Ying（與劉特佐的媽媽坐在一起）、一馬公司的盧愛璇、史威茲・畢茲、IPIC的卡登、紐約地產大亨史帝夫・威特考夫

（Steve Witkoff）與馬丁・艾德曼（Martin Edelman）。

劉特佐也與另外兩位紅岩電影公司的創辦人一起站在紅地毯上，但沒有與主角們合影。不過，有人偷拍到電影開場之前，他與李奧納多兩人走在一起。李奧納多一直與劉特佐保持密切往來，一個月前他們才一起在紐約的TAO夜店，歡度李奧納多的三十九歲生日。後來，麥克法蘭還因為開了超多瓶香檳而登上《紐約郵報》第六版。當時，劉特佐的奢華派對已經成了好萊塢關注的話題，電影《龍虎少年隊》（*22 Jump Street*）裡甚至有首歌〈*Check My Steezo*〉提到他的名字——

「劉特佐！我在看你，劉特佐！有李奧在這裡，你不再需要獨自拍照……。」

遲來的生日禮物，價值……三百三十萬美元

劉特佐與紅岩電影公司另外兩位老闆盡所能地巴結李奧納多，希望能繼續找他拍電影，如果能接著拍《惡魔島》（*Papillon*）最好，要不等拍下一部片也行。《華爾街之狼》首映會的幾個星期後，劉特佐以Eric Tan的名義，送了一幅價值三百三十萬美元的畢卡索油畫給李奧納多，作為「遲來的生日禮物」。隨這幅油畫〈靜物與牛頭骨〉（Nature Morte au Crâne de Taureau）送給李奧納多的是一張手寫卡片，上面寫著：「親愛的李奧，遲來的生日祝福！這是送給你的禮

物！」接著，他傳了一封通知函給替他保管巴斯奇亞拼貼畫作〈Red Man One〉（要價九百二十萬美元）的瑞士畫廊，將該畫擁有者的名字改為李奧納多。這份通知函上有李奧納多的簽名，並且注明「本畫作所涉及的各種直接或間接爭議」都與李奧納多無關。此外，劉特佐還送了一張攝影大師黛安．阿勃斯（Diane Arbus）的作品——要價七十五萬美元——給李奧納多。

私底下，李奧納多很樂於接受這些餽贈，但在紅地毯上，他表現冷淡得多。因為有些影評人認為，這部由史柯西斯執導的電影過度美化了喬登．貝爾福的惡行，帶來的負面影響遠大於正面的意義，李奧納多此時不宜太張揚。

「這部電影不僅是對華爾街的控訴，也是對我們文化的控訴。我們不停地消費，不停地追逐無止境的財富，只顧自己，不顧他人死活。」他在接受訪問時表示。

首映會兩天之後，魯卡瑟布朗上傳了一篇文章，標題是〈華爾街之貪——踢爆！馬來西亞的錢！〉。這篇文章有著典型的魯卡瑟風格：文章中有事實的揭露，也有她自己的臆測。基本上，文章提出一個重要的疑問：拍電影的錢，到底是誰出的？她還提到里札以三千三百五十萬美元買下「桂冠公園」公寓，同樣的：錢從哪來？

她猜想，或許，錢是來自劉特佐。這位名不見經傳的馬來西亞人出現在首映會的紅地毯上，而且看來與李奧納多關係密切，還參加李奧納多不久前的生日派對。她在馬來西亞有許多讀者，也漸漸切入問題的核心，文章最後結尾是她的觀察：

「很多人也許好奇，劉特佐會不會是因為與馬來西亞政府高層有關，以及與首相繼子之間交情匪淺，才讓他能如此輕易取得資金，或許，他才是真正幕後主導者。」

這段話，讓紅岩電影公司非常受不了，該公司的律師很快寫了一封信，要求魯卡瑟撤下文章並道歉。信上說，拍攝經費並非來自馬來西亞。以李奧納多與史柯西斯的才華，不需要有問題的資金。

36 登白宮，見歐巴馬

紐約，二〇一三年十二月

衝進曼哈頓五十二街上的四季餐廳，李奧納多直奔包廂。

一九五〇年代以來，四季餐廳一直是企業精英最愛光顧的餐廳，銀行家、律師、廣告公司主管在這裡邊吃邊談生意，《君子》雜誌在一九七〇年代稱之為「權貴午餐」（power lunch）。當年的貝爾福也是常客之一，《華爾街之狼》中有一幕，就是飾演喬登．貝爾福的李奧納多與飾演喬登．貝爾福第二任妻子的瑪格．羅比，在這家餐廳用餐。

其實，在前一晚，首映會結束後，李奧納多和幾位好友如奧蘭多．布魯（Orlando Bloom）與陶比．麥奎爾一起參加在同樣坐落於五十二街上 Roseland Ballroom 舉行的慶功宴。李奧納多的行程很緊湊，隔天上午，他就得趕來四季餐廳，參加這場奧斯卡金像獎會員聚餐。金像獎會員高達六千人，涵蓋演員、導演與其他電影專業人士，每年的奧斯卡金像獎得主，就是由他們投票選出來的。

這場午宴是由負責發行《華爾街之狼》的派拉蒙電影公司安排，但李奧納多趕著去搭飛機，無法留下來吃完午餐。史柯西斯也要趕飛機，因此沒有出席，但李奧納多的到場非常重要。奧斯卡金像獎會員中，最有影響力的是年紀較大的白種男性，其中有好些人對這部電影頗為不滿，認為片中的色情與嗑藥鏡頭太多。李奧納多到場後一一與眾人致意，盡可能與在場的會員打好關係。十分鐘後，李奧納多悄悄離開，留下瑪格・羅比在現場講笑話給大家聽。

已經在這一行沉浸多年的李奧納多，對於這種新片上映的各種活動早已非常熟悉，不過他行程表上的下一個約會，才更吸引他。

一台車子已經等在四季餐廳門口，準備接他去機場。他即將飛往華府，要將《華爾街之狼》的DVD親手交給歐巴馬總統。

一百二十萬美元政治捐獻，支持歐巴馬

一如往常，華府的氣溫比紐約高了幾度，也沒下雪。不過，當李奧納多通過白宮安檢時，仍穿著深色長外套與帽子。與他同行的，有史柯西斯、里札，以及納吉的另一個兒子季平（Norashman Najib）。陪同這一行人晉見歐巴馬總統的，是歐巴馬最仰賴的一位募款大將法蘭

克·懷特（Frank White）。臉上常帶著微笑的懷特，是位創業家，因為提供資訊科技服務給美國政府而致富。

二〇〇八年的美國總統大選，他替歐巴馬募到一千萬美元的小額捐款。二〇一二年，他被任命為歐巴馬全國競選連任團隊副主席。在芝加哥出生成長、畢業自伊利諾大學的懷特，姊姊嫁給蜜雪兒的表兄弟，也是白宮舉行國宴的常客。他與劉特佐之間，往來也相當密切。

二〇〇八年大選期間，懷特因緣際會認識了知名饒舌歌手普瑞斯（Pras Michél）與摩根史坦利的投資銀行家舒密克·杜塔（Shomik Dutta）。當時，普瑞斯計畫轉型，想要做生意，從一位夜店推廣員口中聽說了揮金如土的劉特佐事蹟，幾年後（二〇一二年），普瑞斯也成了劉特佐派對裡的常客。

就像李奧納多與史柯西斯，普瑞斯視劉特佐的億萬財富為自己的賺錢機會。於是兩人關係愈來愈緊密，後來普瑞斯介紹劉特佐認識了懷特。

腦筋動得快的劉特佐，一直想著可以如何利用懷特這條人脈。過去，他曾透過歐泰巴（詳見第3章）深入阿布達比、透過圖爾基王子接近沙烏地阿拉伯皇室，這回，他能不能透過懷特，來取得自己在美國的影響力？照理說，他的野心有點不自量力，但正巧在當時，有部分華府人士對馬來西亞有著高度興趣。歐巴馬就任以來，一直與納吉保持良好互動，並藉此加強美國對亞洲國家的影響力。只是白宮、國務院以及一些退休外交官如美國前駐馬大使約翰·馬洛特（John Malott），都呼籲歐巴馬要小心納吉，因為他們認為納吉愈來愈展現反民主傾向。二〇一三年大選中輸了華人與印度人選票之後，納吉轉向加強他的馬來人支持者，並開始用英國殖民時期的《煽動法》（Sedition Act）對付反對黨領袖、學生與學者。

但是，白宮——尤其是副國家安全顧問班傑明．羅茲（Ben Rhodes）——仍堅持納吉是位改革派首相。這主要是因為馬來西亞前駐美大使賈馬魯丁（Jamaluddin Jarjis，二〇一五年因直升機意外喪生）的長期遊說，這位納吉長期好友，是打造美馬關係的重要推手，積極安排歐巴馬造訪馬來西亞。賈馬魯丁的女兒曾在新加坡的高盛實習，並與萊斯納交往過一段時間。

為了與白宮建立關係，劉特佐參與了歐巴馬的競選連任活動。而他所仰賴的人，就是普瑞斯。二〇一二年，他從一家岸外公司的帳戶匯款兩千萬美元，到普瑞斯名下的兩家公司。這筆錢號稱是劉特佐「送」給普瑞斯的，但隨後普瑞斯從其中一家公司支出一百二十萬美元的政治捐獻，給一個支持歐巴馬、名為「黑人要投票」（Black Men Vote）的超級政治行動委員會（Super PAC）。這麼做，對普瑞斯而言是非常冒險的，代替另一個人捐款給某位候選人是違法的，他的代表律師後來辯稱，普瑞斯是「錯誤語意」受害者。

此外，劉特佐也同時與懷特合作，並且讓懷特大賺了一筆。二〇一二年，劉特佐將一馬公司的一千萬美元，透過阿末．巴達維所控制的 MB Consulting 公司匯給了懷特。二〇一二年十月，懷特投桃報李，安排了歐巴馬與紅岩電影公司見面。麥克法蘭事後在 Instagram 上傳了一張自己與歐巴馬在白宮握手的合照。當歐巴馬於十一月大選中連任成功後，劉特佐希望能到白宮給歐巴馬祝賀。十一月下旬，懷特安排劉特佐出席歐巴馬辦的假日派對，劉特佐後來也將自己與歐巴馬夫婦的合照向朋友們炫耀。不過，有另一個場合，白宮安檢人員則是請劉特佐離開，似乎美國政府對於這位來歷不明的馬來西亞年輕人已經心生疑慮。

儘管如此，劉特佐加碼投資懷特，希望能透過他影響美國政策。二〇一三年五月，懷特與普瑞斯、杜塔合作在華府成立了一家「杜塞博資本管理公司」（DuSable Capital Management），沒多久，該公司告知美國證管會，它將募資五億美元投資再生能源與基礎建設。依據該公司所提出的計畫，阿爾巴將占大股，懷特自己出一小部分資金。同時，杜塞博也登記成為一馬公司的遊說代表。年底，懷特安排了另一次晉見歐巴馬的機會，這回出席的是李奧納多等人。

李奧納多與史柯西斯親自將《華爾街之狼》的DVD親手交給歐巴馬，但這件事很少見諸媒體，因為白宮怕會影響接下來的奧斯卡評審結果。那一年，《華爾街之狼》被視為挑戰《藥命俱樂部》（*Dallas Buyers Club*）、《自由之心》（*12 Years a Slave*）與《地心引力》（*Gravity*）的強勁對手，那天下午，有人看到李奧納多與史柯西斯在白宮對街的 W Hotel 喝茶，但兩人都沒向媒體提起與歐巴馬見面的事。

沮喪的一晚，入圍五項卻全部落空

奧斯卡將在三月間公布，趁這段空檔，劉特佐與親友依慣例到滑雪勝地度假。這一年他們決定去科羅拉多的小鎮亞斯本（Aspen）。同行的有艾莉西亞．凱斯、史威茲．畢茲、麥克法蘭與女友安東妮特．柯斯塔。整個小鎮名人雲集，除了前述幾位，李奧納多、陶比．麥奎爾、妮可．舒可辛格與男友、F1世界冠軍賽車手路易士．漢密爾頓（Lewis Hamilton）等人，也趕去參加劉特佐安排的餐聚。

在其中一次的晚宴中，主演《格雷的五十道陰影》的達珂塔．強生（Dakota Johnson，Melanie Griffith與Don Johnson的女兒）坐在劉特佐旁邊，劉特佐還以為她是哪冒出來的陌生人。習慣了與超級巨星往來的劉特佐，已經沒時間認識像達珂塔．強生這種等級的明星了。

「她吃完東西，居然沒有說聲謝謝。」劉特佐過後向朋友抱怨。

有一度，他還巧遇正好也去了亞斯本的芭莉絲．希爾頓。雖然兩人已經不像二〇一〇年時那麼常碰面，但仍保持很好的關係，兩人後來一起去吃比薩。

那一周在亞斯本度假中心，大夥兒的熱門話題是《華爾街之狼》、李奧納多會不會拿到奧斯卡獎。這部電影上映後，票房非常成功，全球高達四億美元，幾乎是拍攝成本的四倍。

雖然劉特佐仍在挖東牆補西牆，但他此刻似乎展現出成功投資者的能力。他已經買下一半股權的總督飯店集團正在擴張，而且成了五星級連鎖飯店。他在ＥＭＩ的一三％持股，拜串流音樂與全球音樂產業復甦之賜，也開始賺錢。《華爾街之狼》是他截至當時為止最成功的投資，而且紅岩電影公司還有好幾部重量級的作品等著登場。倘若可以成為好萊塢規模最大的電影公司，那麼就會有足夠的現金讓他填補一馬公司的財務大洞。

隨著奧斯卡腳步愈來愈近，《華爾街之狼》得獎的呼聲也愈來愈高。一月，李奧納多以飾演喬登．貝爾福一角拿下「金球獎」，在致得獎感言時他感謝「麥克法蘭、里札與劉特佐」願意冒險投資這部電影（其實在電影最後的感謝名單上，也有劉特佐的名字）。不過，李奧納多終究還是再度與奧斯卡獎擦身而過，三月初，最佳男主角獎被《藥命俱樂部》的馬修．麥康納（Matthew McConaughey）捧走。對《華爾街之狼》而言，那是非常沮喪的一晚，入圍五項卻全部落空。對於坐在波諾（Bono）、U２吉他手 The Edge 後方的里札與劉特佐來說，也是敗興而歸的一天。

這部電影遲遲無法在馬來西亞上映，主要是因為當地政府要求至少需剪掉九個部分，才能公開放映，但是，負責發行的派拉蒙電影公司與史柯西斯、紅岩電影公司都反對這麼做。

不過，沒關係，他們手上還有更強卡司，即將造訪馬來西亞。

「政府與政府之間」的合作計畫……見鬼了

二〇一四年四月二十七日，歐巴馬成為五十年來第一位造訪馬來西亞的現任美國總統。最經典的畫面之一，是納吉與歐巴馬的一張自拍照。歐巴馬站在納吉身後，而納吉雖然手上拿著手機，但眼睛卻沒有看鏡頭。「我與歐巴馬總統自拍。」納吉稍後發的一則推特上寫道。

那是納吉在國際舞台上風光無比的一刻。兩位領導人一早去了國家回教堂——納吉的父親就是葬在此處，而且納吉打算透過歐巴馬這趟造訪，強化自己與美國之間的關係。多年來，由於前首相馬哈迪經常抨擊西方國家且有極權傾向，美國總統都與馬來西亞保持距離；然而，這一次，歐巴馬將馬來西亞列入他造訪亞洲——包括日本、韓國與菲律賓——的行程之一。與歐巴馬同行的副國家安全顧問羅茲表示，馬來西亞是該區域的「關鍵國家」，當時中國大陸主張擁有南海主權，歐巴馬在稍後的聯合聲明中表示，將協助訓練馬來西亞海軍與提供軍備。

歐巴馬造訪馬來西亞那段期間，劉特佐向朋友們誇耀自己是幕後功臣之一。就在歐巴馬抵達前幾天，一馬公司與懷特的杜塞博資本管理公司簽下一份數百萬美元的合作案，計畫在馬來西亞投資太陽能發電廠。明明杜塞博是一家不折不扣的民間公司，一馬公司在一份對董事會的報告中，卻指稱這是一起「政府與政府之間」的合作計畫。

幾個月後，太陽能發電廠計畫告吹，一馬公司花了六千九百萬美元買回杜塞博的股權，也讓懷特再次海撈一票。他後來表示，這項合作案目的是「為馬來西亞帶來太陽能發電、為美國創造就業機會，並為馬來西亞爭取美國的支持」，他完全不知道一馬公司是「被掏空的受害者」。

不過，儘管這趟歐巴馬訪馬之行沒有帶來劉特佐預期的結果，但他有另一個好消息：他開始與全球知名的大美女約會。

37 大小，很重要

紐約，二〇一四年一月

曼哈頓三十二街韓國區的 New Wonjo 餐廳，坐落於帝國大廈的影子之下。那是一家二十四小時營業的館子，窗戶上有塊塑膠牌子寫著菜單，菜單上都是亞洲美食。劉特佐通常在派對結束後，喜歡到這種餐館吃東西。

這一晚，他與麥克法蘭等幾位朋友唱完KTV後一起去，外面很冷，就在大夥兒吃著火鍋、喝著熱湯時，澳洲名模米蘭達．可兒（Miranda Kerr）走了進來。

她剛結束一場正式宴會，身上還穿著禮服，在這餐館裡顯得很突兀。三十歲，有著柔軟褐色頭髮、深邃藍眼睛與招牌雀斑的她，是來找劉特佐的其中一位朋友，於是坐下來與大夥兒一起用餐。沒多久，她與劉特佐聊起她的護膚品牌 KORA Organics。當她聽說劉特佐是個億萬富豪投資家、是EMI與公園大道飯店的股東，而且還跟好萊塢的製片公司有往來，就不斷向他請教經營上的問題。

也許劉特佐覺得自己如今已非吳下阿蒙，也許他只是壓力大，總之他不再像過去那麼靦腆可愛，反而有點傲慢無禮起來。例如，前陣子在拉斯維加斯，他直接指著一位英國名模羅西．霍納（Roxy Horner）的腰部，告訴對方「妳需要減肥了」。她非常生氣，但劉特佐似乎覺得自己是出錢的老闆，不必理會她怎麼想。不過，此刻對米蘭達．可兒，他的表現截然不同。當米蘭達．可兒說想要擴張KORA時，他還讚美她很有企圖心。

成長於澳洲農業小鎮甘內達（Gunnedah）的米蘭達．可兒，早已不再是個鄉下小孩。十三歲那年贏得澳洲模特兒大賽之後，她就遠赴美國，成了知名內衣品牌「維多利亞的祕密」的專屬模特兒。二〇一三年，她的收入高達七百萬美元，是全球僅次於Gisele Bündchen的女性模特兒，H&M、施華洛世奇、聯合利華等知名品牌，都找她代言產品。

然而，光靠名模賺取的收入，還不足以開創新事業。她已經厭倦了名模生涯，想要轉行做生意，覺得劉特佐或許能幫她。隔天早上，她請快遞送了一批KORA產品到劉特佐在時代華納大樓的家。

十月間才與演員奧蘭多．布魯（Orlando Bloom）離婚、育有一個三歲兒子的米蘭達．可兒，常常登上八卦媒體。她在家鄉甘內達的父母接受電視台採訪，抱怨女兒已經遺忘了家人、說她應該回來家鄉學習騎馬與擠奶。二〇一四年一月，米蘭達．可兒大部分時間都待在紐約，雖然幾乎每一次出門都引來狗仔隊偷拍，但她仍然將自己與劉特佐的這段新戀情隱藏得很好。

二月二日，劉特佐邀了米蘭達．可兒到紐澤西的 MetLife 球場，一起看職業美式足球的超級盃大賽。那是她第一次到現場看超級盃，同行的還有里札與麥克法蘭。在另一個包廂看球賽的凱特．阿普頓與 Katie Holmes 過來打招呼。雖然狗仔隊拍到米蘭達．可兒，卻沒注意到同樣在包廂裡的劉特佐。

接下來交往的日子，劉特佐用他唯一擅長的方式討好米蘭達．可兒：他傳簡訊給珠寶商洛琳．施華滋（Lorraine Schwartz），說他需要一條心型鑽石項鍊，價位約一百萬到兩百萬美元之間，還特別強調「大小很重要」。最後施華滋為他準備一條心型鑽石項鍊，刻有「ＭＫ」字樣，要價一百三十萬美元。劉特佐用他透過公園大道飯店與 Coastal Energy 交易洗來的錢，買了這條項鍊給米蘭達．可兒當情人節禮物。

兩人出門約會，都會請米蘭達．可兒的貼身助理克莉絲．福克斯（Kristal Fox）掩護。即便是對很熟的朋友，劉特佐也守口如瓶，堅稱自己「只是在幫她」。不過，幾個禮拜後，米蘭達．可兒的生日派對上，恐怕很難不注意到兩人之間的特殊關係。劉特佐為她租下紐約 Chelsea Piers 的場地，辦了一場九〇年代風格的派對，找了 Salt-N-Pepe、Mark Morrison 與 Vanilla Ice 來表演，當然還包括老班底李奧納多、傑米．福克斯、奧蘭多．布魯與史威茲．畢茲等人。

到了周末，劉特佐租下曼蘇爾親王的 Topaz 號，在赫遜河上開派對。派對結束後，一台直升機將劉特佐、米蘭達·可兒與她的澳洲朋友，載往大西洋城賭博。

一個晚上，買了一百三十萬美元的珠寶

一邊與米蘭達·可兒交往，劉特佐一邊仍得設法博羅斯瑪歡心。二〇一四年一月，他傳了封簡訊給施華滋，問她是否人在洛杉磯？正好施華滋也在，於是帶著珠寶直奔羅斯瑪下榻的 Hotel Bel-Air——一棟位於比佛利山莊，有十二英畝庭園、很多好萊塢巨星光顧的西班牙豪宅風格建築。施華滋與羅斯瑪和劉特佐一起吃晚餐，吃完後，羅斯瑪邀請兩人到房間繼續聊。

施華滋將珠寶攤在桌上，讓羅斯瑪一一挑選。她指著一只十八克拉白金鑲鑽手鐲，然後施華滋把這手鐲拿起放一旁。這只要價五萬兩千美元的手鐲，只是一場珠寶大採購的開場，接下來這位馬來西亞第一夫人很快就選了二十七條項鍊與手鍊。這批珠寶總共要花多少錢，當下沒有人提起。幾個月後，帳單寄到劉特佐名下的 Blackrock 公司，總金額一百三十萬美元——以羅斯瑪的標準而言，還好而已。這筆買珠寶的錢，連同羅斯瑪住在 Hotel Bel-Air 一個禮拜的三十萬美元開銷，都是劉特佐買單。

從二〇一三年四月到二〇一四年九月，劉特佐以 Blackrock 公司的帳戶，花了兩億美元在全球各地——拉斯維加斯、紐約、香港、杜拜——購買珠寶。鑽石不但比藝術品方便攜帶，而且更

難追蹤。位於巴黎的跨政府組織「防制洗錢金融行動小組」，二〇一三年發表的一份報告中指出，洗錢者與恐怖組織利用鑽石來偷渡資金。在美國，像施華滋這樣的珠寶商依法並沒有義務查詢顧客的資金來源。更棒的一點是，當你帶著鑽石從一個地方到另一個地方，完全不必經過任何金融機構。

劉特佐所買的這些珠寶，並不是全部落入羅斯瑪口袋。有一次在拉斯維加斯，劉特佐意外發現當天是常常一起開派對的一位亞裔加拿大名模生日，大夥兒要去吃晚餐途中，劉特佐臨時跑進 Cartier 專賣店，買了一只名錶直接拿給這位名模。這只錶，要價八萬美元。

不過，羅斯瑪的確讓劉特佐花了很多錢買鑽石。當菲律賓前總統馬可仕在一九八六年垮台時，據說伊美黛留下一千兩百多雙鞋子；而羅斯瑪最愛的則是柏金包與珠寶——數以億元計的耳環、項鍊、墜子等。

從外人眼中看來，劉特佐的社會地位正漸漸提高，他與超級名模交往，談大生意，與馬來西亞首相夫婦維持密切關係。圍繞在他身邊的人——無論是一起吃飯或一起看超級盃——仍然對他的財富議論紛紛。然而，倘若你仔細觀察就會發現，他比過去更忙碌與焦躁，吃飯與派對期間更頻繁地接電話。他的收件匣裡有愈來愈多電子郵件，隨時可能毀了他的一切。

38 — 失控中的平靜

吉隆坡，二〇一四年三月

一馬公司董事會開始之前，董事們誦讀《古蘭經》，為三月間在南中國海上失蹤的馬航MH370班機上兩百三十九名乘客與機組員祈禱。這架飛機從吉隆坡出發，預計飛往北京，沒想到起飛後一個小時，機長就與塔台失去聯繫，接著飛機從民航雷達上消失。

接下來幾個禮拜，北京媒體抨擊馬來西亞救難團隊毫無章法，先是搜索馬來半島東北方的南中國海，後來軍方雷達卻顯示飛機是在馬來半島西邊的安達曼海域失蹤。從無法找到飛機殘骸，到每天訊息雜亂的搜救情報，都顯示馬來西亞政府的無能，讓納吉臉上無光。

替罹難者祈禱之後，一馬公司董事會要面對一個嚴肅的問題。當天，董事會邀請馬來西亞德勤會計師事務所（Deloitte Touche）的管理合夥人（managing partner）陳東輝（Tan Theng Hooi，依馬來西亞當地媒體音譯）提出報告，而他將帶來一個壞消息。

德勤是在數周前才接下一馬公司的會計業務，而一馬公司急著要德勤在數周之內，完成截至二〇一三年三月三十一日、已經延誤的當年度財報。但就在德勤整理一馬公司的帳務同時，德勤位於新加坡的東南亞總部收到許多電子郵件與信件，指控一馬公司的財務報表造假。陳東輝說，指控者提到許多問題，包括：帳面上有一筆二十三億美元的開曼群島來歷不明基金、超額購買發電廠、異常的龐大負債與極少資產等等。有三十年經驗的陳東輝，看起來似乎有辦法解決這些問題。

「這些都不是新的指控，而且都沒有提供給德勤具體證據，因此德勤無法往下追查。」陳東輝告訴董事會。

一家願意乖乖聽話、當橡皮圖章的會計師事務所

其中一封信件來自四十一歲反對黨政治人物潘儉偉，他已經默默調查一馬公司好幾年。與一般政治人物不同，頭髮灰白的潘儉偉對商業運作非常熟悉，他曾經創辦一家科技公司，二〇〇八年將公司賣掉之後投身政治，隔年在選舉中獲勝當選議員。畢業於牛津大學，主修哲學、政治學與經濟學的潘儉偉，質詢炮火猛烈，因此執政黨非常討厭他。

潘儉偉在二〇一〇年開始對一馬公司感到好奇，起因是KPMG針對該公司對PSI的投資

財報，注明了一段「保留意見」。看在一般人眼中，這個會計上的專有名詞很陌生，但潘儉偉知道，這意味著會計師對一馬公司的財務有所疑慮。潘儉偉是公共帳目委員會的成員之一，負責監督政府支出，因此他曾經提案要求委員會展開調查，但遭委員會主席否決。不過，到了二〇一四年，隨著《*The Edge*》陸續揭發可疑的開曼群島基金，潘儉偉也掌握了更多事證。

前面提到，一馬公司將ＰＳＩ旗下一家擁有兩艘鑽油船的公司股份，賣給香港的 Lobo Lee，但一馬賣股取得的不是現金，而是一筆在開曼群島新成立的「基金單位」，並且號稱價值有二十三億美元。那是一筆假交易，目的是要掩蓋被劉特佐在二〇〇九年掏空的錢。瑞意銀行的楊家偉卻刻意誤導ＫＰＭＧ，試圖讓ＫＰＭＧ相信真有這筆基金存在，而不是空有「基金單位」。但在ＫＰＭＧ眼中，這筆交易怎麼看都有問題。

由於ＫＰＭＧ始終不願認可一馬公司財報上的這筆開曼群島基金，是否真的值二十三億美元（甚至是否真的存在），因此一馬公司在二〇一四年一月——繼先前撤換 Ernst & Young 之後——將ＫＰＭＧ撤換。當時亟欲擴展亞洲市場的德勤，決定接下這門生意。

不過，撤換ＫＰＭＧ，也給劉特佐帶來困擾。因為當時他急著需要一家願意乖乖聽話、當橡皮圖章的會計師事務所。一馬公司負債百億美元，現金卻只剩下兩千萬美元，很快就會見底。劉特佐的如意算盤，是趕快將一馬公司的能源部門掛牌ＩＰＯ，若能吸引國際投資者埋單，就可望進帳五十億美元以上。

這個如意算盤有點太理想，但劉特佐沒有別的選擇，因為他掏空的洞已經太大了。而高盛、德意志銀行等急著想爭取一馬公司ＩＰＯ生意的大銀行，也讓劉特佐相信此事大有可為。就算募集到的資金低於五十億美元，也足以暫時填補一馬公司的財務黑洞。然而，眼前更重要的一件事，就是讓德勤願意配合演出。

就像ＫＰＭＧ，德勤一開始也是對於開曼群島的基金有所保留。因此，劉特佐找了阿末・巴達維幫忙，由阿爾巴投資公司為這筆投資提供擔保。照理說，德勤應該對這筆基金的真實性有所警覺，一來已經收到檢舉信函，二來已經有兩家會計師事務所拒絕接受一馬公司的說詞。但很顯然，德勤覺得有阿爾巴傳來的這張紙就夠了。

當時的一馬公司帳面上已經債台高築，而且沒什麼收入，唯一能讓財報轉虧為盈的方法，就是重估公司所擁有的土地資產價值，一馬公司希望，財報上能有兩億六千萬美元的盈餘。

會計師本應保持獨立客觀的角色，但陳東輝不僅同意配合調整資產價值的數字，甚至動用自己的媒體關係，公開替一馬公司說好話，化解外界疑慮。由於德勤幫了很大的忙，因此當陳東輝要求承攬一馬公司底下其他公司的業務時，一馬公司董事會立刻同意，當時的董事長、納吉的親密戰友洛丁（Lodin Wok Kamaruddin）還肯定德勤的「專業與客觀」。

一馬公司堅持要在帳上認列這筆開曼群島的基金，一來有了這筆資產才能降低財報上的負債，二來也可以拿這份財報去給《*The Edge*》等媒體看，堵住媒體的批判聲浪。但其實，只有劉特佐——或許還有阿末・巴達維、楊家偉——知道真相：開曼群島那筆基金，根本是空包彈。

快，給我西瓜，給我紅T恤！

五月間一個晚上，天即將破曉，在帕拉佐飯店賭場裡，劉特佐對侍者提出了一個非常罕見的要求。已經喝得半醉的劉特佐，要服務生給他一顆西瓜。

賭場裡的百家樂桌，圍繞著很多人，其中多是辣模，也不認識眼前這位身材矮胖、籌碼一注高達二十萬美元的傢伙是何方神聖，只是竊竊私語著，他就是拍《華爾街之狼》的幕後金主。

當時劉特佐手氣很壞，連輸了好多把。當服務生從廚房找來了一顆西瓜，劉特佐一把將西瓜搶過來，把西瓜滾到賭桌上，將桌面上的紙牌震到四處亂飛——據說，這樣可以帶來好手氣。

結果，他照樣輸。喝了一大口約翰走路 Blue Label，他對身邊的侍者說：「紅T恤，給每個人一件紅T恤。」

侍者趕緊出去張羅，回來時手上捧著一大疊帕拉佐飯店賣給觀光客的紅色T恤，場內約二十人——包括里札與麥克法蘭——每人一件。

「我朋友根本看不下去，」一位當天晚上在場的年輕女士說：「桌上的賭注，相當於他一輩子能賺到的錢，足夠供他上大學、買車、買房、買一切東西。」

這就是典型的劉特佐作風。還有一次，喝醉的他掉了一個五萬美元的籌碼，卻渾然不覺，幸好身邊的朋友提醒他才撿回來。至於帕拉佐飯店那晚，他們一行人賭到天亮，劉特佐給侍者們的小費，是一百萬美元——創下該飯店史上最高紀錄之一。

到底誰是爆料者？

四月間，何啟達在《*The Edge*》發表了一篇文章，要求一馬公司公布開曼群島那筆基金管理人的名字，並要求將這筆錢匯回來。五月，新加坡一份報紙依據內部人士爆料，點名一家香港公司「橋樑全球」（Bridge Global）就是基金管理人，隨後 Lobo Lee 立刻將「橋樑全球」網站上所有與他有關的內容——包括他的名字——全部刪除，也讓該報覺得可疑。這則消息讓劉特佐非常憤怒，他相信是瑞意銀行裡頭有人在搞鬼，要瑞意銀行徹查到底是誰去爆料。結果被指為爆料者的是楊家偉的頂頭上司凱文．史旺比賴，雖然他否認與這件事有任何牽扯，但劉特佐還是將他從所有一馬公司相關的合作案上除名。

一整個夏天，劉特佐繼續尋找到底誰是爆料者。他精心設的局，看來岌岌可危，劉特佐也變得更疑神疑鬼。就在這時，他要楊家偉離開瑞意銀行，來替他工作，楊家偉也答應了。從這時候開始，劉特佐不再親自用電話或電子郵件處理重大交易，而是由楊家偉出面負責，有任何重要文件也是透過楊家偉轉交。

次年春天，劉特佐邀請楊家偉一起去拉斯維加斯的美高梅大花園體育館（MGM Grand Garden Arena），看美國拳王佛洛伊德．梅威瑟（Floyd Mayweather Jr.）與菲律賓拳王曼尼．帕奎奧（Manny Pacquiao）對打。這位跟在劉特佐身邊的新加坡年輕人，也從此迷戀上這種出入有私人飛機的生活，瞧不起那些沒有搭過私人飛機的同事。賺了上千萬美元的他，開始在新加坡與澳洲買房子。

楊家偉變有錢了，但也付出了代價。因為劉特佐是個沒安全感、脾氣很壞的老闆。楊家偉與瑞意銀行的老同事仍然保持聯絡，他向同事抱怨劉特佐的壞脾氣，例如他會在私人飛機上對著電話另一端的人怒吼。這樣的劉特佐，與楊家偉過去所認識的劉特佐非常不一樣，楊家偉心想，也許劉特佐已經失控了。

高盛敗給德意志，萊斯納親自找劉特佐

七月間向一馬公司董事會提案時，萊斯納使盡全力希望能替高盛爭取到一馬公司ＩＰＯ的生意。其實，一馬公司的財務岌岌可危，光是貸款利息的負擔，就讓它在短短兩個月內虧損一億四千萬美元，因此一馬需要盡快ＩＰＯ才行。原本這門生意對高盛來說就像家常便飯，但眼前萊斯

納遇到一個麻煩。

當初（二〇一二年）買下阿南達・克里斯南（Ananda Krishnan）的發電廠時，一馬公司給予克里斯南可以在IPO之前，以低價買進股票的權利。當萊斯納向一馬公司董事會解釋，如果要向克里斯南買回這項權利，需要花好幾千萬美元；聽到這件事，有些董事非常生氣，覺得被克里斯南占盡便宜。

不過，其中有些董事知道，克里斯南透過旗下別的公司暗中匯款給一馬公司的慈善基金。這是馬來西亞政客交換條件的常見手法：政府以超出市場行情的價格買下某樣資產，然後賣方另外捐錢給巫統，最後再流入政客的口袋。「高盛是代表一馬，還是代表克里斯南？」其中一位董事、也是馬來西亞一家紡織公司老闆 Ashvin Valiram 問萊斯納。「當然是代表一馬公司。」萊斯納故作輕鬆地回答。

不過，最後高盛與一馬公司之間開始漸行漸遠。那年的年初，一馬公司以IPO為誘餌，吸引其他幾家銀行貸款給一馬。由德意志銀行領軍的銀行團，決定聯貸兩億五千萬美元給一馬，而當時德意志銀行在馬來西亞的新主管，正是原本服務於高盛的 Yusof Yaacob。至於高盛，由於擔心《華爾街日報》上各種負面報導，決定暫時與一馬保持距離，因此拒絕貸款給一馬。

當一馬最後選擇了德意志銀行與馬來亞銀行（Maybank）負責IPO承銷，萊斯納氣死了，他去找劉特佐，要他讓高盛也參一腳。兩年來，萊斯納用自己的帳戶替一馬公司轉手超過兩億美元，有些是給他的錢，有些是透過他的帳戶去賄賂官員。幾個禮拜前，劉特佐才和他在線上討論應該買「蛋糕」——也就是鑽石——給羅斯瑪，接著萊斯納匯出四百一十萬美元買了珠寶送給羅斯瑪等人。在這種情況下，他問：一馬公司怎麼可以拒高盛於門外？最後，一馬聘請高盛擔任IPO的顧問。

這段期間，高盛幾乎沒有在管萊斯納，任由他全世界到處旅行，花長時間待在美國陪他的新婚妻子席蒙斯。雖然萊斯納在紐約中央公園附近、完工於一九一三年的建築經典瑪寬大樓（Marquand）買下一棟四千六百平方呎的五房公寓，他大部分時間不是待在洛杉磯比佛利山莊的豪宅，就是飛到亞洲。隔年，他在英屬維京群島註冊的空殼公司花了兩千萬美元，買下一艘一百七十呎長、六個船艙的豪華遊艇「Sai Ram 號」。

由於萊斯納的處事風格難以捉摸，常擅自行動，無視公司的相關規定，因此高盛一直沒有擢升他，多年來也讓他很不爽。不過，這一年六月，高盛升他為東南亞區董事經理，主要原因是萊斯納的確為高盛賺進太多錢，怕他被別家銀行挖角、把客戶也全部帶走。看在想大舉在新興市場插旗的貝蘭克梵眼中，萊斯納與安卓亞．維拉是同事們應學習的典範。

「看到萊斯納與安卓亞．維拉在馬來西亞的成就了嗎？」貝蘭克梵在紐約的一場會議中說：「我們需要做更多那樣的生意！」才剛經歷過金融危機的高盛，承諾要以客戶的利益為己任、更重視公司治理，但在馬來西亞，它卻從一馬公司身上大撈特撈，無視於因此受害的馬來西亞人民。

萬一東窗事發，遊艇比較容易移到別處

喜歡遊艇的，並不是只有萊斯納。

雖然劉特佐的騙局隨時可能被拆穿，但並沒有阻止他繼續揮霍。他還有一樣東西沒有到手，就是超級豪華遊艇。一年前，荷蘭的 Oceanco 就開始為他打造一艘船身長三百呎、有直升機停機坪、健身房、電影院、三溫暖與蒸氣室的豪華遊艇。這艘遊艇當然不能跟曼蘇爾親王的 Topaz 號比，但仍是世界上最豪華的遊艇之一。有了這艘遊艇，他再也不必跟別人租船了。

他與 Oceanco 高層密切聯繫，確認每一個細節，就像過去安排派對，要找誰來表演、要準備哪些食物與飲料，他都會緊盯每一個細節。這回，他要他的遊艇完美地交貨。「關於主臥艙的設計，或許你可以找 Tempur 的頂級床墊專家協助。」他在一封寄給 Oceanco 的電子郵件上寫道。

多年前在檳城，劉特佐得去向別人借遊艇，把人家遊艇上的照片換掉，佯裝成他自己家的遊艇。如今有了這艘遊艇，他的「亞洲億萬富豪」身分就更不會引人質疑了。當然，他買船也許還有另一個考量：萬一東窗事發，遊艇比較容易移到別處。

劉特佐現在得生出兩億五千萬美元付給 Oceanco，加上其他開銷，他已經沒有退路。德意志銀行的聯貸案，算是為一馬公司的 IPO 打了頭陣。不過，在二〇一二年，一馬公司高層在沒有事先告知董事會的情況下，擅自承諾阿布達比 IPIC 旗下的主權基金阿爾巴，讓阿爾巴擁有以

低價買進ＩＰＯ股票的選擇權。之所以給阿爾巴這個大甜頭，主要是為了答謝當時ＩＰＩＣ願意替一馬公司的債券背書。

為了讓ＩＰＯ更順利，一馬公司高層聲稱，必須以幾億美元買回阿爾巴手上的選擇權，這筆錢得先向德意志銀行貸款。這當然是阿爾巴執行長阿末・巴達維與董事長卡登聯手策畫的陰謀，當德意志銀行的錢一轉入一馬公司，馬上就被搬走，匯到一家看起來很像「阿爾巴投資」，但其實是劉特佐私人空殼公司的銀行戶頭。

其實，這時候劉特佐大可用貸來的新資金，填補一馬公司的財務黑洞，但他沒有這麼做，反而把錢拿去買了夏天即將交貨的豪華遊艇。多年來，一路過關的劉特佐，已經無法看見自己到底面臨什麼樣的風險。這艘豪華遊艇上的第一場派對，有一座 Oceanco 贊助的龍形大蛋糕，為劉特佐的姊姊劉 May-Lin 慶生。

這艘遊艇，劉特佐取名為「平靜號」（Equanimity），意味著他所需要的沉著與平靜——尤其是身處困境之時。

PART 4

39 沒現金，免談！

曼谷，二〇一四年六月

曼谷的「雅典娜廣場飯店」（Hôtel Plaza Athénée）裡，《砂拉越報告》作者克萊兒．魯卡瑟布朗（Clare Rewcastle-Brown）四處張望，搜尋跟她約好在這裡碰面的男人。

她要找的，是年約四十歲的瑞士人，名叫沙維亞．朱士托，一位ＰＳＩ的前員工。當一個身材壯碩、皮膚黝黑的男人趨前自稱是朱士托時，魯卡瑟布朗嚇了一跳。她是在二〇一四年六月透過一位中間人，與朱士托約在這裡碰面，原本以為對方是個禿頭、戴眼鏡的老先生，結果發現眼前這位朱士托跟她一樣緊張。

「我們所面對的人，權力很大，而且心狠手辣。」朱士托說。

朱士托正在找別的管道，拿回他自認應得的錢，也就是看誰願意付錢，買他手中與ＰＳＩ有關的檔案。

與魯卡瑟布朗搭上線，純粹是偶然。他在二〇一一年離開PSI之後，他到新加坡看F1賽車。原本他想在新加坡與PSI執行長歐霸見面談判，但歐霸沒有出現。因緣湊巧，他在新加坡遇到一個與馬來西亞前首相馬哈迪熟識的人，於是將名片給了對方。

整整兩年多過去，檔案仍在他手上。到了二〇一四年夏天，對方表示要安排他與魯卡瑟布朗見面。當時的魯卡瑟布朗正在調查一馬公司弊案，非常需要有人提供與PSI相關的資料。兩人見面之前，朱士托傳了一份手中的檔案樣本給魯卡瑟布朗——一張條列出電腦裡的檔案名稱，標題寫著「上萬封與交易有關的電子郵件、傳真與紀錄」的紙條。這正是魯卡瑟布朗正在找的關鍵資料，於是，幾個禮拜後兩人約在曼谷見面。

PSI電腦伺服器裡的檔案，如今存在隨身硬碟裡。朱士托向魯卡瑟布朗開價兩百萬美元，表示那是他應得、但PSI欠他的錢。雖然魯卡瑟布朗老公的哥哥當過英國首相，但同樣是首相，卻不像馬來西亞首相那樣能輕易拿出好幾百萬美元。

朱士托很堅決地說：「給我現金，否則免談。」

為了能取得這批檔案，魯卡瑟布朗只好四處尋找金主，花了七個月，終於找到願意出這筆錢的人。

劉特佐一定有從PSI高層口中，聽到關於朱士托開口要錢的事，但他完全不理解魯卡瑟布朗與朱士托見面，對他的殺傷力有多大。假如當時他知道這一點，他會怎麼做呢？看起來，應該是劉特佐沒有把朱士托當回事，否則用區區幾百萬美元將他打發根本不成問題。

不再是普通的富豪，而是超級富豪了

在慕尼黑，米蘭達．可兒穿著印有紫色花朵的綠色裙子，下車時許多攝影師在旁邊頻頻按快門，一路跟著她走進精品品牌 Escada 分店。那一天，是二〇一四年七月二十九日，天氣非常炎熱，米蘭達．可兒前去參加 Escada 旗下的新香水品牌 Joyful 發表會。這款香水標榜「極簡」，因此米蘭達．可兒只化了淡妝，長髮自然地灑落肩上。「生活可以很平凡，你知道嗎，一束鮮花就能讓我非常快樂，就像看日出與日落，也能為我帶來很平凡的快樂。」她在受訪時說。

但過去幾個禮拜，米蘭達．可兒的生活可一點也不平凡。好幾家英國媒體都在揣測她是不是與澳洲賭場富豪詹姆斯．派克（James Packer）交往。澳洲媒體在六月間發現，米蘭達．可兒搭乘派克的豪華遊艇 Arctic P，出現在地中海的賽普勒斯，「知情人士」透露兩人不是交往，而是米蘭達．可兒想找派克投資她的化妝品牌 KORA Organics。

不過，媒體的揣測搞錯了對象。在慕尼黑的活動結束後，劉特佐派了專機把她載到義大利的那不勒斯。這趟旅程，劉特佐規畫了一個月，還找了專家規畫好每一個行程。劉特佐也安排自己的豪華遊艇「平靜號」，開到義大利附近海域。

擁有了這艘遊艇之後，劉特佐不再是普通的富豪，而是超級富豪了。這艘遊艇的內部裝潢很有亞洲特色，大量採用木頭、竹子、大理石與金色葉子，可以容納二十六位乘客、二十八名船員——如此高的「賓客／船員比率」，是為了確保賓客都能享受到最好的服務。光是維護一艘這樣的遊艇，每年就要花上千萬美元。而這次出航，遊艇上沒有別的賓客，除了劉特佐、米蘭達・可兒之外，就只有——一如往常——米蘭達・可兒的貼身助理克莉絲・福克斯（Kristal Fox）。

今天，億萬富豪是新皇族、是現代版的路易十四。劉特佐所到之處，都有人——船員、銀行家、藝術商人——供他使喚。幾個禮拜前，他傳了一張照片給洛琳・施華滋（Lorraine Schwartz），照片上是米蘭達・可兒佩戴著 Tiffany 珠寶，好讓施華滋知道米蘭達・可兒的品味偏好。幾天前，他收到施華滋寄來的一整組珠寶，有鑽石耳環、項鍊、手鏈與戒指。在船上待了約十天，劉特佐送了好幾件給米蘭達・可兒。

其實，這些開銷已經讓劉特佐有點吃不消。雖然他從一馬公司掏空了五十億美元，可是要花的錢也很驚人——要與共謀的人分贓、要支付奢華生活所需等等——因此他常得調頭寸。不久之前，他大手筆聘請一家美國公關公司 Edelman，替他處理愈來愈多的負面報導，有時候一個月得付超過十萬美元。後來，他還另外找了一家英國業者 Schillings，替他想辦法建立好名聲。

一馬公司的救命錢，卻被他拿去買豪華遊艇

要付的帳單愈來愈多，劉特佐開始拖欠，包括船員的薪水也付不出來，最後只好用他買來的名畫去抵押，向蘇富比金融公司貸了一筆錢。

最近送給米蘭達·可兒的這批珠寶，要價兩百萬美元，由於他是老客戶，施華滋讓他晚幾個月再還錢。手邊沒錢的劉特佐，決定再度把歪腦筋動到一馬公司。照理說，他已經從一馬撈走了這麼多，這筆相對金額不高的珠寶，應該不難從別的帳戶中擠出錢來支付。但他沒這麼做，反而一心想從一馬公司撈更多錢放到自己口袋——或許他相信只要接下來順利ＩＰＯ，就不會東窗事發。

德意志銀行上一次（五月分）借給一馬公司的錢，已經被他偷偷搬走——這筆錢原本可以舒緩一馬公司的資金壓力，卻被他拿去買豪華遊艇。這回，他打算再向德意志銀行借七億五千萬美元，理由跟上回相同：在ＩＰＯ之前，需要一筆錢付給阿爾巴投資。

早就聽說高盛靠著做一馬公司的生意大賺一筆，德意志銀行當然也躍躍欲試，但光靠自己一家吃不下這麼大生意。為了多找幾家中東銀行加入，劉特佐在二〇一四年九月十日，以Eric Tan的Gmail帳戶寫電子郵件請歐泰巴大使協助。歐泰巴於是聯絡了第一海灣銀行（First Gulf Bank）、阿布達比商業銀行（Abu Dhabi Commercial Bank）與一家科威特金融業者，一起加入由

德意志銀行領軍的聯貸案。高盛一度想加入，但發現一馬公司提供的抵押品，是財報上提列的那筆號稱值二十三億美元的開曼群島「基金單位」，由於一馬公司遲遲無法應高盛要求、提出這筆基金真實存在的相關證明，高盛最後決定退出。

這筆聯貸案，阿爾巴執行長阿末·巴達維也從旁協助，要求德意志盡快撥款；一馬公司的財務主管倪崇興（Terence Geh）也催促德意志銀行，聲稱納吉希望盡快拿到錢。

一馬公司指示德意志銀行，將七億兩千五百萬美元直接匯到「阿爾巴」的帳戶。這種做法完全不符常規，一般來說這麼大一筆錢，銀行必須直接匯入貸款者的帳戶；不過，對德意志銀行來說，既然收款帳戶是一家阿布達比主權基金，應該沒什麼問題。

德意志銀行沒想到的是：收款的「阿爾巴」（Aabar Investment Ltd.）並不是真正在阿布達比的「阿爾巴」（Aabar Investments PJS），而是一家由阿末·巴達維設立、名字雷同的空殼公司（詳見第26章）。德意志把錢匯入假阿爾巴開在新加坡瑞士信貸銀行的戶頭兩天後，一億美元從這個戶頭流到一家由胖子Eric所擁有的空殼公司帳戶。

劉特佐必須一次又一次地設局，主要是因為有太多人要分贓。胖子Eric所擁有的空殼公司帳戶收到一億美元之後，匯了一千三百萬美元到歐泰巴登記於英屬維京群島的Densmore公司開設於新加坡瑞意銀行的帳戶。另外，阿末·巴達維的老闆卡登，也分到一千五百萬美元。

劉特佐當然也不例外，收到錢之後，他立刻付給施華滋。幾個月後，他又買了更多珠寶——

包括要價三百八十萬美元的鑽石墜子——送給米蘭達．可兒。總計為了取悅這位超級名模，他買了八百萬美元的珠寶。

馬來西亞已陷入與阿根廷相似的危機

二〇一四年九月，有人向當時高齡八十九歲、在執政黨巫統裡仍舉足輕重的馬來西亞前首相馬哈迪檢舉，提供了部分一馬公司的電子郵件副本，顯示劉特佐在背後操弄一切。馬哈迪早就對此有所懷疑，這下手上終於有證據了。於是他在私底下運作，希望逼納吉負起責任、引咎辭職。一馬公司負債之嚴重，馬哈迪在一篇部落格上寫道，已經讓馬來西亞陷入與阿根廷相似的危機。這回對一馬公司提出指控的，不再是什麼小媒體，而是政壇上輩分最高的人物。

在這之前，媒體對於劉特佐所知不多，對於他到底有多少身家也只能用猜的，因此劉特佐所雇用的公關公司曾經發出一項聲明，強調劉特佐不曾接受政府的資金。但如今，有愈來愈多證據陸續曝光。同樣取得這些電子郵件檔案的魯卡瑟布朗，也在《砂拉越報告》發表了一篇文章，標題是：〈劉特佐的奢華與馬來西亞的發展資金〉，在這篇文章中，她質疑一馬公司為什麼要對外隱瞞劉特佐的角色？

「馬來西亞人民應該可以確定，劉特佐所揮霍的，」她寫道：「都是人民的血汗錢。」

在吉隆坡的德勤會計師事務所裡，大家都被這個消息嚇到了。事務所正準備送出截至二〇一四年三月止、依法必須在九月底之前送出的一馬公司財報。過去一馬公司也沒準時過，但今年不同，如果不及時送出，恐怕會影響接下來的ＩＰＯ。

如何將幾千萬，變成二十三億？

為了自保，德勤要求一馬公司必須將開曼群島的二十三億美元基金贖回。一馬公司董事會顯然也誤以為這筆基金真的存在，因此指示高層依德勤的要求辦理。

從一開始掏空一馬公司，劉特佐就是靠著會計手法把財務黑洞掩藏起來。換了三家會計師事務所，黑洞仍然存在。過去，他有恃無恐地愈掏愈多、盡情揮霍，但現在他突然發現：或許得拿一些錢出來還給一馬公司了。問題來了：他沒有二十三億美元可以還給一馬公司，他必須另外找個願意拿錢給他的冤大頭。於是，他請出身瑞意銀行的楊家偉幫忙。

他與楊家偉兩人心想：先前德意志銀行匯入的錢，已經被揮霍剩下幾千萬美元了，要如何將這幾千萬美元，變成二十三億美元？

楊家偉想到了一個點子，並且找了新加坡專門提供財務管理服務的傲明集團協助。這點子是目前為止最瘋狂的一個，按道理講是不可能成功的。

首先，他們將部分從德意志銀行借來的錢，轉到開曼群島這筆基金的帳戶，以一馬公司的名義「贖回」基金。緊接著，這筆錢再透過一連串傲明集團所協助安排的岸外金融工具，最後又回到開曼群島基金的帳戶。然後，同樣的流程再來一遍：一馬「贖回」基金，錢再透過一連串岸外金融工具，最後回到開曼群島基金的帳戶。同一筆現金，就這樣重複移轉。他們只存入了幾億美元，同樣的流程重複五、六次之後，從不知情的人看來，一馬公司總計成功贖回了十五億美元根本不存在的基金。

既然基金已經贖回了，德勤於十一月初也就核簽了一馬公司的財報。德勤沒有發現，從頭到尾根本是同一筆現金在循環移轉。一馬公司帳面虧損了兩億美元，對接下來的ＩＰＯ計畫非常不利，但批評聲浪似乎都被成功壓下來。劉特佐似乎創造了奇蹟，在一份公開聲明中，一馬公司宣稱贖回了一半的開曼群島基金，ＩＰＯ或許會照計畫進行，但仍有一個問題：德意志銀行終於發現不對勁。這筆基金是當初聯貸案的抵押品，但德意志銀行起了疑心，倘若德意志銀行要求一馬還錢，一馬恐怕沒有足夠的現金可還。

劉特佐需要好的公關。於是，就像很多有錢人，他想透過舉辦慈善活動打造自己的好形象。

40 樂善好施的劉先生

紐約，二〇一四年十月

在艾莉西亞・凱斯與史威茲・畢茲夫妻開場介紹後，劉特佐起身走向講台，全場響起熱烈掌聲。

地點是在華爾街的高級義大利餐廳 Cipriani，作曲家、社交名媛狄尼絲・瑞契（Denise Rich）為了紀念因癌症過世的女兒蓋布瑞兒（Gabrielle Rich），每年都舉辦一場「Angel Ball」慈善活動，為癌症研發經費募款，吸引許多好萊塢巨星、歌手與大企業家參與。幾個月前，狄尼絲・瑞契致電劉特佐，即將在十月十九日舉行的年度大會中，將推舉他為年度「蓋布瑞兒天使」（Gabrielly Angel）。

繫著黑色領帶的劉特佐走上台，當掌聲暫歇，他停了一會兒環顧全場。這裡曾經是紐約證交所，有挑高的天花板與希臘式圓柱，他看到很多他認識的人，很多他的朋友。

首先是狄尼絲．瑞契，她的前夫馬克．瑞契（Marc Rich）曾遭美國聯邦政府以逃稅罪名起訴，後來逃到瑞士，最後獲得美國前總統柯林頓特赦。離她不遠的，是當晚同時獲頒「啟發天使」的歐泰巴大使夫婦。坐在這對夫妻對面的，是艾莉西亞．凱斯與路達克里斯。另外，還有芭莉絲．希爾頓、劉特佐常光顧的紐約夜店1Oak的老闆瑞奇．阿齊瓦（Richie Akiva）。

他的得獎感言一開始，說他在二〇一二年二月到瑞士做了生平第一次全身體檢，醫生說，他可能得了二期肺癌。

「我簡直如晴天霹靂，」這段話劉特佐說得不太自然：「那是從此改變我人生的一刻，我不知道自己該怎麼辦。」

他說他打電話給——邊說還邊指一指坐在台下——阿末．巴達維，阿末．巴達維推薦他到全球頂尖的德州大學安德森癌症中心（MD Anderson Cancer Center）。經過六個月的徹底檢查，醫生告訴他其實只是受到感染，並不是癌症。

這段經歷，劉特佐說，改變了他看待人生的方式，於是他在幾個月後成立了「金威基金會」（Jynwel Foundation），並開始花更多時間投入慈善事業。二〇一三年十月，他捐了五千萬美元給安德森癌症中心。

這段演講全程錄影，也讓我們看到劉特佐的標準作風：捏造混合著真實與半虛構的故事，刻意誤導那些想要挖掘真相的人。或許，他害怕自己得癌症是真的，但他說這話的目的，其實是要編織另一個故事。

「我希望藉由這個機會，讓紐約的朋友們更了解我的出身背景。」他說。

其實，台下已經有人不耐煩，但劉特佐必須善用這次大好機會。他再次重述自己的爺爺在一九六〇年代移民馬來西亞致富，並開啟家族的慈善事業傳統，捐很多錢給亞洲各國，包括捐給「孤兒」。爺爺不久前過世——也是因癌症——他說這是為什麼他會捐款給安德森癌症中心。

「爺爺做的每一件事，深深影響著我的每一天。」他說。

他爺爺的確是不久前去世，劉特佐應該也與爺爺很親，但爺爺並不富裕，也不是他口中的大慈善家。而劉特佐也沒那麼有慈善精神——他忙著搞一馬公司的錢，金威基金會在二〇一二年也沒什麼動靜。金威基金會雖然承諾要捐一億美元給慈善團體，但真正付出去的錢很少，直到二〇一三年劉特佐的負面新聞開始如滾雪球般愈滾愈大，基金會才開始積極把錢捐出去。

為了帶風向，Edelman 建議劉特佐大量發布與慈善捐款相關的消息，例如他捐很多錢給《國家地理雜誌》的原始海洋計畫、給聯合國等等。他也打算捐錢給母校，請了一位建築師為華頓商學院設計一棟新大樓，命名為「金威永續商業學院」（Jynwel Institute for Sustainable Business），打算捐一億五千萬美元。這樣的大手筆，幾乎直追洛克菲勒與卡內基。

看來劉特佐又穩下局面了，德勤完成財報簽證、一馬公司的IPO計畫繼續進行、現在還得了個慈善獎。他還要金威替他製作一支短片，在短片中美國億萬富豪兼慈善家湯瑪士・卡普蘭

（Thomas Kaplan）讚賞劉特佐是個說話算話的人，還有哥哥劉特陞、艾莉西亞・凱斯與穆巴達拉基金的高層主管，也出現在影片中。

當時劉特佐甚至在偷偷進行一項目前為止規模最大的併購計畫：與穆巴達拉基金聯手，從 Adidas 手中買下 Reebok，金威內部稱這個計畫為「快充專案」（Project Turbocharged），如果成功，劉特佐將奠定他在商場上的地位。在 Reebok 擔任創意顧問的史威茲・畢茲也有參與這個計畫，劉特佐親自到 Reebok 總部波士頓參與談判，好幾個禮拜都住在四季飯店裡。此外，他也打算買下美國時裝業知名設計師 Tom Ford 公司的二五％股權。劉特佐看上這些全球最受矚目的品牌，最主要目的就是想轉移外界關注焦點。

然而，他沒時間繼續談判下去了。在馬來西亞，納吉的祕密帳戶曝了光，劉特佐得想辦法避免一家澳洲銀行壞了他的好事。

41　祕密帳戶曝光，納吉白金卡被停用

吉隆坡，二〇一四年十二月

十二月初，負責處理納吉祕密帳戶的大馬銀行（AmBank）行員余金萍（Joanna Yu）非常驚慌。「這段期間壓力很大，ANZ查得很嚴。」她傳了封簡訊給劉特佐，ANZ指的就是大馬銀行大股東澳紐集團。「我們必須盡快把帳戶關掉，拜託了。」她說。

「OK！」劉特佐雖然回復訊息給她，但遲遲沒有進一步動作，納吉的祕密帳戶也沒有關閉。余金萍愈來愈擔心，傳了很多封簡訊給劉特佐，說明情況有多麼嚴重。

原本替納吉祕密帳戶護航的執行長謝德光已經下台轉任顧問，新上任的執行長是澳紐集團派來的阿索．拉瑪穆迪（Ashok Ramamurthy），而他已經發現納吉的祕密交易。當時納吉在大馬銀行開了好幾個帳戶，已經全在拉瑪穆迪的掌握中。二〇一四年底，納吉的帳戶收到好幾筆巨額存款，讓他覺得事態嚴重。

原來，幾個月前納吉大手筆收買政客，花了很多錢，為了避免帳戶出現透支引起銀行的法遵注意，劉特佐緊急請助理帶了大筆現金，存入大馬銀行的分行。

這麼做是嚴重失策，余金萍知道了之後要求劉特佐別再這麼做。但劉特佐不理她，繼續請助理帶著大筆大筆裝在袋子裡的現鈔，到大馬銀行的分行。雖然存入的總金額才一百四十萬美元，但分行櫃檯出現如此大筆現鈔，一定會觸動銀行內部的洗錢警報。拉瑪穆迪必須採取行動，他通知了大馬銀行董事會，並且通報了馬來西亞國家銀行。

這讓劉特佐暴跳如雷。「這是機密帳戶！」他要余金萍轉告謝德光，請他擋下拉瑪穆迪。太遲了，余金萍告訴劉特佐，澳紐集團已經知道有這個帳戶存在，而謝德光也將在十二月底退休。

在澳洲墨爾本的澳紐集團總部，銀行高階主管覺得問題非常棘手。如果祕密帳戶曝光，身為大馬銀行最大股東的澳紐集團，勢必陷入重大公關危機。拉瑪穆迪曾在澳紐集團服務二十年，而且澳紐集團財務長沙恩．艾略特（Shayne Elliott）也是大馬銀行董事會成員。

就像所有進軍新興市場的西方銀行一樣，澳紐集團當初投資大馬銀行，是想搭上馬來西亞的經濟成長列車，但萬萬沒想到會發生這種事。讓澳紐集團頭痛的，不僅是納吉的祕密帳戶，因為大馬銀行也曾貸款給一馬公司，並且與德意志銀行和馬來亞銀行（Maybank）一起參與一馬公司的ＩＰＯ計畫。為了降低可能的損失，董事會立即要求大馬銀行退出ＩＰＯ。

如果納吉的祕密帳戶曝光，對馬來西亞國家銀行來說也很為難。因為早在二〇一一年，謝德光就已經將納吉祕密帳戶的事告知央行總裁潔蒂．阿茲（Zeti Akhtar Aziz），說納吉——依據劉特佐的說法——即將收到來自中東的大筆政治獻金。在那次之後，潔蒂再也沒聽到任何與納吉帳戶有關的消息。這回事態敏感，潔蒂要求內部對納吉帳戶展開調查。掌管央行十幾年，潔蒂被認為是亞洲最稱職央行總裁之一，為了顧及自己的名聲，她打算徹查到底。

至於余金萍為了自保，打算盡快辭職。而這一切發展，納吉都被蒙在鼓裡，他還要求大馬銀行不得關掉他的帳戶，因為他老婆還需要用錢。

我用自己的錢買珠寶與衣服，有錯嗎？

聖誕節前，納吉夫妻一行人搭乘政府專機，飛到夏威夷的檀香山度假。數天後，納吉夫妻走進檀香山精華區 Ala Moana Center 的香奈爾專賣店。先前，劉特佐買了兩千七百三十萬的施華滋珠寶送她，但平常金額不大的珠寶通常是納吉刷卡支付。

那天在香奈爾店裡，羅斯瑪選購完成後，納吉掏出信用額度高達一百萬美元的白金卡。過了一會兒，香奈爾一位門市小姐很緊張地趨前告訴納吉，這張信用卡無法使用。納吉很不高興，用手機傳了一則訊息給劉特佐。這張卡，是大馬銀行發給他的。

「我的白金卡沒辦法刷過，你可以現在就打電話給大馬銀行的信用卡部門嗎？」劉特佐立即傳訊息給余金萍，過沒多久，香奈爾的刷卡機通過了納吉的消費，總金額十三萬六百二十五美元。對羅斯瑪而言，這只是筆小錢。幾個月前在義大利薩丁尼亞島上，納吉才替她刷了七十五萬歐元買珠寶。

自二〇〇八年算起，羅斯瑪血拼的足跡遍布全球各地——從比佛利山莊的羅迪歐大道（Rodeo Drive）、倫敦騎士橋（Knightsbridge）的哈洛斯百貨（Harrods），到紐約第五大道上的薩克斯（Saks），刷卡——有些是納吉名下、有些是她自己的卡——金額超過六百萬美元。私底下，對於自己搭政府專機到處血拼，她一點也不以為意；不過，在二〇一二年的 Bersih 運動之後，她操作了許多公關活動試圖改造自己的公共形象。據她自己說，她的錢來自持續多年的儲蓄習慣。

「我用自己的錢買了一些珠寶與衣服，有錯嗎？」她在自傳上寫道。

但馬來西亞人沒那麼好騙。

「她說錢是她從小時候開始存的，不可能的！」二十四歲、就讀於馬來亞大學的 Anis Syafiqah Mohd Yusof 說。網路上，人民對於第一家庭的奢華作風也非常不以為然，例如有個網站收集了羅斯瑪拿著不同柏金包的照片。站出來抗議的人其實冒著極大的風險——甚至可能因此坐牢——但這個政權太腐敗，人民再也不願保持沉默。

當羅斯瑪忙著血拼，納吉在夏威夷則另有要務。兩天後的聖誕節前夕，納吉與當時正好和家人在夏威夷度假的歐巴馬，一起打高爾夫球。這可是非常難得的機緣，因為除了英國首相大衛．卡麥隆（David Cameron）、副總統喬．拜登（Joe Biden），很少政治領袖有機會和歐巴馬一起打高爾夫球。雖然馬來西亞國內反納吉的聲浪隆隆，歐巴馬仍視他為美國在亞洲的重要盟友。

不過，當天的球敘結束得有點尷尬。第十八洞的果嶺上，歐巴馬第一次推桿把球打到球洞左邊，接著又再度打偏。換納吉上場，同樣在第二次推桿時失手。歐巴馬拍拍納吉肩膀安慰他，然後兩人一起離開球場。

清空電腦，刪除所有檔案，連主機都不翼而飛

那年十二月，德意志銀行非常不安。

德意志銀行原本以為可以像高盛一樣，從一馬公司身上大撈一票，沒想到此刻卻身陷謊言的泥淖。按照雙方的貸款條件，一馬公司必須定期提供最新財務報表給德意志銀行，而且德意志銀行指定要看那筆開曼群島基金投資——也是貸款的抵押品——的相關資料，但一馬公司財務長倪崇興拒絕配合。

照理說，這筆基金應該由一馬公司的關係企業 Brazen Sky 所持有，並存放於新加坡瑞意銀行，但倪崇興以「政府機密」為理由，不肯交出相關帳戶資料。如果被發現帳戶裡根本沒有錢，

德意志銀行就會收回貸款，一馬公司會有大麻煩，也別指望IPO了。

一馬公司董事會也很擔心，因為就在十二月，一位與馬哈迪交好的巫統政治人物提出檢舉，懷疑一馬公司涉嫌舞弊，導致警方上門調查。雖然最後警方沒有帶走任何文件就離開，但已經讓一位董事嚇壞了，擔心自己與其他董事會不會也受到牽連。

德意志銀行不接受倪崇興的藉口，於是在二〇一四年聖誕節之前，劉特佐決定先下手為強，下令一馬公司高層將所有放在吉隆坡總部的文件銷毀。雖然劉特佐在一馬公司沒有正式職務，也很少出現在辦公室，卻能指使公司的員工。當初從常春藤名校找來的高材生，因為質疑劉特佐的角色而紛紛離開，如今留下來的，都是對他忠心耿耿的員工。他們要低階員工把筆電、手機都帶到資訊部，讓資訊部的工程師將裡面的資料全部刪除。包括公司主機裡的資料，也被全部清空。

一馬公司告訴員工，必須這麼做是因為公司電腦被駭客入侵了（《砂拉越報告》就是因此取得電子郵件備分的），為了確保資料安全只能出此下策。但這聽起來並不合理，若真是被駭客入侵，只要切斷網路連線即可。

沒多久之後，連整台主機都不翼而飛了。很顯然，劉特佐已經走投無路。多年來，他靠著與納吉的關係暗中操控一馬公司，並且對風險有著異於常人的承受能力，問題在於：他很少把未來想清楚，他沒有備案，也不知道該怎麼解套，這下，他慌了手腳。

其實，銷毀公司內的文件沒什麼用，因為到處都有相關文件的副本，例如沙維亞・朱士托手上就取得了一部分，劉特佐根本不可能得逞。由於德意志銀行不斷施壓，倪崇興最後只好偽造帳戶資料，提供 Brazen Sky 在瑞意銀行的假對帳單。

一馬公司董事長、同時也是納吉人馬的洛丁（Lodin Wok Kamruddin）在二〇一四年十一月五日的董事會上，告訴其他董事，公司必須盡快賣掉資產、結束營業。光是利息支出，一年就要八億美元，一馬已經接近破產，至於IPO更是痴人說夢了。

就在一馬風雨飄搖之際，朱士托開了關鍵的一槍。

42 爆料者與納吉的十億美元

新加坡，二〇一五年一月

有一天上午，何啟達與他的老闆、財經雜誌《*The Edge*》董事長童貴旺走進新加坡富麗敦飯店（Fullerton Hotel）中庭。這棟灰色花崗岩的新古典主義建築在一九〇〇年代的英國殖民時期，曾是新加坡郵政總局所在地，現在成了新加坡河口知名的五星級飯店，附近就是高樓林立的金融中心。

見到兩人走來，魯卡瑟布朗趨前告知他們，線民已經在吧檯區等候。原本兩人以為，魯卡瑟布朗口中的一馬公司弊案線民是個馬來西亞人，沒想到眼前的這位朱士托是個高大帥氣的瑞士人。一邊喝咖啡，朱士托一邊拿PSI的部分電子郵件給兩人看，同時強調想看全部的資料，要先給兩百萬美元。

「我們必須先確認這些電子郵件的真實性。」何啟達說。

硬碟拿去吧，錢以後再說，我相信你們

由於魯卡瑟布朗自己無法支付這麼大筆錢，但自從與朱士托見面後，就一直在尋找願意拿出這筆錢的人，而童貴旺是非常明顯的對象。童貴旺答應與朱士托見面，而且帶了兩位資訊高手一同前往確認資料真偽。

當天下午，這幾人再度約在富麗敦飯店的一個會議室裡碰面，兩位資訊專家仔細檢查朱士托的硬碟，花了幾個小時一一檢視其中的文件與電子郵件，看看有沒有被動過手腳、修改過日期等等。電腦使用者通常都會留下所謂的「數位足跡」，雖然無法百分之百確定，但兩位資訊專家認為硬碟中的檔案應該沒有被動過手腳。接下來，他們討論要如何付錢。朱士托不收現金，也不想用匯款──因為他擔心帳戶裡突然收到一大筆錢，會引起銀行法遵人員的疑心。他同意當場先把硬碟交給對方，日後再討論要如何拿錢。

「我相信你們。」朱士托說。

於是，魯卡瑟布朗與何啟達取得了記者生涯中最大條的獨家內幕。

就在他們開始研究這些資料之前，美國《紐約時報》在二〇一五年二月八日於頭版刊登了一篇關於劉特佐的報導，該篇報導追蹤時代華納公寓的可疑資金來源，指劉特佐為納吉的白手套，細數他如何買進公寓、豪宅之後再移轉給里札。《紐約時報》也發現劉特佐一直在改口，先是說

自己幫有錢朋友代為買辦，後來變成是在替自己家族置產。該報也指出，紅岩電影高層原本說劉特佐是股東，後來改口只提阿末．巴達維。此外，也提到羅斯瑪對昂貴珠寶的喜好。

「對於一位擔任首相職務、掌管家族資產的人而言，所有花在旅遊、購買珠寶或任何報導中提到物品的錢，都沒有任何不尋常之處。」納吉辦公室在給《紐約時報》的聲明中說。

該篇報導在馬來西亞被瘋轉，不受納吉掌控的媒體紛紛跟著轉載。但對他另外四位弟弟而言，納吉這份聲明是壓垮駱駝的最後一根稻草。多年來，幾個兄弟早就看不慣羅斯瑪愈來愈離譜的揮霍行徑，據說她染一次頭髮要花掉四百美元，相當於一般人一個月的薪水。如今納吉的這份聲明，暗示父親敦拉薩擔任首相時賺了很多錢，於是兄弟們決定發表另一份聲明駁斥納吉的說法。

「只要是汙衊先人，不管他動機為何，我們都不會姑息。」兄弟們在聲明中寫道，算是對納吉與羅斯瑪非常含蓄的批評。

然而，「拉薩」家族名聲已經難以挽救。

撈走這麼多錢，他怎麼可能相信自己會全身而退？

魯卡瑟布朗已經準備發表她的調查。二月二十八日，她在《砂拉越報告》上傳了一篇文章，標題為〈世紀之劫〉（Heist of the Century），揭開一馬公司的內幕。文中舉證歷歷，劉特佐如何透過 Good Star 掏空一馬公司。其中一份電子郵件顯示，一馬公司執行長沙魯・哈米催促德意志銀行盡快將錢匯給 Good Star，另一份文件顯示 Good Star 是一家註冊於塞席爾、與劉特佐有關的空殼公司，投資部門主管是「薛力仁」。另外，還有一些合約書，證明 Good Star 付了數千萬美元給歐霸。魯卡瑟布朗揮出這記重拳幾天之後，《*The Edge*》也跟進，公布它所調查到的獨家內幕。

一連串新聞在巫統內部引爆大反彈。由馬哈迪領導的人馬公開呼籲納吉辭職下台，甚至有資深官員竊聽納吉電話，側錄到他與劉特佐討論如何將一馬公司的弊案全部推給中東的同夥。納吉要劉特佐暫時離開馬來西亞、保持低調，直到事情塵埃落定。表面上，納吉公開否認涉及任何一馬公司弊案，並指示國家總稽查署展開調查。由巫統主導的國會公共帳目委員會（Public Accounts Committee）也要劉特佐出面說明，但沒有人知道他人在何處。

劉特佐應該知道會有這麼一天到來。多年來，他周旋於首相、沙烏地王子、馬來西亞銀行家與阿布達比主權基金高層之間，撈走這麼多錢，他怎麼可能相信自己會全身而退？

《砂拉越報告》的文章發表後幾天，劉特佐表現得似乎早有準備。一般人遇到這種情況，很快就俯首認罪，納吉甚至與家人討論請辭下台的可能性。但劉特佐不輕易就範，原因之一或許是人的求生本能，但或許也是因為行騙多年之後，他已經不再能分辨是非之間的界線，或許他真的相信自己有在為國家做事，搭建與外國政府之間的橋樑，提高國家能見度。

他搭著私人飛機，到不同國家滅火，不斷傳送大量訊息給同夥。他告訴穆巴達拉基金執行長哈爾敦，馬來西亞政府並沒有發現任何不當行為的證據，媒體上的報導是來自「偽造的」PSI電子郵件。「未來這幾個月會有來自特定政治派系製造的紛擾。」劉特佐寫給哈爾敦，並且暗中傳送附件給歐泰巴大使，試圖展現「一切都在掌握中」。

「向《砂拉越報告》爆料的人言過其實，指控毫無根據。」劉特佐也傳訊息給大馬銀行的余金萍，不過余金萍沒有回復他，因為她正忙著關閉納吉的帳戶。終於，在大馬銀行董事會的施壓下，再加上帳戶裡經常出現透支，納吉只好將帳戶關閉。對余金萍來說，她當然知道開設祕密帳戶是違法的，即便開戶的人是首相，但劉特佐掏空規模之大，恐怕遠遠超乎她的想像。

就在劉特佐傳送最後一封簡訊給余金萍之後幾天，馬來西亞警方搜索了大馬銀行，當警方來到銀行位於雙子星大樓附近一棟摩天大樓的總部，直接走向余金萍的座位，要余金萍將電腦與手機交給警方，她也立即配合警方。警方沒有偵訊任何其他銀行主管，余金萍的前任主管謝德光已經在幾個月前退休，接他位子的拉瑪穆迪則在三月初倉卒辭職，回到澳洲的澳紐集團任職，不久之後離開。

天啊，首相祕密帳戶裡共收到十億美元……

由於《砂拉越報告》指證歷歷，馬來西亞警方必須採取行動，也成立了一馬公司弊案調查小組，小組成員包括國家銀行、馬來西亞警方、反貪汙委員會以及檢察總長。

根據警方取得關於納吉帳戶的證據——包含余金萍與劉特佐往來的簡訊內容，整起事件的過程非常驚人。接下來幾個禮拜，國家銀行官員在總裁潔蒂．阿茲的帶領下，爬梳所有文件，並發現一個令人震撼的事實：從二〇一一到二〇一四年間，納吉的個人帳戶總計收到超過十億美元的匯款。其中金額最大的一筆是六億八千一百萬美元，來自一家不為外界所知的 Tanore 公司，該公司於新加坡的安勤私人銀行有一個帳戶。由於這個發現太震撼，專案小組決定暫時不對外公布。

《砂拉越報告》中完全沒有提及納吉的祕密帳戶，國家銀行目前為止也沒有證據顯示納吉的錢是來自一馬公司，不過央行決定擴大調查範圍，並向新加坡警方請求協助，提供與劉特佐相關的帳戶資料。新加坡可疑交易報告辦公室（The Suspicious Transaction Reporting Office）於三月十三日回復，有一個劉特佐於新加坡瑞意銀行開設的公司帳戶，在二〇一一年到二〇一三年之間從 Good Star 收到五億美元。而 Good Star 正是《砂拉越報告》中提到的那家公司。雖然對於資金的追查有了新進展，但仍無法證明一馬公司的錢流入納吉帳戶。

馬來西亞國內外的調查都有所斬獲，正當劉特佐與納吉焦頭爛額的同時，弊案中另一個主要人物也遇到了麻煩，這個人就是ＩＰＩＣ的卡登。

43 —— 夜店裡的丁字褲

特拉維夫，二〇一五年四月

以色列特拉維夫一棟辦公大樓後方，兩名男子看著火焰吞噬幾支隨身碟。一位是阿布達比主權基金阿爾巴的執行長阿末·巴達維，曾經協助劉特佐攔截高盛付給一馬公司資金的他，望著被風吹向空中的紙屑灰燼，他必須確定資料全部被焚毀。這些資料都是機密檔案與照片，萬一曝光會毀了他的老闆卡登。

這些資料，是法裔阿爾及利亞人拉參·豪斯（Racem Haoues）從卡登在法國的辦公室與家中取得的。這些年來，卡登夜路走多了，也樹敵不少，豪斯就是其中之一。他原本是卡登的貼身管家，負責張羅車子、私人飛機、居間傳話等等。他的薪水其實不低，但眼看著卡登與阿末·巴達維多年來好幾億美元落袋，起了嫉妒之心。原本卡登答應給他分一杯羹，讓他插股西班牙的一起房地產開發計畫，後來卻反悔；二〇一五年初，阿末·巴達維將他開除。

但豪斯早有準備。多年來，他暗中收集老闆的資料，包括銀行對帳單、在法國每一筆房地產、替曼蘇爾親王買遊艇的費用等等。他將一小部分資料洩漏給魯卡瑟布朗，而魯卡瑟布朗在二〇一五年三月底——也就是揭發劉特佐祕密的數周之後——公布了這些資料。根據她的報導，卡登名下一家註冊於盧森堡的公司，在二〇一三年二月收到來自劉特佐的 Good Star 一筆兩千萬美元匯款。同時，報導中還刊出豪斯提供的照片，是卡登在世界各地狂歡的留影，其中一張是他在夜店跳舞，旁邊有一位上空女郎在超大雞尾酒杯裡扭動。還有一張則是他與一名女子在沙發上親熱，前方還有水煙管。大部分照片都是他穿著T恤，在夜店裡的猥褻樣子，包括一張穿丁字褲女性屁股的特寫。那些有錢的中東富豪到了西方，的確常會脫下他們的阿拉伯傳統服飾，但卡登這種樣子實在太超過了。

豪斯只是將一小部分資料給了魯卡瑟布朗，他主要目的是要勒索卡登，倘若卡登不答應他的條件，還會有更多資料曝光。這些資料中，與曼蘇爾親王相關的部分格外敏感。

最後是由阿末．巴達維出面，替卡登支付三千萬歐元給豪斯，取回所有檔案之後，阿末．巴達維飛到特拉維夫毀滅證據。

反正卡登已經垮台，就把全部責任推給他吧

卡登原本以為，危機就此解除。對他來說，只要曼蘇爾親王繼續挺他，就沒人敢找他麻煩。過去一年來，他用從一馬公司偷來的錢，以五千一百萬美元在紐約華克大廈（Walker Tower）買了一棟閣樓、以四千六百萬美元在洛杉磯買了兩棟豪宅。由於卡登同時也是曼蘇爾親王所投資的夜店帝國哈克桑集團（Hakkasan Group）董事長，因此他在拉斯維加斯也算是舉足輕重的人物。大約就在豪斯提出勒索的那段期間，卡登在凱薩皇宮開了一家新的Omnia夜店。在拉丁文中，Omnia的意思是「一切的總和」，這家耗資一億美元打造的全球最豪華夜店，能容納高達三千五百人。二〇一五年三月開幕那天，請來超級DJ、歌手凱文・哈里斯（Calvin Harris）來表演（酬勞也是天文數字），小賈斯汀的二十一歲生日，也是安排到這家夜店慶祝。

然而，卡登太樂觀了。皇太子莫哈默親王決定採取行動，瞞著曼蘇爾親王對卡登展開調查。調查結果找到了厚厚的一疊貪汙舞弊證據，顯示卡登權力太大，也不再把皇室放在眼裡。二〇一五年四月二十二日，卡登的IPIC執行長位子被拔除；幾個月後，阿末・巴達維也被踢出阿爾巴。事情發生時，卡登人在西班牙出差，以為只是正常的職務調動，還老神在在地跑去看皇家馬德里隊（Real Madrid）和馬德里競技隊（Atlético Madrid）的足球賽。他不知道事態的嚴重性：皇太子正在清理門戶，皇室成員會受到保護，但他的處境危急。

對劉特佐而言，卡登垮台意味著他失去一位重要同夥。當時並不清楚阿布達比當局會挖掘多少內幕出來，但他知道自己的處境也很危險，於是立即展開行動。

就在卡登被拔除職務的幾天後，劉特佐搭著私人飛機前往阿布達比試圖將危機降到最低。他的計畫，是把一切推給卡登，萬一他們透過ＩＰＩＣ掏空一馬公司的事情曝光，就讓已經垮台的卡登擔下全部責任。畢竟，在這之前劉特佐就避免自己的名字出現在所有文件上，從頭到尾在公文上簽字的都是卡登和阿末．巴達維。

「一直有謠傳說，我是卡登的哥兒們，但如果一馬公司匯入ＩＰＩＣ的資金最後沒有入帳，那是ＩＰＩＣ內部的問題。」在一場會面中，劉特佐告訴歐泰巴的合夥人阿瓦塔尼。

在與ＩＰＩＣ新執行長、同時也是阿布達比能源部長的蘇海爾（Suhail Al Mazroui）會面時，劉特佐自稱能協助ＩＰＩＣ收拾卡登留下的爛攤子。

當時，ＩＰＩＣ的新管理團隊查過帳，發現有數十億美元不翼而飛，而且手上還持有三十五億美元一馬公司的債券——看來一馬公司已經沒有能力償還。一馬公司危在旦夕，德意志銀行已經知道開曼群島基金是空包彈，因此要求一馬公司必須提前償還先前聯貸的十億美元。劉特佐提議，不如先由ＩＰＩＣ拿出十億美元還給德意志銀行，交換條件是馬來西亞財政部長、同時也是首相的納吉出面擔保，將以現金與其他資產全額償還ＩＰＩＣ。

雖然沒有人知道一馬公司要從哪裡生出這筆錢來還給ＩＰＩＣ，但新任執行長沒有其他選擇只能接受。在與納吉討論後，蘇海爾同意劉特佐這項安排，雙方在不久後正式簽約。

你應該關閉帳戶，這家銀行已經被盯上

在阿布達比期間，劉特佐還有另一個麻煩要解決。歐泰巴大使告訴他，瑞意銀行一直向他查詢許多問題。主要是因為新加坡政府已經展開調查，瑞意銀行必須查核所有與劉特佐和一馬公司有關聯的帳戶。瑞意銀行此刻風聲鶴唳，掌管亞洲業務的布魯納已經下令易有志留職停薪。

位於瑞士盧加諾的瑞意銀行總部，法遵部門主管試圖逼易有志簽署一份切結書，聲明他在一馬公司與劉特佐的交易中並未收受賄賂。但易有志不願當代罪羔羊，躲到中國大陸避風頭，由於壓力過大還得了憂鬱症。瑞意銀行法遵部門全面徹查與劉特佐有關的所有往來交易，因此找上歐泰巴與阿瓦塔尼——他們的空殼公司同樣在瑞意銀行開設帳戶。

「你應該關閉帳戶，這家銀行已經被盯上。我已經把我大部分資產移走，很快就會把帳戶關掉。」他對阿瓦塔尼說。

他甚至向阿瓦塔尼伸出援手。劉特佐說他打算買一家銀行，來存放自己家族的資金，目前已經找到一家位於 Barbados 的傲明銀行（Amicorp），該銀行出價一億五千萬美元；劉特佐問阿瓦塔尼，是否願意以他與歐泰巴名下的 Equalis Capital 名義，出面買下這家銀行。有鑑於過去幾個

月來的風風雨雨，阿瓦塔尼拒絕了劉特佐。

劉特佐只好將部分帳戶的資金轉到傲明集團旗下的銀行，同時另外尋找可以藏錢的地方。這時，他再度求助於萊斯納。萊斯納在二〇一五年初，未經公司許可，以公司的名義寫了一封推薦信給盧森堡一家小型私人銀行 Banque Havilland。照理說，當時所有銀行都與劉特佐保持距離，但有萊斯納的信背書，而且信上謊稱高盛已經針對劉家資產進行過「盡職查核」，於是 Banque Havilland 接受了劉特佐開戶。

劉特佐試圖壓下所有質疑的聲音，同時隱匿自己的財產。但這麼做太被動了，他必須更主動出擊才行，他要先下手為強。

44 — 強人納吉，強度關山

泰國蘇美島，二〇一五年六月

六月底一個溼熱的午後，朱士托在他蘇美島的度假村休息。突然，全副武裝的泰國警察衝進來將他按倒在地，給他銬上手銬。接著警方大肆搜索他的辦公室，帶走了電腦與文件。他被架上飛機去了曼谷，到了曼谷又被一台廂型車載往監獄。

兩天後，仍穿著被捕那天的衣服——灰色 Hugo Boss 的T恤、米黃色短褲與拖鞋，朱士托被帶到媒體面前。泰國警察局長向媒體宣讀了關於案子的內容，五名持槍警員圍繞著戴著手銬的朱士托，旁邊的桌上擺著從他家扣押的電腦。通常，只有在逮捕到大毒販時，警方才會擺出這種陣仗，一般勒索案件是不會這麼大費周章的。

等候審判期間，朱士托與其他五十名嫌犯一起被關在曼谷監獄裡。擁擠髒亂的環境，連張床墊都沒有，他根本都睡不著。後來一位自稱英國警探的保羅・費尼根（Paul Finnigan）來探視他，兩人見面後，費尼根才表明自己真正的身分：他是PSI派來的。

費尼根向朱士托提出一個交換條件：只要他向警方認罪，聖誕節前他就能出獄。如果願意配合，費尼根保證歐霸會幫他。幾天後，瑪浩尼也來到監獄看他，提出相同的條件。於是，已經心力交瘁的朱士托簽署了一份長達二十二頁的「認罪」聲明，並且為竊取PSI資料出售給《*The Edge*》向PSI道歉。

這只是PSI等人計畫抹黑朱士托的第一步，試圖讓外界懷疑朱士托手中電子郵件的真實性，引導外界認為這是馬來西亞反對黨試圖推翻納吉首相的陰謀。「這起案件在馬來西亞被政治化，但我們是犯罪受害者。」PSI在一份聲明中說。

朱士托被逮捕隔天，巫統旗下的英文報紙《新海峽時報》引述倫敦一家網路資安公司Protection Group International不具名人士表示，經過檢視相關電子郵件之後，發現這些檔案曾遭變造。雇用這家Protection Group International的，正是PSI，而他們只檢視了幾個檔案，而且全來自《砂拉越報告》網站。該篇報導刊出後，劉特佐立刻轉寄給阿布達比主權基金穆巴達拉基金的執行長哈爾敦，試圖讓他中東的朋友相信，那些被曝光的PSI信件都是被變造過的。

一個月後，朱士托仍然被關在牢裡，等待面臨審判。一位新加坡記者來採訪他，採訪前把提綱事先傳到監獄，於是，費尼根事先擬好了答案，要朱士托照著念。朱士托告訴這位記者，《*The Edge*》原本答應要付錢給他，後來卻反悔；而且，朱士托依照費尼根的指示，告訴記者當時在新加坡與魯卡瑟布朗和《*The Edge*》碰面時，《*The Edge*》曾經說要在他所提供的資料上動手腳。

後來再與馬來西亞警方見面時，他又依照費尼根的指示再講了一次。朱士托被告知，必須幫納吉譴責魯卡瑟布朗，而且無論如何絕不能提起劉特佐。當《*The Edge*》揭發了一馬公司醜聞之後沒多久，何啟達與四位同事都一度遭馬來西亞警方以違反《煽動法》被拘禁，只是隨後全部被釋放，顯然警方是想殺雞儆猴。

然而，檔案被「動手腳」是毫無根據的指控。何啟達在《*The Edge*》頭版上刊登了一則聲明，否認該報曾出錢買下檔案，該報也沒有在檔案上動任何手腳。「我們有調查與報導真相的責任。」他寫道。

機密檔案的解鎖密碼是……SaveMalaysia！

截至目前為止，納吉仍置身事外。但這情況即將出現轉變：由國家銀行與反貪汙委員會帶領的調查小組，深入調查納吉帳戶的資金往來。

不過，對於帳戶中最大一筆來自 Tanore 的六億八千一百萬美元匯款，調查小組仍然沒有頭緒，不知道這家 Tanore 公司的負責人是誰，也不清楚為什麼要付錢給納吉。很顯然，就算是政府出馬，也未必能揭開岸外金融的真相。協助 Tanore 在英屬維京群島登記公司的 Trident Trust，只知道 Tanore 負責人名叫 Eric Tan，同樣不見劉特佐的名字。

後來，調查小組發現一筆較小金額——約一千四百萬美元——的匯款，是直接來自一馬公司的帳戶。反貪汙委員會認為，光是這一小筆金額，已經足以起訴納吉。但問題是：小組中有些成員反對，例如警方就不願意起訴現任首相。於是，小組決定將調查資料提供給一家媒體，讓納吉的帳戶往來祕密公諸於世。

正好在當時，我服務的《華爾街日報》刊登了一則頭版新聞，詳細揭露劉特佐如何掏空一馬公司。這則報導引起一位與調查小組熟識的人士注意。幾天後，透過這位人士安排，我們一位同事 Simon Clark 在倫敦與馬來西亞的消息提供者碰面，並取得相關資料。這些資料——包含納吉帳戶收到的匯款、資金移轉的圖表——內容非常具有爆炸性。

七月二日，《華爾街日報》刊登了一篇標題為〈調查小組相信一馬資金流入納吉帳戶〉的報導，詳述調查小組如何追蹤納吉帳戶的資金流向。這篇報導是整起事件的重要轉捩點，那一年《華爾街日報》點閱率最高的文章之一，正是這篇報導，吸引超過二十五萬次瀏覽，一馬公司事件也成了全球大新聞。數天後，我們進一步報導新加坡政府正針對劉特佐的資金往來展開調查。

這下子，納吉面對的是一家他完全無法掌控的媒體了。數天後，我們收到一封來自納吉律師的信函，要求報社出面澄清，否則可能挨告。《華爾街日報》的律師回應，報社為這篇報導擔負所有責任。

納吉在「臉書」貼文，指稱這一切都是馬哈迪在背後操作。「我必須明確地說：我絕對沒有像我的政治對手所說的中飽私囊。」他寫道：「很明顯，這些莫須有的指控背後有政治操作，目的是推翻一位民選出來的首相。」

後來專案小組還提供更多機密檔案給《華爾街日報》，檔案的解鎖密碼是「SaveMalaysia」（救救馬來西亞）。七月二十四日，檢察總長阿都干尼（Abdul Gani Patail）告訴警察總長，他打算起訴納吉，準備將文件送交法官，這些文件顯示納吉觸犯了二〇〇九年反貪汙法，最高刑期可長達二十年。對納吉不滿的人愈來愈多，包括當時的副首相慕尤丁（Muhyiddin Yassin）也引述《華爾街日報》的報導，要求對一馬公司全面徹查。但警察總長在最後一刻倒戈，跑去向納吉通風報信。

開齋節後的大報復

二〇一五年七月二十七日，也就是納吉獲知檢察總長打算起訴他的三天後，他在吉隆坡希爾頓飯店舉行晚宴慶祝開齋節。數千人聚集在一起，慶祝這個年度大節日，大夥兒的話題都離不開近來鬧得滿城風雨的政治話題，很多賓客覺得納吉很快就會下台。身穿紫色絲綢馬來傳統服裝的納吉，坐在貴賓席區，與巫統政治人物握手寒暄。這些人當中很多人都想看他垮台，但只有納吉知道，他即將對那些背叛他的人，展開無情的報復。

隔天一早，阿都干尼一如往常去上班，沒想到卻被首相府派來的人擋在辦公室門外，這才知道納吉已經將他撤職，而且不准他進入辦公室。一個小時後，納吉宣布撤換參與調查小組的警察政治部總監，當天稍晚，警察總部失火，燒毀了大量文件。

緊接著，納吉將副首相與另外四位閣員免職，並下令公共帳目委員會停止調查一馬公司。與此同時，納吉也將矛頭指向媒體，內政部以「報導一馬事件可能導致國家失序」為由，撤銷《*The Edge*》的發行執照三個月。大動作清理門戶之後，納吉再度大權在握。

幾天之後，英國首相卡麥隆飛到馬來西亞進行官式訪問。抵馬之前，他在新加坡的一場演講中提到，英國政府必須杜絕貪汙者把錢搬到倫敦買房地產，其中最大的買家就是馬來西亞的貪汙者。這番談話讓納吉非常生氣，他與西方民主國家之間的蜜月期也正式宣告結束了。

偷偷申請了一本聖基茨和尼維斯護照

正當納吉設法鞏固政權，劉特佐則被迫取消《國家地理雜誌》的遠征活動。因為就在出發前，《華爾街日報》揭發了納吉的祕密帳戶，新加坡政府也對他展開調查。

原本打算一起參加的人當中，還有當時正在拍攝全球暖化紀錄片《洪水來臨前》（*Before the*

Flood）的李奧納多。由於自己不能去，劉特佐安排父母前往。於是，李奧納多、一位陪同李奧納多的內衣模特兒、劉特佐的雙親，以及一群《國家地理雜誌》的科學家，花了三天時間乘坐直升機，在格陵蘭島上空拍攝北極熊。事後，李奧納多宣布他名下的基金會捐款一千五百萬美元給幾個環保團體，其中之一就是《國家地理雜誌》。

劉特佐也有捐錢給《國家地理雜誌》。八月間，眼看納吉已經穩住局面，劉特佐覺得可以放心了，於是搭乘私人飛機與直升機，飛到當時正在格陵蘭島外海的「平靜號」，接下來一整個禮拜，他與《國家地理雜誌》的科學家在一起，完全斷絕與外界聯繫，把同夥們嚇壞了。

「他真的就這樣跑到天涯海角，完全斷訊。」一位他在中東的同夥說。

或許，劉特佐很有把握，最糟的時機過去了。或許，他只是想讓身邊的同夥以為「沒事了，一切如常」，並繼續經營他的慈善家形象。他從北極返回後，寫了一則訊息給另一位同夥：「很抱歉遲至今天才回復你，我之前在北極的保護區探險，那裡收訊不好。」

他似乎對自己很有信心，但對於納吉可能會把他拖下水很不安。過去一整個夏天，他告訴一馬公司董事會：「如果他們要我背黑鍋，我會讓他們死得很難看！我只是照老闆指示辦事而已。」當事情曝光時，納吉要他離開馬來西亞避避風頭，所以他先後躲到曼谷、上海等城市，而且只有非常親密的朋友才知道，他偷偷申請了一本聖基茨和尼維斯（Saint Kitts and Nevis）的護照。

瑞士檢察總長在八月間宣布，對一馬公司可能涉及的不法行為展開調查，凍結了好幾個帳戶，金額達數千萬美元。這一來，劉特佐在新加坡與瑞士的帳戶全都被查扣，使得他只能仰賴泰幣與人民幣交易。

他與納吉之間仍然保持聯繫，但已經有了嫌隙，彼此不再像過去那麼相互信任。有位同夥問劉特佐為什麼帳戶裡的錢不見了，他馬上推給羅斯瑪。

「她買了這麼多昂貴珠寶，你說她的錢從哪來？」

當你去找媒體麻煩，就表示你真有不可告人之事

二〇一五年八月二十九日，大約十萬人聚集在吉隆坡街頭。他們穿著黃Ｔ恤，Ｔ恤上印著「Bersih」（馬來語「乾淨」之意），遊行抗議政府高層的大規模貪汙。先前的「Bersih」運動後，內政部以「威脅國家安全」為名，將黃色「Bersih」Ｔ恤列為違禁品，但抗議者完全不理會這項禁令。他們高舉納吉的照片，並在照片上畫著監牢的欄干，還有羅斯瑪的畫像，並在她的眼睛上畫上「$」的符號。他們大聲問：匯入納吉帳戶的六億八千一百萬美元，可以買多少ＫＦＣ、多少米、多少巧克力？

除了吉隆坡之外，全馬各地與部分海外城市也爆發遊行抗議。在吉隆坡，群眾一整個周末留在街頭上，前首相馬哈迪前往探視並再度呼籲納吉下台。許多抗議民眾——老師、上班族——受

夠了這些貪汙的權貴，也有人擔心馬來西亞會變成一個更極權的國家，憂心一馬公司的債務會衝擊未來的教育與社會福利支出，禍延子孫。

「當你去找媒體麻煩，就表示你真有不可告人之事。」一位計程車司機說。

此刻，納吉眼中容不下任何反對他的人。法院不久前再度將反對黨領袖安華以雞姦罪判刑五年，引起美國與國際人權團體抗議。接著在淨選盟遊行兩周過後，挺納吉的群眾穿著紅色T恤走上街頭，其中有些人承認，來參加遊行是因為有人付錢給他們。「我們馬來人也會站出來的！」納吉在一次演講中肯定「紅衫軍」的表現。

對反對陣營而言，仍有一線曙光。因為高等法院宣判，當局違法撤銷《*The Edge*》的發行權，《*The Edge*》也繼續對納吉展開炮火猛烈的抨擊。但納吉的強勢極權作風，已經讓許多人開始感到害怕……

PART 5

45 一位檢察官之死

吉隆坡，二〇一五年九月

九月四日天剛破曉，印裔馬來西亞人凱文·莫萊斯（Kevin Morais）發動他的馬來西亞國產車「普騰將相」（Proton Perdana）準備去上班。他所服務的馬來西亞反貪汙委員會（Malaysian Anti-Corruption Commission）辦公室，位於吉隆坡旁的布城（Putrajaya），距離他家約一個小時車程。

但他再也無法抵達。

幾個禮拜來，納吉的整肅異己讓莫萊斯一天比一天憤怒。五十五歲、留著一頭黑長髮的莫萊斯，一九八〇年代負笈倫敦修讀法律後返馬服務，如今成為馬來西亞副檢察長。在馬來西亞，貪汙案件總是層出不窮，莫萊斯經常得周末加班，眼皮下總是掛著兩個大眼袋，看起來非常疲憊。認識他的人從幾個月前，就覺得他怪怪的。他告訴住在美國的弟弟，他對納吉與羅斯瑪的案件非常緊張。由於懷疑自己的電話遭竊聽，他與弟弟都以Malayalam語（一種南印度方言）對話。他沒有多談工作細節，但似乎很害怕，常抱怨工作壓力很大。

誰是「jibby」？

當時，莫萊斯被臨時指派到反貪汙委員會，調查一馬公司與納吉帳戶的資金流向，並且負責起草納吉的起訴書。

納吉突然撤換阿都干尼之後，莫萊斯覺得自己的位子也岌岌可危。幾天後，有人將一份起訴書草稿透過電子郵件洩漏給《砂拉越報告》的魯卡瑟布朗。魯卡瑟布朗公布這份起訴書之後，也讓外界明白阿都干尼遭撤換的原因。檢察總署與反貪汙委員會展開調查，想知道是誰洩的密。警方逮捕了兩位反貪汙委員會的官員以及一名檢察官，同時對魯卡瑟布朗發出逮捕令，只是魯卡瑟布朗人在英國，警方對她莫可奈何。

逮捕行動嚇壞了檢察總署官員，反貪汙委員會很快就發布了一則聲明，偽稱納吉收到的錢是來自中東的「捐款」，試圖保護納吉。為了暫時避開這一切，莫萊斯去了一趟倫敦（他在倫敦附近的小鎮有一間公寓），他告訴弟弟他打算退休，而且寫好了遺囑。

後來警方釋放了幾位先前逮捕的相關人士，莫萊斯也返回馬來西亞繼續上班。九月初那天早上，離開住家數分鐘之後，一台三菱 Triton 貨車就尾隨著他，沒多久，這台貨車突然加速，把莫萊斯的車子撞到路邊，接著有人從貨車上跳下，把莫萊斯抓上貨車揚長而去。

莫萊斯大約一小時內遭到殺害，屍體被裝入塑膠袋，然後放入汽油桶裡，再灌入水泥，最後棄置在一所學校附近的河床上。凶手也將莫萊斯的座車燒毀，刮掉引擎號碼，丟棄在油棕園裡。見莫萊斯沒去上班，他的同事決定報警。兩周後，警方透過監視錄影器找到了那台犯案的 Triton，循線找到莫萊斯的屍體。最後共七名嫌犯被捕，其中主謀者是一名軍醫。

對莫萊斯家人來說，警方對莫萊斯遇害的說法根本不通。他弟弟非常確定，莫萊斯是因為將納吉起訴書外洩，被人發現之後遇害。他弟弟聯絡魯卡瑟布朗，但魯卡瑟布朗說自己並不知道提供起訴書的人是誰，只知道這份起訴書是由一位「jibby@anonymousspeech.com」以電子郵件傳送給她的。「Jibby」是莫萊斯一位好友的名字，但也是納吉（Najib）常用的暱稱。到底傳送起訴書給魯卡瑟布朗的人是誰，至今仍是個謎。

莫萊斯的死，立即在反貪汙委員會中起了寒蟬效應，每個人都擔心自己的人身安全。然而，仍然有幾位勇敢的檢察官，冒著極大的生命危險，繼續追查納吉涉案的證據。

目前為止，看來暫時沒人動得了納吉了。但他不知道的是，其實遠在太平洋另一端，聯邦調查局的幾位探員早已對他展開調查……

46 快逃，他們要來抓你了

紐約，二〇一五年二月

對聯邦調查局探員比爾．麥莫瑞（Bill McMurry）來說，媒體上關於納吉龐大財富的報導，來得正是時候。

這位資深聯邦調查局探員當時負責帶領一個新成立的國際貪汙調查小組，專門處理重大案件。直髮、藍眼珠且皮膚黝黑的麥莫瑞，乍看之下，你可能會以為他是那種在加州玩衝浪的選手，但實際上他來自紐澤西，人生中大半輩子在曼哈頓市中心的聯邦調查局上班，打擊國際犯罪。他偵辦過最廣為人知的案子，是破獲人蛇集團首腦「萍姐」（本名鄭翠萍，從一九八〇年代起從香港偷渡非法移民到美國），導致她二〇〇六年被判刑三十五年（不過鄭翠萍服刑數年後，於二〇一四年去世）。

《紐約時報》關於劉特佐買美國房地產的報導，引起麥莫瑞與組員們的好奇。接著當讀到

《華爾街日報》揭發納吉祕密帳戶的新聞後，他們決定：應優先調查這位馬來西亞首相。

這個國際貪汙調查小組在華盛頓與洛杉磯都設有分部，是美國司法部與聯邦調查局打擊各國——從俄羅斯、奈及利亞到委內瑞拉——貪汙權貴的主要單位。美國司法部之所以要協助外國打擊貪汙，並不是什麼利他主義，而是美國政府多年來認為貪汙事件不利於自由市場資本主義的運作，威脅到美國企業在國際市場上的利益。美國也擔心「竊盜統治」（kleptocracy）會破壞國際秩序，就像阿富汗與敘利亞那樣，成了孕育恐怖分子的溫床。「貪汙會造成人民對政府的不信任，不信任會導致政府失能，政府失能會帶來恐慌與國家安全問題。」聯邦調查局公共貪汙部門主任傑弗瑞・沙列（Jeffrey Sallet）說。

拒絕與美國、瑞士合作

世界各國貪汙的國家領袖與官員，有一個致命的共同點：他們都必須仰賴美國金融體系洗錢，都想在美國各地——紐約、洛杉磯、邁阿密——買房地產。美國司法部於二〇一〇年擬定「追回盜竊資產計畫」（Kleptocracy Asset Recovery Initiative），與聯邦調查局聯手扣押與處置貪汙官員在美國與世界各地的財產。如果涉案官員已經下台，美國會將處置資產所得的現金，匯還給該國政府。例如，在二〇一四年，司法部就查扣了前奈及利亞獨裁者撒尼・阿巴嘉（Sani Abacha）藏在世界各地超過四億八千萬美元的存款。

不過，麥莫瑞的小組成員很快發現，一馬公司案的情況與阿巴嘉不同。首先，劉特佐洗錢的技巧雖然高明，但主要都是透過大銀行，因此相對容易查。過去，巴基斯坦洗錢分子通常會先將現金藏好幾年，然後再透過地下錢莊匯兌，幾乎無法追蹤。其次，一馬公司涉及金額規模之大，是史上僅見。

麥莫瑞底下有一位探員，是三十四歲的勞勃・修齊林（Robert Heuchling），正試圖破解這個高度複雜的案子。藍眼珠、有著運動員體格的修齊林，畢業自西北大學新聞學院後，曾經投入美國海軍，當時在聯邦調查局已經服務五年。他被麥莫瑞指派負責一馬案，是他探員生涯中所承辦最重大的案件。他的組員中包括具有法務會計（Forensic Accounting）背景的賈斯汀・麥納爾（Justin McNair），以及一組聯邦檢察官，他們可以取得美國金融系統的數據，並且與瑞士和新加坡的執法單位合作，很快就收集到很多資料。

不過，有個問題：洗錢本質上就是一種跨境活動，因此調查起來非常耗時。各國檢察官們通常是靠著「司法互助協定」（Mutual Legal Assistance Treaties），彼此交流訊息。馬來西亞與美國於二〇〇六年簽署了「司法互助協定」，與瑞士之間也有類似的協定，但納吉領導的政府卻拒絕配合。

剛開始，納吉曾私底下說他認為西方國家不會調查一馬公司，因為美國通常不會干預盟友的內政。但他很快就發現，西方國家政府沒那麼天真。納吉的親信、新檢察總長莫哈末·阿邦迪（Mohamed Apandi Ali）有一次和蘇黎世一位檢察官麥可·勞勃（Michael Lauber）見面，當面要求對方終止對一馬案的調查，但遭勞勃拒絕。

納吉政府也透過外交管道，希望聯邦調查局放棄調查此案，但踢到鐵板。於是納吉指示檢察長不配合美國和瑞士的調查，使得他們無法取得馬來西亞銀行的相關資料。

至於在阿布達比，由於調查下去勢必會將曼蘇爾親王不能見光的生意攤在陽光下，因此也同樣不願對外張揚這件醜聞。阿布達比當局不動聲色地撤換了卡登，並且暗中展開全面調查。

整起弊案已經先後被《砂拉越報告》與《華爾街日報》揭發，不過截至當時為止，只有第一次於二〇〇九年大規模掠奪十五億美元，有了明確事證，因此《華爾街日報》決定繼續追蹤納吉在二〇一三年是如何收賄，也因此發現阿布達比涉入其中。

財務報表、大馬線民與匯款玄機

看到《華爾街日報》傳送給納吉的提問後，劉特佐非常忐忑。因為我們從資金流向著手，發現了一馬公司與ＩＰＩＣ財務報表的玄機。

首先，高盛在二〇一二年為一馬公司發行的三十五億美元債券，是由ＩＰＩＣ提供擔保；接著，一馬公司財報上顯示匯出一筆十四億美元給ＩＰＩＣ，作為「抵押」，這筆款項在財報上被列為「非流動現金」——意味著這筆錢要等將來ＩＰＩＣ返還，目前不在一馬公司的銀行帳戶裡。這是非常怪異的做法：為什麼要發行如此巨額債券，然後又把一半收到的錢當成「抵押品」設定給債券的擔保人？更奇怪的是：ＩＰＩＣ的財報上，居然完全沒有提及這筆錢。

當時，《華爾街日報》有位關鍵深喉嚨，我們給他取的代號是「大馬線民」，這個人對於劉特佐的手法瞭若指掌，但由於他自己也涉入其中，因此有時候會刻意誤導我們。例如，他提供我們一份匯款文件，顯示一馬公司的確從一馬公司的銀行帳戶，匯了十四億美元給ＩＰＩＣ旗下的「阿爾巴」。「大馬線民」希望我們就此相信，這筆錢真的匯給了ＩＰＩＣ。

但實際上，根據這份匯款文件，錢並不是匯給真正的阿爾巴投資公司，而是匯到「Aabar Investments Ltd.」這家由卡登和阿末．巴達維在英屬維京群島註冊的空殼公司。我們搜尋了岸外公司資料庫之後，向阿布達比當局查證，最後確定這家空殼公司與ＩＰＩＣ和阿爾巴主權基金完全無關。雖然不想讓曼蘇爾親王難堪，但看在ＩＰＩＣ新上任的管理高層眼中，證據很明顯：卡登之外，一定還有人涉案。他們懷疑其中一人就是劉特佐，於是展開調查。

原本「大馬線民」提供我們這份匯款文件的目的，是要誤導我們，這下反而讓我們知道原來有這家空殼公司的存在，也給了《華爾街日報》一個大獨家。我們將疑點一一提列，並寫信詢問納吉：為什麼一馬公司說匯了十四億美元給ＩＰＩＣ，但ＩＰＩＣ當局卻說沒收到？

與IPIC有關的弊案看來已經事證明確，劉特佐現在擔心二〇一二年那筆規模更龐大的掏空弊案曝光。對於我們在報導中指出，阿布達比當局正在「調查」錢沒入帳的事，劉特佐特別感到焦慮。我們可以直接聯繫阿布達比當局，也讓他很不安。他用假名寫了一封電子郵件給歐泰巴與哈爾敦，附上《華爾街日報》給納吉的信，底下寫道：「馬來西亞這邊非常重視這件事，必須確定策略與口徑一致。」

納吉希望——他繼續寫道——阿布達比維持雙方談好的說詞，勿展開任何正式調查。一切可怪罪卡登。「注意：對一馬公司的調查已經夠多了，如果阿布達比跟著調查，只會為這件事帶來不必要的麻煩。」

對於《華爾街日報》先前提出的疑點，納吉與一馬公司都沒有任何回應。當時一馬公司的執行長已經換成阿魯干達，四十歲出頭的阿魯干達能言善道，高中時是演辯冠軍，曾服務於阿布達比的銀行，也認識劉特佐。直到《華爾街日報》刊登阿布達比根本沒收到一馬公司聲稱匯出的十四億美元報導後，阿魯干達才積極反擊，指稱《華爾街日報》是陰謀推翻納吉的勢力之一。

納吉與一馬公司雇用的部分外國人士也口徑一致。例如，保羅．史德蘭（Paul Stadlen），這位英國年輕人是納吉雇用的溝通顧問，在發言策略上扮演關鍵角色。「《華爾街日報》不斷將匿名者的謊言當作事實，」一份聲明中說：「他們是新聞界之恥。」還有阿瑞夫．沙賀（Arif Shah），也說我們無憑無據，而且介入馬來西亞政治。他原服務於英國公關公司 Brunswick

Group，休假期間為一馬公司工作。

如果加上先前被Good Star掏空的錢，《華爾街日報》當時估計至少有三十億美元不翼而飛。在首相府裡，有人在討論如何回應我們的報導。威脅要告我們，看來效果有限，因為他們發現《華爾街日報》顯然挖掘得很深，取得了許多文件——從一馬公司的內部紀錄、未公布的官方審計報告，到劉特佐與余金萍的短訊副本——佐證。

這些文件有部分來自想要揭發納吉、羅斯瑪與卡登掏空密謀的「大馬線民」，有些則是來自忍無可忍的馬來西亞公務員與政治人物，還有部分來自阿布達比官員等其他相關人士。

《華爾街日報》詳述納吉是一馬公司的關鍵決策者，以及劉特佐執行過程的細節。為了避免相關新聞一再見報，他必須恫嚇我們。

意圖恐嚇，還是真敢動手？

二〇一五年十一月底，凌晨三點，湯姆・萊特（Tom Wright，本書作者之一）在睡夢中被電話驚醒。

當時他人在吉隆坡香格里拉飯店，電話那頭是他的同事布萊利・霍普（Bradley Hope，本書共同作者）。霍普人在曼哈頓《華爾街日報》辦公室，幾分鐘前，他接到一通「大馬線民」的電話，說納吉將會派警察到飯店逮捕萊特。

《華爾街日報》當時正在調查二〇一三年大選中劉特佐的角色，萊特是在前一天從檳城抵達吉隆坡。在檳城——劉特佐的家鄉——採訪時，萊特留下名片與手機號碼。有人向劉特佐通風報信，而劉特佐轉告了納吉。「大馬線民」告訴霍普，政府已經追蹤到萊特下榻於雙子星大樓附近的香格里拉飯店。「大馬線民」警告，警方即將到香格里拉抓人。

這個「警告」，事實上是一種恐嚇，《華爾街日報》決定暫停這次採訪行程，隔天一大早，萊特離開馬來西亞，由於擔心警方派人在吉隆坡機場攔截他，萊特驅車南下，從柔佛州的新山離境前往新加坡。

抵達新山海關時，萊特一度擔心自己會被攔截逮捕，結果什麼事也沒發生，他暢行無阻地抵達新加坡。如此順利地逃離，是「大馬線民」故意放消息，要《華爾街日報》知難而退？還是納吉發現萊特已經打算離開馬來西亞，認為已經達成目的？

其實，《華爾街日報》已經取得所需資料，並在十二月刊登一篇報導，詳細說明一馬公司資金在二〇一三年大選中的角色——尤其是在檳城。包括許多執政黨人士也接受我們採訪，顯然劉特佐在自己的家鄉也很不受歡迎。

由於馬來西亞已經終止對一馬案的官方調查，因此對於《華爾街日報》的報導，馬來西亞政府與一馬公司要怎麼辯解都行。但對於美國、瑞士與新加坡政府正積極展開的調查行動，納吉一點辦法也沒有。隨著調查範圍愈來愈廣，劉特佐的同夥也開始緊張起來。

我以後再也沒辦法待在這一行了，妳懂嗎！

看到《華爾街日報》挖掘劉特佐內幕，PSI投資長瑪浩尼於十月間打電話給沙維亞．朱士托的妻子蘿拉。

蘿拉很憤怒，她希望丈夫盡快離開泰國監獄。八月間，曼谷法院判沙維亞．朱士托勒索PSI罪名成立，必須入獄三年，整場審判前後只花了五分鐘。蘿拉覺得，瑪浩尼應該有所行動，在她看來，朱士托先前已經按照PSI的要求，同意認罪並（在沒有任何證據下）對記者聲稱《*The Edge*》與《砂拉越報告》打算變造文件，現在PSI該實現承諾，讓朱士托出獄。

可是，這時瑪浩尼開出新的條件。他要蘿拉去告訴媒體，魯卡瑟布朗是故意要修理PSI。

「如果我這麼做，你就保證朱士托能離開監獄嗎？」蘿拉問。

「要不要這麼做隨便妳，」瑪浩尼很強硬地說：「我很同情妳，但我自己麻煩也很大，我們都是，因為搞出這個大麻煩的是一個國家的首相。」

「弄清楚，到底是誰害我們惹上麻煩？我沒辦法給妳任何保證。」瑪浩尼說。

「對你來說這件事只是跟錢有關，但對我們卻是人生、家庭、一切！」蘿拉回答。

「不是的，蘿拉，這也關乎我的未來、我的人生，」瑪浩尼打斷她：「惹了這個麻煩，我以後再也沒辦法待在這一行了，妳懂嗎？」

「那也只是工作，還是跟錢有關，我敢說你早就已經賺飽了，哪還缺一份工作？但是現在有個人還被關在苦牢裡！」

「可是蘿拉，我所有財產都被扣押了！我現在同樣一無所有，你以為我怎樣？你以為我現在過得很好？覺得我沒有付出代價？我現在也是靠著東借西借過活、付小孩的學費，妳知道嗎？」

一個月後，朱士托仍被關在牢裡。瑪浩尼告訴蘿拉，隨著美國和瑞士對一馬案的調查愈來愈深入，情勢也更加嚴峻。檢調機關手上已經掌握了無數證據——銀行匯款文件、不動產過戶紀錄、空殼公司註冊資料、難以計數的電子郵件副本——足以拼湊出完整的掏空真相。

不過，直到當時檢調機構仍未找到劉特佐以及與他最親近的同夥，據傳他們都藏身在台灣與印尼等國家。瑪浩尼跟蘿拉說，瑞士政府根本什麼都沒查到，只是在做做樣子。

此刻，蘿拉對瑪浩尼已經徹底絕望，不再相信他可以幫助自己的丈夫脫困。二〇一六年一月，蘿拉聯繫瑞士駐泰國大使館，數周後，她傳送了許多檔案給瑞士和美國聯邦調查局，說明整起事件發生的經過，檔案中包括她與瑪浩尼通話的錄音。

此刻，瑪浩尼已經很明顯在劫難逃。《華爾街日報》指出，聯邦調查局已經正式對一馬公司與納吉展開調查，沒多久瑪浩尼就接到美國檢調單位的傳票。納吉與里札顯然有了最壞的打算，因此他們委任了美國知名大律師 David Boies 共同創辦的律師事務所 Boies, Schiller & Flexner，該事務所指派一位年輕且強悍的律師馬修・施華茲（Matthew Schwartz），負責接下這個案件。施華茲對金融犯罪非常內行，先前美國破獲馬多夫詐騙案，他就是偵辦此案的小組成員之一。

瑪浩尼慌了，納吉做了最壞打算，而劉特佐消失得無影無蹤——這意味著他正偷偷與好友們繼續在派對上狂歡。

47 船照跑，酒照喝

韓國，二〇一五年十一月

劉特佐的豪華遊艇「平靜號」此刻正航行在著名的「西北航道」上。

這條連結北大西洋與太平洋之間的航道，多年來因北極結冰而難以航行。但隨著氣候暖化，加速海冰融化，才使得像「平靜號」這樣的船隻能順利通過。當遊艇從北太平洋、阿拉斯加附近出海後，船長將遊艇開往韓國。當時是十一月初，劉特佐安排了好友與名人飛往首爾參加一場活動，然後再接大家到船上參加他的三十四歲生日派對。

儘管已經鬧得滿城風雨，劉特佐還是想成為活動與派對上的焦點，照樣一擲千金。這場活動的主題是「在一起」（togetherness），參加的名人將自己的私人物品拍賣，拍賣所得全數捐給聯合國。他們一起唱〈We Are the World〉，一起喝葡萄酒、香檳、韓國燒酒、濃縮咖啡口味的 Patrón 龍舌蘭酒，一起吃著最上等的大白鱘魚子醬、法式龍蝦湯與黑松露義大利麵。

他怎麼還能面不改色地揮霍？

遊艇上有個房間，他取名為「玫瑰花園」（Rose Garden），牆上貼著玫瑰花瓣與葉子。賓客中有傑米．福克斯與史威茲．畢茲，穿著正式晚宴服裝與燕尾服。這不只是一場奢華派對，也是劉特佐洗刷惡評的場子——他嘲笑媒體上關於他的負面新聞，彷彿那些指控都是空穴來風，有一度他還整理了媒體對他的正面報導給大家看。他還特別請各國領袖——包括普丁、歐巴馬——拍攝祝賀他生日快樂的影片。

不過，實際上，歐巴馬對納吉也不再像先前那麼熱絡。十一月底，歐巴馬再度前往馬來西亞參加一場區域高峰會，那趟行程是早在一馬案爆發前就安排好的。與納吉舉行一場閉門會談後，歐巴馬告訴記者，他在會談中向馬來西亞首相表達了透明與杜絕貪汙的重要性。

劉特佐繼續展現若無其事的樣子。幾個月前，他告訴朋友，他在紐約佳士得拍賣會上，出價一億七千萬美元搶標畢卡索的名畫〈阿爾及爾女人〉（Women of Algiers）；但最後敗給一位卡達買家，這位買家以一億七千九百萬美元買走，創下當時的歷史天價。這是繼沙烏地親王的洛杉磯豪宅之後，另一件他買不起的東西。我們很難理解，媒體對一馬公司的報導已經鋪天蓋地，他怎麼還能面不改色地揮霍？

十二月，他像往年一樣，與好友一起前往法國阿爾卑斯山區的滑雪勝地「谷雪維爾」

（Courchevel）度假。他一如往常地滑雪、開派對，彷彿完全不受新聞報導的影響。與他一起玩的，包括麥克法蘭、史威茲·畢茲、艾莉西亞·凱斯、一馬公司的盧愛璇、胖子Eric、劉特佐女友Jesselynn，幾年來，他們足跡遍布全球知名的滑雪勝地，例如威斯特勒、亞斯本與谷雪維爾。

就像先前幾年的假期，劉特佐精心安排整趟行程，有名廚提供的晚餐、按摩、名酒等等。不過，一切如常的背後似乎也透露出某種不安。劉特佐向同伴承認，他有點擔心自己被暗殺，不過他沒提到想暗殺他的人是誰。他一直有保鑣同行，而且他特別指示助理Catherine Tan，確保這趟谷雪維爾之行，任何人都不可以在Instagram、臉書或任何社群媒體上貼文。

對於涉入這起弊案的人——Eric Tan、盧愛璇、楊家偉、薛力仁等——當然都不樂見劉特佐就此繳械投降，但令人意外的，是在媒體報導政府介入調查之後，像史威茲·畢茲、艾莉西亞·凱斯等名人都繼續與他稱兄道弟。

那趟滑雪之旅，以及接下來待在倫敦的那幾天，他們討論著如何扭轉外界對劉特佐的評價。直到現在，那些受惠於劉特佐慷慨揮霍的人，仍然拒絕相信鐵證如山的惡行。或許，艾莉西亞·凱斯與史威茲·畢茲都不看報紙，或許他們看了但不相信報導是真的，也或許他們完全不在乎劉特佐是用竊取來的錢，供他們吃喝玩樂。

至於麥克法蘭，他能踏上好萊塢全拜劉特佐所賜，因此對這位馬來西亞朋友全力相挺。麥克法蘭似乎仍然相信劉特佐，他告訴朋友，那些報導都是偏頗的，背後都有政治目的。谷雪維爾之旅期間，有天晚上他還建議劉特佐應該多把自己的慈善事蹟貼在推特上，反擊那些負面報導。

紅岩電影公司最新推出的作品，是由馬克・華柏（Mark Wahlberg）與威爾・法洛（Will Ferrell）主演的《家有兩個爸》（*Daddy's Home*）。這部片當時才剛首映，麥克法蘭還在做他的電影夢，仍在 Instagram 上分享他與大製作人的合照。

不過，有些明星似乎開始與紅岩的人保持距離。例如李奧納多，就婉拒主演紅岩的新片《惡魔島》（*Papillon*），最後紅岩找了查理・漢納（Charlie Hunnam）來演。李奧納多沒有參加韓國那場遊艇上的生日派對，也沒有跟著去佳士得拍賣會。原本史柯西斯打算與紅岩合作開拍《愛爾蘭殺手》（*The Irishman*）也沒了下文，後來得知史柯西斯改與勞勃・狄尼洛的翠貝卡製作公司（Tribeca Productions）合作。

這不是好消息，劉特佐身邊的名人正一個接一個棄他而去。但此刻還有更大的麻煩等著他：聯邦調查局的行動，已經嚇壞他的生意伙伴。為了挽救情勢，他轉向中國大陸求助。

48 賣了名畫，求助中國大陸

上海，二〇一六年四月

對於人在上海半島飯店裡的劉特佐而言，從馬來西亞流亡的生涯還算愜意。飯店裡有兩家米其林等級的餐廳，從他的房間裡，還可以遙望黃浦江另一頭，矗立著一棟棟現代化的高樓大廈。

來到上海，是因為他想要力挽狂瀾。聯邦調查局的四處訪查，已經讓他美國的事業停擺，大銀行不想與他有瓜葛。原本他計畫和紐約地產商史帝夫・威特考夫與阿布達比的穆巴達拉基金，在中央公園旁買下公園大道飯店，富國銀行也拒絕提供融資。

於是，他到上海找綠地集團合作。四月二十六日，劉特佐傳了一封電子郵件給穆巴達拉基金執行長哈爾敦，說他打算將手上公園大道飯店計畫的持股轉讓給一位科威特皇室成員。這位科威特買家只是被他找來當人頭的一位老友，事實上，當科威特買家取得股權後，就會轉手將股權賣給綠地集團。

「二〇一五年，我遭受惡意媒體的抹黑，導致（公園大道飯店計畫）融資受阻。」他告訴哈爾敦。不過，有了綠地集團加入，資金不再是問題。

這回他故技重施，同樣搬出官方機構替他撐腰，只是這次換成了中國大陸政府。他打通管道找上綠地集團董事長，不僅給了公園大道飯店計畫一線生機，也或許能讓他獲利出場全身而退。

由於擔心聯邦調查局採取進一步行動，劉特佐設法將其他財產變現。四月間，他委託蘇富比替他賣掉先前買來的巴斯奇亞作品〈癮君子〉。結果美國避險基金經理人丹尼爾．桑海姆（Daniel Sundheim）以三千五百萬美元買下，比劉特佐三年前買進的價格少了一千四百萬美元。除此之外，其他畫作也被他在很短的時間內一一脫手。當初買這些畫作，本來就是為了預防有這麼一天，畢竟房子和公司股權都不如藝術品容易脫手。

就在這段期間，《華爾街日報》又登了一篇關於劉特佐涉入納吉祕密帳戶的內幕，以及他如何在幕後操縱一馬公司的細節。這篇報導刊出之後，「大馬線民」從此與我們失聯——或許他發現了，根本無法左右我們的報導。

《華爾街日報》試圖追蹤劉特佐的下落。布萊利．霍普飛到上海，半島飯店櫃檯小姐證實劉特佐確實長期下榻於此；但是，當霍普到了飯店公寓門口時，警衛卻堅稱從來沒有這個名字的人住在那裡。他接著走到櫃檯，這回櫃檯小姐查詢電腦，所有與劉特佐有關的資料全都消失無蹤。霍普隨後飛到香港，因為「平靜號」正在那裡維修，但船長說遊艇主人並不在船上。

資產賣給中國大陸，四十億美元入帳

看來，劉特佐找中國大陸的國營企業合作的確是妙招。發展至今，一馬案已經讓納吉與沙烏地阿拉伯和阿布達比鬧翻。馬來西亞總檢察長說，納吉帳戶裡的錢是來自沙烏地阿拉伯的政治捐獻；但沙烏地阿拉伯拒絕公開承認有這回事，該國外長只願意說他相信納吉沒有做錯事。沙烏地阿拉伯的確有些捐款給馬來西亞，但不願意替納吉政府的說法背書。

納吉此刻需要做的，是設法填補一馬公司的財務黑洞。一馬公司當時已經負債一百三十億美元，而且還要另外找錢出來還給阿布達比，可是一馬公司根本拿不出這筆錢。後來一馬公司名下許多筆資產，都是由中國大陸的國營企業出資買下，包括位於吉隆坡的土地與發電廠，如果全數賣出，可以有四十億美元入帳。雖然不足以解決一馬公司的財務黑洞，但不無小補。

想讓麻煩徹底消失，劉特佐需要更大筆的交易才行。二〇一六年六月二十八日，他在北京與國務院國有資產監督管理委員會主任的肖亞慶見面。當時的他有納吉撐腰，已經儼然是個馬來西亞部長級人物，與中、馬官員一起商討一個龐大計畫：引進中國大陸國有企業到馬來西亞，興建一條耗資一百六十億美元的鐵路，以及造價二十五億美元的天然氣管。

問題是：這幾項建設的預算，全都被超估。一份劉特佐在會議前草擬的文件指出，這些建設將為中國大陸企業帶來「優於市場的報酬」，但事實上，他提出的預算，比原先顧問公司建議的金額超出一倍之多。同時在另一份文件中，雙方商討中國大陸國有企業要如何付款，「間接償還一馬公司債務」。根據一份會議紀錄，肖亞慶在會議中表示必須讓大眾相信「所有計畫都符合兩國的共同利益。」

這正是習近平所推動的「一帶一路」真相：北京從馬來西亞的苦難，以及劉特佐的困境中，逮到一個將馬來西亞收編為中國大陸附庸國（client-state）的機會。納吉甚至開始與中國大陸領導人祕密討論，如何讓中國大陸軍艦使用兩個馬來西亞海港。隔天的一場會議中，中國大陸公安部副總警監孫力軍證實，中國政府已應馬來西亞提出的要求，在香港監控《華爾街日報》，包括「全面監聽住所／辦公室／設備」，「追溯電腦／手機／網路資料」以及「全天候監控」——根據一份馬來西亞的簡報。

這份簡報上還指出：「孫力軍說他們將找出香港《華爾街日報》與所有馬來西亞相關人士的聯繫紀錄，一旦完成將會把所有資料透過非正式管道提供給馬來西亞。」孫力軍還承諾將透過中國的影響力，讓美國等國家撤銷一馬案的調查。不過，最後中國大陸是否遵守承諾，抑或只是說給劉特佐聽聽，就不得而知了。

無論如何，一馬案給了中國大陸絕佳機會，取代美國在馬來西亞的影響力。納吉在這時候捨歐巴馬（其實歐巴馬也已經對馬來西亞不再有信心了）擁抱中國大陸，也是順理成章的發展。中國國家主席習近平不斷透過各種方式——例如強硬地主張擁有南海主權，或是柔軟地走外交路線，與鄰國合作興建高速公路、海港等基礎建設——擴大中國大陸在海外的影響力。沒多久，納吉聲稱一馬公司的問題已經獲得解決，馬來西亞國家總稽查署已經完成調查報告，不過政府將該報告列為機密，不對外公開。

與此同時，納吉繼續對政敵施壓。一位反對黨領袖取得了一份總稽查署的報告，發現一馬公司的帳目中有數十億美元交代不出流向；結果四月間，他遭警方逮捕，並因觸犯《官方機密法令》被判刑十八個月。《華爾街日報》刊登了這則消息之後，納吉也威脅要告。還有一位淨選盟成員，同樣被拘禁。

所有涉入一馬案調查的人，都面臨恫嚇——甚至生命威脅，大家都很害怕。許多馬來西亞人都希望外國政府能把案件調查個水落石出，反貪汙委員會部分成員也暗中將資料提供給聯邦調查局。二〇一六年七月，美國司法部決定採取行動，而且讓劉特佐、納吉等同夥完全措手不及。

49 美國司法部的震撼彈

華府，二〇一六年七月

華府賓州大道上的美國司法部裡，總檢察長洛麗泰・林奇（Lorretta Lynch）走上講台。在馬來西亞反貪委員會以及其他暗中與聯邦調查局聯繫的官員協助下，美國終於破獲史上規模最龐大的貪汙案。

身旁站著多位司法部與聯邦調查局官員，林奇在記者會上詳述美國政府如何查扣超過十億美元資產，包括紐約、洛杉磯與倫敦的豪宅，還有EMI股權、一台私人飛機、梵谷與莫內的名畫，以及《華爾街之狼》的相關權利等等，全都是用從一馬公司竊取來的錢取得的。司法部在加州——好萊塢所在地——法院起訴《華爾街之狼》。

「司法部絕不允許美國金融體系成為藏匿貪汙者的溫床，」林奇說：「全世界貪汙者都要知道，我們會盡全力沒收他們的犯罪所得。」

司法部的起訴書中，點名劉特佐（這也是劉特佐的名字第一次出現在檢調單位公布的名單上）、里札、卡登與阿末・巴達維。後來在附件中還出現歐霸、「ＰＳＩ主管」（也就是瑪浩尼）、「高盛董事經理」（也就是萊斯納，而且司法部還描述在阿布達比與曼蘇爾親王會面時，萊斯納與劉特佐之間如何互動。不過，萊斯納所扮演的真正角色，一直到兩年多以後才為外界所知）等名字。不過，最令人吃驚的，是起訴書中隱晦地將納吉列為「馬來西亞一號官員」，描述這位官員是「里札親戚、在一馬公司居高位」。稍後，司法部將羅斯瑪列為「馬來西亞一號官員的妻子」。

沒想到，司法部的大刀這麼快就砍到家門口

司法部間接點名納吉涉案，嚇壞了他身邊的人，他們完全沒想到美國竟然會直接衝著納吉而來。雖然這只是民事官司，主要目的是查扣資產，但從此刻開始劉特佐不敢再踏上美國了，因為他擔心刑事調查也同步在進行中。就連納吉都刻意避免去美國，那年年底在紐約舉行的聯合國大會，他派了副首相出席。

納吉沒想到，司法部的大刀這麼快就砍到他家門口。畢竟他與歐巴馬打過高爾夫球、在聯合國演講過那麼多回，他覺得沒有人能動得了他。在馬來西亞，納吉有辦法讓自己免於司法偵查，

因此他很難接受堂堂現任首相，會被獨立的司法系統羞辱。

納吉告訴家人，他完全不知道劉特佐掏空的金額如此龐大。但他這話很難站得住腳，或許他真的不清楚劉特佐的所有言行，可是劉特佐在洛杉磯、紐約與倫敦買了豪宅過戶給里札，他當然知情。司法部說，一馬公司至少被掏空三十五億美元，換言之，每年至少盜走十億美元以上。林奇記者會之後，納吉不知如何是好，因為他已經無路可走。一個星期後，他在一場記者會中說，美國司法部所查扣的，全都不是一馬公司名下的資產。理論上，這樣講也沒錯，卻完全避重就輕。

其實，在林奇的記者會前，《華爾街日報》就已經披露司法部的行動。當劉特佐看到報導時，他以為我們寫錯了，因為他的律師並沒有收到任何來自司法部的文件。但司法部這個動作，讓劉特佐變賣資產的計畫功敗垂成，他的豪宅、畫作、甚至私人飛機，現在全被凍結。只剩下他在海上的豪華遊艇「平靜號」，由於不在美國的管轄範圍內，因此未被查扣。

不過，劉特佐還有好幾億美元——搞不好超過十億美元——藏在世界各地的祕密帳戶，而且仍可自由來去，生活不受影響。看在聯邦調查局的麥莫瑞眼中，這意味著任務未竟全功。華府一個反貪汙團體「全球金融誠信組織」（Global Financial Integrity）估計，光是二〇一二年，全球新興國家遭竊取的公款就高達一兆美元，主要來自巴西、中國大陸、印度與俄羅斯。

不過，麥莫瑞仍然樂觀，二〇一六年中，聯邦調查局與各國反貪汙部門合作，包括與巴西聯手調查一起與國營「巴西石油公司」（Petrobas）相關的醜聞——高階主管與政府官員掏空該公

50 白領犯罪者，繩之以法

紐約，二〇一五年秋天

二〇一五年秋天，高盛的法遵部門主管們正在一一檢視萊斯納以公司信箱所發出的電子郵件。自從《華爾街日報》於二〇一五年七月揭發一馬案醜聞之後，高盛內部針對馬來西亞業務啟動了一項調查。萊斯納告訴負責調查的同事，他跟劉特佐一點也不熟。為了確認萊斯納所言，高盛調閱了他與客戶聯繫的所有紀錄。通常，對於高度敏感的業務，華爾街銀行家都會避免留下紀錄，不是面對面談，就是用自己的私人帳戶或手機簡訊。

但萊斯納太大意了。

二〇一五年初，為了替劉特佐背書，協助他在盧森堡的 Banque Havilland 開戶，萊斯納未經公司許可，擅自以公司名義寫了一封推薦信（詳見第43章）。萊斯納原本用的是私人信箱，照理說不會被高盛發現，但沒想到他妻子的一位助理將這份文件誤傳回萊斯納的信箱，也因此被法遵人員發現。

在高盛位於曼哈頓總部，大夥兒為了如何因應一馬案爭執不休。對高盛而言，這起事件已經重創公司形象。有些不清楚萊斯納所作所為的主管認為，此刻不宜讓萊斯納當代罪羔羊，例如證券部門主管之一帕布羅・沙雷米（Pablo Salame）就強烈主張，高盛之所以會被捲入這起醜聞，不能全怪萊斯納。

「這些交易都是高盛執行的。」他曾經在內部開會時說。

不過，公開對外時，高盛堅守一貫立場：承攬一馬公司業務的確承擔了風險，賺取的是合理利潤，並且聲稱不清楚劉特佐與一馬公司之間的關係，也不可能知道一馬公司會如何支配這筆錢。

他們都知道劉特佐的角色，卻都沒有提出異議

對萊斯納而言，就算一馬公司案未必由他承擔責任，但當初瞞著公司為劉特佐寫推薦信，卻是鐵證如山。二〇一六年一月，高盛強制萊斯納休假，隔天他自請辭職，並於次月正式離開高盛。

接下來的數周，萊斯納常常出現在香港中環的知名夜店 Club XIII（現已停業），他告訴朋友，高盛出賣了他。留著灰白鬍子、形容憔悴的萊斯納，覺得自己被犧牲，事實上這些交易都經過高盛在紐約的高層同意，他還說，高盛裡很多人都知道劉特佐的角色，但都沒有提出異議。

當初負責規畫一馬公司債券發行案的安卓亞．維拉，被拔擢為亞洲投資銀行部主管。力挺一馬公司案的蓋瑞．康恩，在二〇一七年成為川普的國家經濟委員會主席。

不過，萊斯納也僅止於私底下抱怨，沒有對外公開他的不滿。高盛銀行家向來有個默契，就是不對外談論工作的內容，即便是在離職之後。何況他應該還以為自己的舞弊真相不會被揭發，因此想要向高盛爭取好幾百萬美元的離職金。他需要錢來支應他與妻子吉穠拉．席蒙斯的奢華生活。有一度，他甚至向朋友開口借幾百萬美元。

他嘗試另外創業，與妻子共同創辦 Cuscaden Capital——一家註冊於英屬維京群島的創投基金。Cuscaden 投資的對象之一，是美國機能飲料公司 Celsius，並成為該公司共同董事長。他在香港與洛杉磯兩頭跑，因為他妻子席蒙斯在洛杉磯比佛利公園，買了一棟兩千五百萬美元豪宅。這棟豪宅占地兩萬平方呎，從大門口沿著一條兩旁種著橄欖樹的通道前進，就會抵達有七個臥房的主建物。同樣住在這一帶的還有知名歌手洛．史都華（Rod Stewart）與演員丹佐．華盛頓（Denzel Washington）。二〇一八年初，席蒙斯在 Instagram 上傳了一張她與老公一起滑雪的照片，不過其實當時萊斯納正在被美國調查局緊追不放。

調查局已經查獲一馬公司的盧愛璇，過去曾經匯到萊斯納私人帳戶的大筆資金，但不清楚匯款的原因。而且，萊斯納似乎與劉特佐身邊的人都有往來，例如《華爾街日報》在二〇一七年十一月報導，萊斯納曾經打算和劉特佐在泰國的一位伙伴，聯手買下模里西斯（Mauritius）一家小銀行，但被當地主管機關拒絕。

劉特佐在模里西斯銀行併購事件中扮演什麼角色，目前並不清楚，我們也不知道萊斯納是否有和劉特佐保持聯繫。隨著政府的偵查愈來愈深入，他也從此不見蹤影。有人曾在曼谷與上海看過他，但他的同夥已經不再像過去那樣輕易地聯繫他，因為他總是居無定所，神出鬼沒。

二〇一七年初，新加坡禁止萊斯納在該國從事金融業活動；幾個月後，美國金管局（Financial Industry Regulatory Authority）也宣布禁止他從事證券產業；不久之後，聯準會也在二〇一九年初禁止萊斯納與吳崇華兩人從事銀行業；萊斯納還被罰款一百四十萬美元。接著，二〇一七年八月，司法部拋出震撼彈：它們即將對一馬案展開刑事偵查。

米蘭達．可兒的珠寶、李奧納多的名畫，全還給人民

司法部先前的行動，主要目的是查扣非法資金所取得的資產，並不是要將犯罪者繩之以法。除了最早公布的之外，後來司法部陸續針對其他資產展開查扣行動，包括劉特佐的豪華遊艇「平靜號」、紅岩電影公司擁有的《阿呆與阿瓜：賤招拆招》與《家有兩個爸》兩部電影權利金、劉特佐送給米蘭達．可兒的八百萬美元珠寶、送給李奧納多的一千三百萬美元名畫。但這一連串追討資產行動，都是在為接下來的重頭戲——刑事偵查——暖身。

二○一八年夏天，司法部已經掌握足夠證據逮捕萊斯納。他在當年六月十日被捕，並且很快就與政府達成認罪協商。兩個月之後，萊斯納承認洗錢與違反外國反賄賂法、協助掏空一馬公司，並歸還四千三百七十萬美元。目前萊斯納仍繼續與美國司法部合作，但接下來的問題是：其他高盛主管能否置身事外？二○一八年十一月，司法部首度公開萊斯納的認罪內容，並且起訴吳崇華。吳崇華旋即在馬來西亞落網，於二○一九年五月被引渡至美國。司法部也點名安卓亞・維拉是此案共犯，不過並未起訴他。高盛隔天就要他請長假，但他否認自己有任何不法。

二○○八年金融危機後的近十年來，雖然有數以百萬計的美國人失去工作、生活陷入困境，卻只有一位瑞士信貸的高階主管鋃鐺入獄。但回到一九八○與九○年代，超過一千位銀行家因涉入存貸危機（savings and loan crisis）被判有罪。二○○六年法院也裁定安隆前執行長肯恩・雷伊（Ken Lay）詐騙罪名成立。今天，司法部不再向個別的白領罪犯究責，而是改與他們所服務的銀行協商，從銀行身上取得巨額罰鍰。

例如，二○一六年，高盛就與聯邦檢察官在次貸危機案上達成和解，並賠償了五十億美元。美國銀行、摩根大通銀行等華爾街大型銀行，總共在和解之後賠償了超過四百億美元。在華爾街銀行眼中，這筆罰鍰只是他們做生意的「成本」，並沒有嚇阻他們，讓他們改過自新。

這回，司法部要確認的是高盛是否事先就知道，替一馬發行債券的款項會遭到掏空。如果是，依照《銀行機密法》可判處非常重的罰金，就像當年摩根大通銀行就因為沒有及時阻止馬多夫，而賠了二十億美元。除了司法部之外，聯準會、證管會、紐約州金融服務部，也全在調查高盛在一馬案的角色。

二〇一八年秋天，在任十餘年的高盛執行長貝蘭克梵黯然下台。雖然沒有跡象顯示他曾有任何不法情事，但他的執行長生涯也因此留下了汙點。他下台幾個月後，高盛表示因為一馬案，貝蘭克梵必須繳回部分所得。

用現金買房子？錢從哪來？

從二〇一六年公布的《巴拿馬文件》（*Panama Papers*）中，我們可以發現超級有錢人如何利用空殼公司藏匿資產。美國已經採取行動，杜絕利用美國房地產洗錢。例如，美國財政部於二〇一六年推出一項試驗性規定：所有在曼哈頓或邁阿密等地方用現金購買房地產的買主，都必須向政府申報，那些以空殼公司名義，在邁阿密購買一百萬美元以上、在曼哈頓購買三百萬美元以上房地產的買家，都是財政部瞄準的對象。而在交易時提供不動產險的保險公司，則必須負起查核責任。這項規定推出的半年期間，財政部就發現大約四分之一的房地產交易有洗錢嫌疑，於是將試驗範圍擴大到洛杉磯等大城市。

至於賣了很多幅作品給劉特佐的佳士得，則開始要求買家與賣家都須揭露真實身分。雖然目前還無法規範洗錢者的資金流入夜店、賭場與好萊塢，但是美國政府希望藉由一馬案殺雞儆猴——所有夜店、導演與演員在拿錢時最好三思。

李奧納多與米蘭達・可兒都在二〇一七年自願將劉特佐所贈送的禮物，交還給美國司法部。就連司法部沒有提起的馬龍白蘭度奧斯卡獎座，李奧納多也主動歸還。當時，李奧納多手上其實已經有了一座自己以《神鬼獵人》（*The Revenant*）贏來的最佳男主角獎座。

早在二〇一五年初媒體開始報導一馬案時，米蘭達・可兒已經與劉特佐分手了，她在二〇一七年五月與創辦社群媒體 Snapchat 的伊凡・斯皮格爾（Evan Spiegel）結婚，從此再也沒有與劉特佐聯繫。

話說美國兩位夜店大亨諾亞・泰珀貝格與傑森・史特勞斯，受到劉特佐的協助，這幾年經營得不錯。二〇一七年二月，Madison Square Garden Company 出資一億八千一百萬美元買下他們的新公司 TAO Group 以及旗下的眾多夜店。

紅岩電影公司於二〇一八年三月，與司法部達成和解並賠償了六千萬美元。麥克法蘭照常出席各種公開場合，包括《惡魔島》於二〇一七年九月在多倫多國際影展的首映會，他還在 Instagram 上傳了一張他與該片主角查理・漢納在紅地毯上的合照。

麥克法蘭似乎也和劉特佐身邊的同夥保持聯繫，二〇一七年三月，他在吉隆坡附近名勝「黑風洞」上傳了一張照片到 Instagram。里札則不敢再前往美國，繼續留在吉隆坡，打算與納吉的其中一個兒子合夥創業。

至於劉特佐人在哪裡，仍然沒有人知道。

為什麼很多人持續做壞事？因為他們不必負責

二〇一六年三月二十七日，楊家偉抵達新加坡的瑞士俱樂部。俱樂部所在地是一棟兩層樓的英國殖民時期白色豪宅，他穿過大廳走到後方的咖啡館，等在那裡的是與他共謀竊取一馬資金的瑞意銀行前任老闆凱文・史旺比賴（Kevin Swampillai）。楊家偉告訴史旺比賴，自己已經被新加坡警方逮捕，目前是交保候傳中。

楊家偉很怕最後得坐牢，因此擬定了一套脫罪說詞：他要史旺比賴一起跟新加坡政府說，一馬公司匯到他們帳戶裡的錢，其實是另一位金主要投資的資金。不過，史旺比賴不認為可行。同一個月，楊家偉透過加密簡訊聯絡傲明集團的荷西・平托，當初劉特佐等人就是利用平托在庫拉索成立的基金作為障眼法，掏空一馬資金。在加密簡訊中，楊家偉要平托將筆電銷毀，而且別來新加坡，免得被新加坡政府找去問話。

這是楊家偉犯下的致命錯誤。因為他並不知道，自己的一舉一動都在新加坡警方掌控之中。這封加密簡訊也成了他妨礙司法的鐵證，沒多久，他又被送回牢裡去。

新加坡政府也和美國一樣，查扣了相關涉案人用一馬資金所購買的資產：總共一億七千七百萬美元的房地產與銀行存款，其中有一半是屬於劉特佐與他的家人。新加坡政府撤銷瑞意銀行的執照——成了三十年多來新加坡第一家被勒令關閉的銀行。與一馬案有關的八家銀行，被新加坡金管局罰了兩千萬美元，其中被罰最多的是瑞意與安勤兩家銀行，其他如顧資銀行、渣打銀行也因為沒有適時遏阻洗錢活動而被罰款。對銀行業來說，兩千萬美元實在是小意思。對此，新加坡金管局主席孟文能（Ravi Menon）有一番解釋。

「就算你重罰銀行幾十億美元，基本上受傷的是股東，並不是董事會與高階主管、也不是銀行裡任何一個人。在我看來，這正是為什麼很多人持續做壞事，因為他們不必因此負責。」孟文能說。

話雖如此，新加坡自己也沒嚴格到哪去。替劉特佐處理銀行往來事務的易有志，後來選擇與警方合作，最後以偽造文書與未通報可疑洗錢活動，被判監禁十八個星期，並吐回數百萬美元獎金，但新加坡政府允許他保有的獎金更龐大。至於楊家偉，則因干擾證人被判刑監禁三十個月，外加因洗錢等罪名被判刑四年半。

另外還有三人——易有志在瑞意銀行的助理、安勤銀行新加坡執行長、一名新加坡股票經紀，也輕判監禁數星期。新加坡檢方表示要傳喚劉特佐到案，可是不知道他人在何處。新加坡中央銀行建議檢方進一步調查瑞意銀行前執行長漢斯彼得・布魯納（已於二〇一六年三月宣布退休）和凱文・史旺比賴等人，但直到今天，新加坡當局仍未對這兩人採取法律行動。

瑞士檢方也展開對一馬案的調查，主要瞄準的對象是劉特佐與卡登。瑞意銀行被瑞士當局要求把九千五百萬瑞士法郎違法獲利吐出來，這家有一百四十七年歷史的銀行在二〇一七年宣布結束營業。

至於阿布達比阿爾巴投資公司旗下的安勤銀行，也正在被瑞士當局調查中。曾在二〇一三年質疑劉特佐巨額資金流動、後來仍然放行的執行長伊多爾多・李曼，也和漢斯彼得・布魯納一樣在二〇一六年退休。但安勤和瑞意銀行的命運不同，安勤在繳還兩百五十萬美元違法獲利之後，獲准繼續營業。

瑞士「金融市場管理局」（Financial Market Supervisory Authority）局長馬克・布蘭森（Mark Branson）曾經公開表示，愈來愈多洗錢者利用瑞士銀行達成目的，因此他特別留意來自新興國家的有錢人。「洗錢，雖然是一種沒有受害者的犯罪行為，卻讓犯罪者可以因違法而賺到錢，變相鼓勵貪汙與濫權。」布蘭森說。

無論是美國、新加坡或瑞士，要展現對抗白領犯罪的決心，靠的是具體行動，而不是說說而已。

51 有人鋃鐺入獄，有人逍遙法外

阿布達比，二〇一六年八月

二〇一六年秋天，阿布達比警方逮捕了卡登，那是該國警方史無前例的一項行動。多年以來，行徑囂張的卡登似乎無所不能，一聲令下就能移動數十億美元。能有這樣的權勢，全靠著他與曼蘇爾親王的關係。

美國司法部的證據，已經讓莫哈默親王不能不採取行動。全世界都看到卡登在一馬案中的角色，讓阿布達比臉上無光，必須有人為此付出代價。於是，卡登與阿末．巴達維雙雙被羈押，資產全被凍結。

二〇一九年初卡登接受《華爾街日報》採訪時表示，他只是曼蘇爾親王的代罪羔羊。他說警方為了逼他認罪、交出財產，將他銬在窗戶上一整天。「這些交易都是我做的沒錯，但我是代表阿布達比政府，」他說：「而他們現在把所有罪名都加在我頭上。」至於阿末．巴達維，命運就很難說了。（編按：據《華爾街日報》報導，阿布達比於二〇一九年六月以「金融犯罪」判卡登監禁十五年，判阿末．巴達維監禁十年，且須賠償三億歐元；不過，阿布達比當局表示此案與一馬案無關。）

人在曼谷與上海的劉特佐，原本不斷與阿布達比保持協商，希望讓大事化小。隨著卡登被捕，這個希望也破滅了。而且雙方開始對於誰該負責支付一馬公司債券的利息鬧翻，由於這批債券由阿布達比的ＩＰＩＣ提供擔保，因此當一馬公司付不出錢，阿布達比就得代償，否則連阿布達比自己的債信也會受牽連。

沒有人知道，被劉特佐與卡登掏空的錢到底該由誰賠償。雖然阿布達比認為這不是他們捅的婁子，但也無法輕易脫身，因為一馬公司的三十五億美元債券都是由ＩＰＩＣ提供擔保。後來，阿布達比當局決定不再被這起醜聞糾纏，提撥三十五億美元代償，同時將原本資產高達七百億美元、長達三十二年歷史的ＩＰＩＣ主權基金，併入穆巴達拉基金。多年來，高盛、摩根史坦利等華爾街銀行靠著與ＩＰＩＣ往來，賺得飽飽的，如今，這家主權基金就這樣灰飛煙滅。

至於穆巴達拉基金執行長、同樣和劉特佐來往過的哈爾敦，隨著ＩＰＩＣ併入之後，勢力更為龐大。阿布達比持續和一馬公司交涉，討論後續債務如何解決。有人寄望由中國大陸出資，協助一馬公司度過難關，不過這個想法後來證明行不通。原本一家中國大陸國營企業打算承接一馬公司的土地，但在二〇一七年初被中國國家主席習近平否決，顯示中國大陸也不願捲入一馬案蹚渾水。

劉特佐一度想掩蓋與PSI相關的弊案，最後也沒成功。二〇一七年十一月，圖爾基王子的父親、阿布都拉國王去世後，新上任的國王以貪汙之名逮捕了多位王儲與官員，其中包括圖爾基王子。而隨著圖爾基王子入獄，劉特佐再受重擊。

PSI涉入一馬案的內情，也是瑞士警方調查的重點。就在圖爾基王子入獄期間，二〇一六年十二月，朱士托在泰國被提前釋放，並返回他的家鄉日內瓦。為了一吐怨氣，他在瑞士對歐霸、瑪浩尼與保羅．費尼根提告，瑞士檢方也於二〇一八年五月正式對歐霸與瑪浩尼提出刑事告訴。

一封神祕的電子郵件……

二〇一七年六月，布萊利．霍普的信箱收到一封不尋常的電子郵件，寄件者是一個自稱「Global Leaks」的單位，表示已駭入阿聯駐美國大使歐泰巴的電子郵件信箱，並主動提供相關內容給霍普。

「我們手上有非常爆炸性的獨家內幕。」信件上說。

從這封電子郵件的網址 global-leaks@inbox.ru 看來，似乎是從俄羅斯寄出的，但這個組織的實際所在地仍是個謎。其實，該組織將資料提供給多家國際媒體，動機非常明確：修理歐泰巴。

他們在郵件上直接點出歐泰巴大使在中東政壇扮演的角色，包括他在二〇一七年六月如何試圖孤立波斯灣上的小國卡達（Qatar）。

但霍普其實更想知道的，是與歐泰巴有關的其他內幕。於是，他請global leaks在歐泰巴的資料中搜尋與「劉特佐」和一馬公司相關的內容。搜尋到的結果，非常驚人。

根據這些電子郵件，可以看出歐泰巴與劉特佐之間的密切關係，以及他從一馬公司拿了多少好處。而且我們也發現自從《華爾街日報》與《砂拉越報告》的報導刊出後，儘管劉特佐氣急敗壞地不斷設法聯絡他，歐泰巴卻從此切斷與劉特佐之間的聯繫。

雖然阿布達比認為，這些電子郵件並不可信，幕後駭客是歐泰巴在中東的政敵，卻從未表示這些電子郵件經過變造。至今歐泰巴仍然活躍於政壇，沒有受一馬案牽連。

一枚等待引爆的定時炸彈……

納吉表現得彷彿一馬案從沒發生過。他已經將一馬公司董事會解散，直接交由財政部監管（他自己兼任財政部長）。德勤會計師事務所也表示，不再擔任一馬公司會計師，二〇一三與二〇一四年的財報也不再可信。這起醜聞代價之高，將影響未來幾代的馬來西亞人民。

穆迪公司（Moody's）估計，政府將被迫償還一馬所欠下高達七十五億美元的債務，相當於該國GDP的二·五%。外國投資者拋售馬來西亞持股，造成短短幾個月之間，馬幣重貶超過三成。一馬的債務中有一半是美元，當馬幣兌美元重貶，意味著債務負擔更沉重。當初成立一馬公司，政府聲稱將創造就業機會，如今卻反而為國家財政帶來龐大惡果。許多債務還要幾年才到期，換言之，一馬債務是一枚等待引爆的定時炸彈。

許多馬來西亞人民受夠了國家走到這步田地，人才紛紛外移到美國、英國、新加坡或澳洲，短期內不太可能回流。

在美國司法部揭發羅斯瑪收受劉特佐高達三千萬美元的珠寶後，羅斯瑪對西方國家非常反感，並且繼續用一馬公司的錢從事慈善活動來包裝自己的形象。二〇一六年九月，聯合國教科文組織舉辦的晚宴上原本要頒發「領袖典範獎」（Lead by Example award）給羅斯瑪，但在《華爾街日報》向該組織詢問後，臨時取消了這項頒獎。

馬來西亞轉而投向中國大陸懷抱。二〇一六年，納吉訪問北京期間在《人民日報》發表了一篇投書，表示西方殖民列強別再對曾經被它們殖民、剝削的國家指指點點。數周後，在一場亞太國家高峰會上（納吉也有出席），即將卸任的歐巴馬發表的演說中語帶玄機地說：「如果一個國家的政府要迫害自己的人民，或是竊取國家發展基金存入瑞士，我們只能盡全力阻止。」

的確，美國的影響力並非無遠弗屆。儘管美國司法部集中火力展開調查，隱身於曼谷、上海與「平靜號」的劉特佐，仍在法外逍遙。

後記——一個現代版的犯罪故事

普吉島，二〇一七年二月

從泰國的普吉島岸邊，可以清楚看到「平靜號」。附近漁民說，船員最近才上岸採購日用品。聯邦調查局說要抓他，新加坡政府也將他的同夥送去坐牢，但我們收到線報，劉特佐將在他的豪華遊艇上舉行一場派對。

我們長時間追蹤後發現，這位馬來西亞老兄似乎對平靜生活完全不感興趣。沒錯，從二〇一五年起，他能活動的範圍小很多，為了不讓西方國家政府抓到他，他大部分時間都待在遊艇上，或是曼谷的豪華公寓與香港太古廣場的高級飯店裡。對劉特佐來說，由軍政府統治的泰國很安全。中國大陸視他為某種能左右納吉的「戰略籌碼」，也不會動他。他能掌握的資金仍然很龐大，因此出手依舊闊綽。

他已經與 Jesselynn 結婚，有了兩個月大的兒子。他盡量不讓妻兒外出，平常多待在船上或公寓裡，偶爾出門逛街或到購物中心吃飯。

至於他自己，仍然很不適應如此單調的生活。他很討厭自己一個人在家，即便只是短短幾分鐘。於是他透過倫敦一家仲介公司，找了超過四十名職員在船上，其中有許多西方人，包括小兒科醫師、保母與廚師。由於他自己的帳戶都被凍結了，日常開銷都是由 Jesselynn 等其他人支付。

他顯然壓力很大，睡眠時間比以前更短，而且得戴著「防睡眠呼吸中止」面罩。有一次他帶著家人去曼谷逛水族館，他為了接電話，只花了幾分鐘就快步走完全場。

政府在抓他，他還有心情在遊艇上開派對……

自從二〇一五年十一月在韓國外海的晚宴之後，他再也沒有辦過大型活動。沉寂了一段時間的他，漸漸找回了自信，認為自己不會被打倒，這時候來辦一場大型派對，找許多名人來助興，不失為一個宣告自己復出江湖的好方法。

二〇一六年即將結束前夕，他傳了許多新年簡訊給親朋好友。「我們在二〇一六年遭遇了一場完美風暴，但我們的船長沉著應變，帶領忠心耿耿、將生命託付給他的船員們，共同迎戰。」劉特佐在微信上寫道。這段簡訊中的「船長」指的是他自己還是納吉，我們不得而知，但他的心情倒是顯露無遺：他已經準備好，要奮戰到底。

這番話，也是對過去圍繞他身邊的同夥——例如目前躲在香港的薛力仁、跟他一樣逃亡中的盧愛璇和唐敬志——的鼓舞。各國政府查得愈緊，他愈得確保這幾人站在他這邊。

雖然已經無法找上當年最當紅的歌手，但一如過去的派對，他還是邀請了幾位比較沒那麼大咖、但仍頗具知名度的藝人，例如尼利（Nelly）、尼歐（Ne-Yo）、妮可·舒辛格（Nicole Scherzinger）等等。

我們本來以為，這場派對會在「平靜號」上舉行。新加坡已經扣押了他的龐巴迪私人飛機，他必須保護他的遊艇不會面臨被扣押的命運。這段時間以來，這艘遊艇曾開往澳洲外海，船長三不五時得切斷所有對外聯繫，讓外界無法追蹤。就在二〇一六年十一月，這艘遊艇出現在普吉島，停靠在著名的奧波碼頭（Ao Po Grand Marina）。

這是工作，劉特佐只是付錢的人

我們在二〇一七年二月抵達奧波碼頭時，「平靜號」已經在數天前離岸，不過並未走遠，停在距離岸邊不遠處。我們原本想盡辦法要登上遊艇，希望能親眼目睹這場派對，結果發現，我們的情報錯了，派對不是在遊艇上舉行，而是在曼谷。

位於昭彼耶河濱的安凡尼河景飯店，離市區車程約一個多小時。劉特佐刻意選擇這裡作為開派對的場地，就是要避免引人注目。

其中一位替他安排這場派對的人，正是過去曾替美國兩位夜店大亨泰珀貝格與史特勞斯工作、目前自行創業的愛波・麥丹尼爾（April McDaniel），因此她知道劉特佐的處境，非常理解他為什麼要保密。

「發生了這麼多事，他們要格外謹慎。」麥丹尼爾告訴幾位賓客。雖然司法部採取了行動，媒體也有很多報導，但前去表演的藝人，都不在乎劉特佐過去幹過什麼事。對他們而言，這是工作，劉特佐是付錢的人。

知名樂團「小野貓」（Pussycat Dolls）前主唱妮可・舒辛格，預計當天將在晚宴後為大約五十位賓客演唱。她抵達曼谷後一走出機場，就有司機開著豪華禮車接她，而且劉特佐還安排了警察一路護送她到飯店。

賓客一一入座後，劉特佐在史威茲・畢茲的陪伴下出場。多年來，兩人總是形影不離。在場還有劉特佐的家人、泰國當地富商、中國大陸企業主管以及一些名人。吃完晚餐，大約九點左右，劉特佐從吧檯拿了一杯 Patrón 龍舌蘭，向大家敬酒。

和二〇一二年在拉斯維加斯那場生日派對比起來，這一晚當然遜色得多。沒有李奧納多，沒有布蘭妮，但照樣吸引了很多人前來，其中當然包括始終在他身邊幫忙的史威茲・畢茲。史威茲・畢茲拿起麥克風，大聲吆喝大夥兒一起乾杯，接著ＤＪ把音樂聲量調高，引導賓客到另一個大廳。

表面上，這是劉特佐哥哥劉特陞的生日派對。一位知名華人歌手張靚穎在台上帶領全場唱〈生日快樂歌〉，幾位身材姣好的模特兒將生日蛋糕送到劉特佐一家人面前。緊接著，妮可・舒辛格上台唱了三首歌，接著換尼利與尼歐上場表演了兩小時。

大約午夜時分，熱鬧登場的是日本著名辣妹舞團CyberJapan，只見辣妹們邊跳邊脫到只剩下比基尼。接著，劉特佐花錢請來的模特兒跳入泳池裡，還邀請大家一起下水同歡。

劉特佐手上拿著一杯威士忌，臉上帶著微笑看著這一切。

捐錢給川普，請司法部撤案

三個月後，美國亞裔名媛尼奇・戴維斯（Nickie Lum Davis）寫了一封電子郵件給剛剛被任命為共和黨全國大會副財務長的加州富商艾略特・布萊蒂（Elliott Broidy），兩人即將一起飛往曼谷見劉特佐，「讓我們展開一場刺激的賺錢之旅吧！」她寫道。

身材壯碩的布萊蒂，其實過去的紀錄不怎麼光彩。二〇〇九年，他承認自己送了一百萬美元給紐約州退休基金的高階主管，而該退休基金則投資了他的公司兩億五千萬美元。認罪的同時，他退還一千八百萬美元給紐約州政府，最後逃過了牢獄之災。他與川普是多年好友，因此當川普在二〇一六年當選總統後，他也跟著由黑翻紅。

戴維斯的前夫是位猶太人，因此在美國猶太人的政治聚會中認識了布萊蒂。有意思的是，戴維斯自己的背景也充滿爭議，她的雙親吉恩與諾拉（Nora and Gene Lum）曾為比爾・柯林頓總統提供非法外國政治獻金，兩人在一九九七向美國司法部認罪。另外，吉恩還因逃漏稅被判刑兩年，諾拉則在中途之家待了五個月、在家服刑五個月。從普林斯頓大學畢業後，戴維斯除了替政治人物募款，也曾想投入娛樂界，可惜沒成功，並在二〇一二年申請破產。

二〇一六年底，賺錢的機會上門了。捎來這個機會的人，就是普瑞斯。這位饒舌歌手告訴她，有位名叫劉特佐的朋友需要幫忙：司法部正在調查劉特佐，如果有人能成功遊說川普下令司法部撤銷此案，劉特佐願意付很高的酬勞。於是，戴維斯找上布萊蒂，布萊蒂也很想利用自己與白宮的關係，狠狠撈一筆。因此在二〇一七年三月，布萊蒂妻子的律師事務所擬了一份給劉特佐的草約，根據這份草約，如果成功讓川普撤案，劉特佐要付給布萊蒂高達七千五百萬美元（不過最後雙方是否真有簽約，我們無法確定）。

兩個月後，普瑞斯帶著戴維斯與布萊蒂飛往曼谷與劉特佐碰面，討論如何幫劉特佐脫困。見面之後，布萊蒂有點保留，決定不與高度爭議性的劉特佐直接交易，要求雙方之間必須有個中間人。普瑞斯同意擔任這個中間人，並在美國德拉瓦州設立了好幾家公司。

與此同時，普瑞斯有位老友正好在司法部工作，名叫喬治・希金波坦（George Higginbotham）。四十歲出頭的希金波坦並未參與偵辦一馬案，但熟知逃避政府追查的門道。倘若能幫劉特佐搞定司法部，普瑞斯與希金波坦的獲利更驚人。依據法院資料顯示，如果川普撤銷一馬案，劉特佐將付給普瑞斯開設在德拉瓦的公司高達三億美元。

一趟失望的美國行，劉特佐痛失「平靜號」

根據司法部於二〇一八年底公布的文件，就在與戴維斯、布萊蒂於曼谷見面後沒多久，劉特佐就從香港一家空殼公司將八百五十萬美元，匯入普瑞斯的德拉瓦公司帳戶。接著，普瑞斯再將超過六百萬美元轉入布萊蒂妻子的律師事務所；該事務所收到款項後，又匯出一百五十萬美元給戴維斯的公司。二〇一七年十二月，戴維斯的丈夫拉瑞（Larry Davis）捐款十萬美元——據稱是用劉特佐的錢——給「川普勝利」（Trump Victory，一個替川普競選連任募款的組織）。

布萊蒂也沒閒著。納吉預計在同年九月訪問美國與川普見面，布萊蒂試圖安排司法部有影響力的人一起參加，同時也寫信給當時的白宮幕僚長約翰．凱利（John Kelly），希望他安排川普與納吉打一場高爾夫球。這正是納吉此刻所需要的曝光：展現他的國際人脈。不過，布萊蒂夫婦後來透過律師，否認他們曾經與川普或任何白宮、司法部官員談過劉特佐案。

九月十二日，川普在白宮接見納吉。雙方在橢圓辦公室旁的內閣會議廳（Cabinet Room）會面，很顯然納吉又想用錢來擺平問題。面對記者發表談話時，納吉提到貿易的重要性，表示將向美國採購波音飛機與奇異電器的飛機引擎。這段話，彷彿在暗示川普如果能撤銷一馬案，馬來西亞將是他的好助力。「我們這趟訪問，帶來非常有價值的商業提案。」納吉說話時，媒體的鎂光燈此起彼落。

然而，這趟美國之行對納吉一點幫助也沒有。納吉最終還是沒能和川普打高爾夫球，美國的司法部也不像馬來西亞的司法機關那麼容易就範，幾個禮拜後，檢察總長傑弗瑞・賽辛斯（Jeff Sessions）在一場演講中，形容一馬案是「最惡劣的竊盜統治」，等於是在宣布司法部絕對不會放過一馬案。

聯邦調查局一直緊追不捨。二〇一八年二月，劉特佐終於踏錯了重要的一步。

他的「平靜號」從泰國外海南下印尼峇厘島，聯邦調查局探員勞勃・修齊林（Robert Heuchling）見機不可失，立即飛往印尼，說服印尼政府將這艘豪華遊艇扣押。就這樣，劉特佐用一馬公司的錢所購買的昂貴資產，全都落入政府手中。

目前看起來，劉特佐無法用錢擺平華府，但他仍不放棄，先後聘用了幾位與川普有關係的律師繼續奮戰，例如曾經帶領川普交接小組的前紐澤西州州長克利斯・克里斯帝（Chris Christie）、曾經擔任川普委任律師的馬克・卡索維茲（Marc Kasowitz）與川普顧問之一鮑比・布契斐爾（Bobby Burchfield）等。

就算在美國踢到鐵板，劉特佐覺得有馬來西亞最有權力的人——納吉——相挺，大勢仍有可為。但這回，他的算盤又打錯了。

一萬兩千件珠寶、五百六十七個名牌包……在她家

二〇一八年五月十日凌晨兩點，人在家中的納吉與羅斯瑪——以及數位貼身助理——非常震驚。隨著開票結果陸續傳來，在場的人心情全跌落谷底，儘管選前花了這麼多錢、進行了這麼多政治操作，他所領導的政黨還是被人民唾棄了。這位首相在選前過於自信，完全沒有做敗選的準備，他與羅斯瑪都低估了人民的憤怒。

身邊有些人建議納吉先別認輸，或許可以用錢讓一些反對黨議員倒戈、前來投靠。當時很多人——包括納吉的家人——都擔心，納吉會動用軍隊，拒絕移交政權。但最後他顯然沒有別的選擇，只能接受敗選的事實。

那是馬來西亞史上第一次政黨輪替，有人感覺一個新時代的降臨，也有人擔心國家分裂。新任首相馬哈迪在選前一再強調，如果當選，將重啟一馬案的調查。當選後的首度演說中，他重申這個決心。

「有某些人在協助、煽動首相，導致首相被世界譴責為竊盜統治。」馬哈迪說：「這些人一

定要被繩之以法。」

選後，納吉與羅斯瑪曾經試圖搭乘私人飛機前往印尼，但消息走漏，群眾聚集在機場攔截，馬哈迪也下令禁止納吉夫婦離境。緊接著，反貪汙委員會先後傳喚了納吉、羅斯瑪與里札，警方搜索納吉夫婦位於吉隆坡的住家，起出一萬兩千件珠寶、五百六十七個名牌包、四百二十三只手錶與相當於兩千八百萬美元的現金——總計高達兩億七千四百萬美元的財物。

二〇一八年七月三日下午兩點三十分——距離《華爾街日報》揭發納吉祕密帳戶中收到六億八千一百萬美元後整整三年——反貪汙委員會從納吉的豪宅中將他逮捕。隔天，納吉出庭面對指控，一邊在警察的護送下進入法庭，一邊對周圍的支持者微笑揮手。身為前任首相，他免於戴上手銬，也不必穿橘色犯人標準服裝。

當天，穿著深藍色西裝、深紅色領帶的納吉，站著聆聽法官宣布他被起訴的罪名：濫權與三項背信罪，每一項罪名最高可判刑二十年。他辯稱自己無罪，最後以一百萬元馬幣交保。到了年底，羅斯瑪被捕，里札也被調查中。納吉的官司在二〇一九年四月開始審理，看來會持續一段時間。

至於劉特佐，這次大選結果對他而言是重重的一擊。選舉當天，他人在泰國，原本打算當晚開香檳慶祝，沒想到開票結果納吉落敗，劉特佐趕緊逃到澳門，與家人在萬豪酒店（Marriott）會合。一整個晚上，全家人急得如熱鍋上的螞蟻：劉特佐會被通緝嗎？

當時一起在澳門的，有他的妻子 Jesselynn（當時已經生了兩個兒子）、他的父母、兄弟、胖子 Eric，大家都很焦慮。劉特佐要大家特別小心，進出飯店一律改走較不引人注意的側門。

劉特佐開始規畫逃亡。新加坡早在二〇一六年就透過國際刑警組織對他發布了紅色通緝令，只是泰國與中國大陸沒有配合執行。如今，倘若馬來西亞也通緝他，而且向北京施壓要求將他引渡回馬來西亞，他就麻煩大了。

他們全家人離開澳門前往香港，然後再到深圳，最後又回到香港。他讓妻子 Jesselynn 代表他加入「香港遊艇會」，而他自己則打算另外買一艘一百二十呎長的遊艇。自從醜聞被揭發以來，他沒法再去拉斯維加斯、倫敦與紐約，如今他唯一的選擇，就是繼續躲到中國大陸某個角落。

北京不把他交出來，是有原因的。二〇一八年八月，馬哈迪參訪中國大陸後宣布將取消與中國大陸國營企業合作的基礎建設（例如東海岸鐵路計畫），這些計畫是先前為了填補一馬公司的財務黑洞，在劉特佐的仲介下談定的。當《華爾街日報》在頭版大幅報導這項祕密交易的細節後，讓中國共產黨臉上無光。馬哈迪的北京之行結束的幾天之後，馬來西亞警方指控劉特佐涉嫌洗錢。中國大陸政府則回應，不會將劉特佐交出，但會與馬來西亞繼續談判重啟合作。三個月後，美國司法部正式起訴劉特佐洗錢與賄賂，同時宣布萊斯納已經認罪。過了幾天，司法部公布希金波坦也俯首認罪了。

發律師函警告書店，不能上架這本書！

劉特佐會不會面臨司法審判？貪汙現象已經行之有年，多年來許多貪汙的國家領袖不斷中飽私囊，納吉只是其中之一而已，除了他之外，還有在二〇一一年被「阿拉伯之春」推翻的政治領袖、奈及利亞的撒尼．阿巴嘉、印尼的蘇哈托、菲律賓的馬可仕等等。

但劉特佐是現代版的犯罪故事，他所拿走的錢基本上並不是直接從國庫搬走，或是在與政府做生意時上下其手。一馬公司被他偷走的錢，是來自國際金融市場；助他一臂之力的，是高盛。

我們的全球金融體系，每天有數以兆計美元在流動，手握龐大資金的投資者都在找尋好的投資機會，也讓許多主權基金往往只要募資，就吸引許多投資者搶進。就像一馬公司，沒有任何良好的成功紀錄，也沒有像樣的計畫書，就能取得這麼多錢。

劉特佐最聰明的一點，是他發現世界上這些大銀行家、大會計師、大律師們都一樣，只要你讓他們有錢賺，他們就不會來找你麻煩。你當然可以輕易地指責馬來西亞太腐敗，但別忘了，要不是有倫敦、日內瓦、紐約、洛杉磯、新加坡、香港、阿布達比等各地的高階經理人裡應外合，這一切弊案都不會發生。劉特佐了解馬來西亞，了解西方，也學會了如何玩弄這個金融體系。馬來西亞在二〇一八年十二月正式起訴高盛，提供虛假與誤導的聲明，這項罕見行動，顯示馬來西亞對全球金融體系的憤怒。

然而，對劉特佐而言，他仍然相信只要給得起錢，就能在西方國家找到可幫他的人。《鯨吞億萬》英文版在二〇一八年九月上市前幾個月，一家受劉特佐委任的英國希林律師事務所（Schillings），發出律師信給幾個國家的網路與實體書店，警告書店如果販賣這本書，將面臨毀謗官司。有些書店被嚇到了，但多數書店不理會這項警告。如今一年過去，《鯨吞億萬》也在美國與亞洲登上許多書店排行榜，希林律師事務所並沒有採取任何法律行動。到底流亡中、完全被拒於國際金融體系之外的劉特佐，如何付錢給希林律師事務所，目前為止我們仍不得而知。

此刻，納吉的官司進行中，高盛仍難以脫身，大家茶餘飯後都在討論劉特佐的下落，有人說在上海見過他，也有人說他在台北或香港。

一個曾經如此高調的人，很難想像他能長期隱姓埋名地生活。也許，他砸的錢夠多，讓他能待在中國大陸久一點，但有一件事可以確定：法網恢恢，他最後勢必難逃。

早安財經講堂 087

鯨吞億萬

一個大馬年輕人，行騙華爾街與好萊塢的真實故事

Billion Dollar Whale

The Man Who Fooled Wall Street, Hollywood, and the World

作　　者：Tom Wright & Bradley Hope
譯　　者：林旭英
封 面 設 計：Bert.design
行 銷 企 畫：楊佩珍、游荏涵

發　行　人：沈雲驄
發行人特助：戴志靜、黃靜怡
出 版 發 行：早安財經文化有限公司
電話：(02) 2368-6840　傳真：(02) 2368-7115
早安財經網站：www.goodmorningnet.com
早安財經粉絲專頁：http://www.facebook.com/gmpress

郵撥帳號：19708033　戶名：早安財經文化有限公司
讀者服務專線：(02)2368-6840　服務時間：週一至週五 10:00-18:00
24 小時傳真服務：(02)2368-7115
讀者服務信箱：service@morningnet.com.tw

總　經　銷：大和書報圖書股份有限公司
電話：(02)8990-2588
製 版 印 刷：漾格科技股份有限公司
初 版 1 刷：2019 年 10 月
初 版 39 刷：2023 年 9 月

定　　價：450 元
I S B N：978-986-98005-0-1（平裝）

國家圖書館出版品預行編目（CIP）資料

鯨吞億萬：一個大馬年輕人，行騙華爾街與好萊塢的真實故事 / Tom Wright, Bradley Hope 著；林旭英譯. -- 初版. -- 臺北市：早安財經文化，2019.10

面； 公分. -- (早安財經講堂；87)

譯自：Billion dollar whale : the man who fooled Wall Street, Hollywood, and the world

ISBN 978-986-98005-0-1(平裝)

1. 金融犯罪 2. 詐欺罪 3. 美國

548.545 108014415